Dr. Wolfgang Peres

Die Steuerhinterziehung im Spiegel der Rechtsprechung

AF141311

FINANZWISSENSCHAFTLICHE FORSCHUNGSARBEITEN

Neue Folge Heft 27

Herausgegeben von Prof. Dr. G. Schmölders, Universität Köln

Die Steuerhinterziehung im Spiegel der Rechtsprechung

Die Entscheidungspraxis des Amts- und des Landgerichts Köln von 1950 bis 1959

Von

Dr. Wolfgang Peres

DUNCKER & HUMBLOT / BERLIN

Geleitwort

Mit der vorliegenden Untersuchung setzt das Finanzwissenschaftliche Forschungsinstitut an der Universität Köln seine Arbeiten auf dem Gebiet der Erforschung der herrschenden Steuermentalität und „Steuermoral" fort[1]. Dem Verfasser war die Aufgabe gestellt, an Hand der über einen längeren Zeitraum zu verfolgenden Steuerstrafpraxis zu der alten Streitfrage Stellung zu nehmen, ob die Strafjustiz Fälle von Steuerhinterziehung mit dem gleichen Maß zu messen und zu entscheiden pflegt, wie es für den Strafrechtstatbestand des Betruges nach § 263 StGB gilt; zugleich war zu untersuchen, ob das Gesetz selbst eine Handhabe dazu bietet, die Steuerstraftaten nach dem im Vergleich zum Betrug offensichtlich geringeren Unrechtsbewußtsein ihrer „Täter" strafrechtlich schonender zu behandeln als diese.

Das Ergebnis der an den Steuerstrafakten des Amts- und Landgerichts Köln von 1950 bis 1960 durchgeführten Untersuchung ist in mehrfacher Beziehung steuerpolitisch und rechtssystematisch bedeutsam. Einmal ist festzustellen, daß die Finanzbehörden sich der geplanten Untersuchung unter Berufung auf das Steuergeheimnis, das auch für wissenschaftliche Zwecke nicht durchbrochen werden dürfe, von vornherein versagt haben. Da andererseits eine Kriminalstatistik über Steuervergehen nicht geführt wird und noch dazu die sogenannte „Dunkelziffer" der nicht entdeckten Fälle von sachverständiger Seite auf nicht weniger als 1 : 100 geschätzt wird, war auf Vollständigkeit und Repräsentanz der Untersuchung von vornherein nicht zu rechnen; die Untersuchung verlagerte sich dafür auf eine eingehende Prüfung jenes kleinen Bruchteils an Steuerstrafsachen, die den ordentlichen Gerichten zur Entscheidung übergeben wurden, sei es, daß das Finanzamt nicht selbst entscheiden konnte oder wollte oder daß der Beschuldigte selbst auf gerichtlicher Entscheidung bestand.

Im Ergebnis zeigt sich einmal ein „Auseinanderklaffen der Rechtsanwendung durch die Finanzverwaltung auf der einen und der Gerichte auf der anderen Seite", das dem Gleichheitsgrundsatz der Verfassung durchaus widerspricht; „die Ansicht, ein Steuersünder fahre bei Erledigung der Strafsache innerhalb der Verwaltung besser als bei einer

---

[1] Scholten, H., Die Steuermentalität der Völker im Spiegel ihrer Sprache, Köln 1952; Holtgrewe, K. H., DerSteuerwiderstand, Berlin 1954; Gerling, K., Der Schmuggel als finanzpolitisches Problem, Berlin 1956; Schmölders, G., Das Irrationale in der öff. Finanzwirtschaft Hamburg 1960.

gerichtlichen Entscheidung, ist allgemein verbreitet und sicher nicht grundlos" (S. 127). Aus dieser Verfassungswidrigkeit der herrschenden „Zweigleisigkeit" der Rechtsanwendung leitet der Verfasser Reformvorschläge ab, die der Erörterung wert erscheinen.

Weiterhin ergab sich, daß schon allein die „offene" Steuerkriminalität nur nach § 396 AO der Zahl der Fälle nach etwa ein Fünftel der gesamten Betrugskriminalität ausmacht; nimmt man die „fahrlässige Steuerverkürzung" nach § 402 hinzu, bei der dem Täter nicht Vorsatz, sondern nur grobe Fahrlässigkeit nachgewiesen zu werden braucht, so wird der große zahlenmäßige Umfang der Steuerkriminalität erkennbar, die ganz überwiegend lediglich im Unterwerfungsverfahren der Finanzverwaltung „erledigt" zu werden pflegt. Welche Maßstäbe hier angelegt werden, konnte die Untersuchung natürlich nicht ermitteln; die erwähnte Streitfrage bleibt infolgedessen weiterhin offen.

Günter Schmölders

Inhalt

Einleitung

Jastrow hat die Meinung vertreten, der Staat könne es nicht wagen, einen Steuersünder nach dem Betrugsparagraphen (§ 263 StGB) des Strafgesetzbuches zu bestrafen[1], dessen Strafmaß heute nach § 16 StGB von einem Tag bis zu fünf Jahren Gefängnis reicht und der in schweren Fällen Zuchthausstrafe bis zu zehn Jahren androht. Vielmehr werde ein Steuersünder durch besondere Strafbestimmungen vor der in einem öffentlichen Verfahren auszusprechenden Gefängnisstrafe geradezu geschützt.

In Anlehnung an Jastrow und vor allem an Adolph Wagner[2] ist diese Argumentation von Schmölders erneut aufgegriffen und in zahlreichen Veröffentlichungen immer wieder vertreten worden[3]. In diesen hat Schmölders das Bestehen einer von der allgemeinen Moral abweichenden Steuermoral nachgewiesen, eine Tatsache, die inzwischen zum festen Bestand finanzwissenschaftlichen Wissens gehört. Vor allem habe sich jedoch die Rechtsprechung der unteren Instanzen der ordentlichen Gerichte bisher nicht dazu entschließen können, eine dem Fiskus gegenüber begangene Täuschung mit dem gleichen Maß zu messen wie eine Vermögensbeschädigung anderer Rechtspersonen[4]. Die gleiche Ansicht hat erst in jüngster Zeit Kopacek erneut vertreten[5].

Diese Meinung ist nicht unwidersprochen geblieben. Terstegen bringt vor, unter Hinweis auf die Gesetzessystematik — gleiche Bestrafung von Versuch und Vollendung nach § 397 Abs. II der Abgabenordnung (AO), Strafbarkeit der fahrlässigen Steuerverkürzung nach § 402 AO, der Steuergefährdung nach § 406 AO und der Steuerordnungswidrigkeit nach § 413 AO —, von einer im Vergleich zum Betrug milden Bestrafung der Steuerhinterziehung könne keine Rede sein. Die Beschränkung der Strafart — es wird in erster Linie Geldstrafe angedroht — entspreche der Ausdehnung des Tatbestandes, und man dürfe daraus

---

[1] Jastrow, Ignaz, Gut und Blut fürs Vaterland, Berlin 1917, S. 160/61.
[2] Finanzwissenschaft, 2. Teil, 2. Aufl., Leipzig 1890, S. 799 f.
[3] Schmölders, Günter, Steuermoral und Steuerbelastung, Berlin 1932, S. 4; Ders., Die Wirtschaftsdelikte als Störungsfaktoren im Ordnungssystem der Marktwirtschaft; in: Wirtschaftsdelikte (Einschließlich der Korruption) Arbeitstagung im Bundeskriminalamt Wiesbaden vom 8. April bis 13. April 1957, Wiesbaden 1957, S. 15/16. Ders., Das Irrationale in der öffentlichen Finanzwirtschaft, Hamburg 1960, Rowohlts Deutsche Enzyklopädie Nr. 100, S. 100.
[4] Schmölders, Steuermoral und Steuerbelastung, S. 5.
[5] Kopacek, Werner, Die Freiheitsstrafe bei schweren Steuervergehen in der Praxis; in: Finanz-Rundschau 15. (42.) Jg. 1960, S. 610 f.

keine minder schwere Bewertung der Steuerhinterziehung im Vergleich zum Betrug herleiten[6].

Aus diesem Stand der Diskussion ergibt sich, daß Untersuchungen über eine angenommene Milde oder Härte in der Ahndung von Steuervergehen, die ausschließlich theoretischer Natur sind, nicht weiterführen.

Dem Verfasser wurde daher die Aufgabe übertragen zu untersuchen

1. ob zwischen dem Tatbestand des Betruges nach § 263 StGB und dem der Steuerhinterziehung nach § 396 AO ein Unterschied besteht, der eine von der Anwendung des § 263 StGB abweichende — sei es härtere, sei es mildere — Handhabung des § 396 AO rechtfertigt. Dieser Teil der Untersuchung läuft darauf hinaus festzustellen, warum das Tatbestandsmerkmal der Bereicherungsabsicht in § 396 AO fehlt; die Tatsache, daß es fehlt, ist bekannt und bedarf keiner Erwähnung. Da sowohl in der Begründung des Entwurfs einer Reichsabgabenordnung[7] als auch von Enno Becker als dem Schöpfer der Abgabenordnung[8] als Begründung auf den Rechtszustand vor Erlaß der Abgabenordnung hingewiesen wird mit der unbefriedigenden Regelung der Schuldfrage durch bloße Vermutung, ist nach der Gegenüberstellung der Tatbestandsmerkmale beider Vergehen auf die Bedeutung der Schuldvermutungen in der alten Gesetzgebung einzugehen. — Das Ergebnis dieser Untersuchung wird sein, daß es keinen Unterschied gibt, der eine im Prinzip von der Anwendung des § 263 StGB andere Handhabung des § 396 AO rechtfertigt.

2. Um aus dem Stadium der bloßen Vermutungen, ob milde oder streng gestraft wird, herauszukommen, war ferner über einen längeren Zeitraum anhand der Rechtsprechung festzustellen, welche Strafen nun tatsächlich verhängt werden. Unter Berücksichtigung der Tatsache, daß die Strafandrohungen gegen Steuersünder durch das Gesetz zur vorläufigen Neuordnung von Steuern vom 20. April 1949[9] verschärft wurden, kommt der Verfasser zu dem Ergebnis, daß sich die Rechtsprechung der Gerichte in dem gleichen Ausmaß verschärft hat, in welchem die Neigung der Gemeinsamen Strafsachenstelle Köln zur Abgabe von Verwaltungsstrafverfahren in Veranlagungssteuerstrafsachen an die Justiz

---

[6] Terstegen, Walter Otto Wilhelm, Steuerstrafrecht einschließlich Verfahrensrecht, Köln 1956, S. 87/88; Ders., Besonderheiten der Steuerstraftaten und des Steuerstrafrechts; in: Wirtschaftsdelikte (Einschließlich der Korruption), a. a. O., S. 221.

[7] Verhandlungen der Verfassunggebenden Deutschen Nationalversammlung, Anlage Nr. 759 zu den Stenographischen Berichten, Bd. 338, Berlin 1920, S. 598.

[8] Becker, Enno, Reichsabgabenordnung, 4. Aufl., Berlin 1925, S. 690.

[9] BGBl. I S. 418; eine Milderung erfolgte durch das Gesetz zur Änderung von Vorschriften des Dritten Teils der Reichsabgabenordnung v. 11. Mai 1956.

nachließ. Was die Wahl des Untersuchungszeitraums betrifft, so wurde auf die Untersuchung der Straffälle aus dem Zeitraum von der Währungsreform bis zum 31. Dezember 1949 verzichtet. Trotzdem sind eine Reihe von Strafverfahren, die Steuervergehen aus der Reichsmarkzeit zum Gegenstand haben, erst nach dem 1. Januar 1950 entschieden worden.

A. Die Steuerhinterziehung in der älteren finanzwissenschaftlichen Literatur

I. Der umstrittene Begriff der Steuerhinterziehung

Wie sehr die wissenschaftliche Durchdringung des Steuerstrafrechts als eines neuen Gebietes noch am Anfang stand, zeigt nichts deutlicher als die Tatsache, daß es keine allgemein akzeptierte Begriffsbestimmung des Steuervergehens gab[1]. So bezeichnet z. B. Stein als Steuervergehen jede Handlung, welche in der Absicht (dem Vorsatz) begangen wird, entweder die Verteilung der Steuer oder die Erhebung derselben unmöglich oder im Interesse der Herabminderung des Steuerbetrages unrichtig zu machen[2]. Die Definition Wagners ist umfassender: Danach ist ein Steuervergehen diejenige gesetzwidrige und mit Strafe bedrohte Handlung (oder Unterlassung) einer Person, durch welche die gesetzliche Veranlagung oder Erhebung einer Steuer zum Nachteil der Steuerkasse unmöglich gemacht oder im Betrage verkürzt oder durch welche gegen die gesetzlichen Kontrollvorschriften verstoßen wird[3]. Hock bezeichnet als Übertretung der Steuergesetze die vollendete und die versuchte Hinterziehung sowie die Verletzung der Kontrollvorschriften[4].

Die Begriffsbestimmung Steins ist insoweit zu eng, als sie sich lediglich auf die vorsätzliche Hinterziehung beschränkt und daher den großen Bereich der fahrlässigen Begehung unberücksichtigt läßt[5]; auch Hock läßt die Fahrlässigkeit außer acht.

Der Gefahr einer zu engen Begriffsbestimmung entgeht Wagner insofern, als er erstmalig das heute im Vordergrund stehende gesetzwidrige Verhalten des Steuerpflichtigen vor der Veranlagung der Steuer als Hinterziehung bezeichnet und nicht nur den Vorsatz, sondern auch

---

[1] Blonski, Justin, Einige Bemerkungen über die Prinzipien und das System des Gefällstrafrechts; in: Allgemeine Österreichische Gerichtszeitung, Wien 1883 Nr. 75, 76, 77. Bauer, Joseph von, Über Steuervergehen; in: Finanz-Archiv 19. Jg. 1. Bd. Stuttgart und Berlin 1902, S. 3; Pollack, Fritz, Das Finanzdelikt als Verwaltungsdelikt, sein Wesen und seine Durchbildung, Diss.; in: Strafrechtliche Abhandlungen, Heft 150, Breslau 1911, S. 31.

[2] Stein, Lorenz, von, Lehrbuch der Finanzwissenschaft, 5. Aufl., 1885 2. Teil 1. Abteilung, S. 474.

[3] Wagner, Adolph, Finanzwissenschaft, 2. Aufl., 2. Teil, Leipzig 1890, S. 801 bis 802.

[4] Hock, Carl Freiherr von, Die öffentlichen Abgaben und Schulden, Stuttgart 1863, S. 55.

[5] Schwaiger, Hermann, Über die strafrechtliche Stellung der Steuerdefraudationen, Diss. in: Der Gerichtssaal, Bd. 49, Stuttgart 1894, S. 404.

grobe und leichte Fahrlässigkeit mit einbezieht[6] und, wie auch schon
Hock, Verstöße gegen Kontrollvorschriften berücksichtigt. Damit schält
sich schon im Anfangsstadium der Diskussion um die Hinterziehung
eine Dreiteilung des Begriffes heraus, wobei die vorsätzliche und die
fahrlässige Begehungsart strafrechtlichen Charakter aufweisen, Ordnungswidrigkeiten in Gestalt von Verstößen gegen Kontrollvorschriften
dagegen nicht.

Es erscheint hier angebracht, diesen Begriffsbestimmungen der
Steuerhinterziehung durch die Finanzwissenschaft die Definition eines
Strafrechtlers gegenüberzustellen[7]: Franz von Liszt bezeichnet die
Steuerhinterziehung als die Nichtentrichtung der nach dem Gesetz fälligen Abgaben. Dies sei jedoch nicht ohne weiteres strafbar, da die Mittel des Privatrechts ausreichten, um die Erfüllung der Verbindlichkeit
zu erzwingen. Zu peinlicher, d. h. krimineller Strafe greife der Gesetzgeber erst dann, wenn die Mitwirkung des einzelnen zur Ermittlung
seiner Steuerschuld nach Grund und Höhe erforderlich sei. Dann trage
die Hinterziehung in der Regel alle Merkmale des Betrugsbegriffes.
Wenn sie trotzdem als ein vom Betrug verschiedenes Vergehen aufgefaßt werde, so sei das auf die Entwicklungsgeschichte und die allgemeine Rechtsüberzeugung zurückzuführen. Das Verhältnis zwischen
Steuerhinterziehung und Betrug sei das gleiche wie jenes zwischen
Forstentwendung (Holzdiebstahl) und Diebstahl, der Holzdiebstahl sei
von jeher etwas wesentlich anderes gewesen als der Diebstahl[8].

Mit dieser Definition der Steuerhinterziehung als der Nichtentrichtung einer nach dem Gesetz fälligen Abgabe läßt Liszt erkennen, daß
er die Steuerhinterziehung erst bei der Erhebung für bedeutsam hält[9].
Diese Auffassung kann nur gelten, solange die Veranlagung der Steuern
weitgehend unproblematisch ist, also in einem Realsteuersystem mit
der Veranlagung nach äußeren Merkmalen und Durchschnittssätzen und
einer geringen Bedeutung der Mitwirkungspflicht des Besteuerten. Die
Beitreibung einer der Behörde nach Grund und Höhe bekannten Abgabe ist strafrechtlich in der Tat unproblematisch, denn sie vollzieht
sich nach den Regeln des Privatrechts, nämlich den Vorschriften über
die Zwangsvollstreckung[10].

---

[6] Wagner, a. a. O., S. 804.

[7] Franz von Liszt, Lehrbuch des Deutschen Strafrechts, 2. Aufl., 1884, S. 631;
10. Aufl., 1900, S. 641/42; vgl. hierzu auch Joseph von Bauer, Über Steuervergehen, a. a. O., S. 11 f.

[8] Liszt, 10. Aufl., S. 82.

[9] a. a. O., S. 641.

[10] Liszt, a. a. O., S. 642; Daß Steuern auch heute nicht nur im Veranla-
gungsverfahren, sondern auch bei der Erhebung hinterzogen werden können,
ist unbestritten. Im Untersuchungszeitraum wurde jedoch nur ein einziger
Fall dieser Art festgestellt; vgl. 15 Ms 52/51.

Otto Mayer wiederum versucht vom Standpunkt des Verwaltungsrechts, das Wesen des Finanzdelikts so zu deuten, daß er die Ordnungswidrigkeit als Finanzdelikt schlechthin, die Hinterziehung dagegen als
qualifiziertes Finanzdelikt bezeichnet. Dieses Verhältnis zwischen beiden Delikten — und damit die von Otto Mayer vertretene Zugehörigkeit
auch der Hinterziehung zum Verwaltungsrecht — erweise sich schon
daran, daß unter Umständen das Wegfallen gewisser besonderer Merkmale den Tatbestand der Hinterziehung zum Tatbestand der Ordnungswidrigkeit herabsetzen könne[11].

Erst im Vergleich mit der Ansicht Wagners, der als erster die Bedeutung der Steuerhinterziehung noch vor der Veranlagung erkannte und
das Schwergewicht nicht auf das Verhalten des einzelnen bei der Zahlung der festgesetzten Steuer, sondern auf sein Verhalten bei der Ermittlung der Besteuerungsgrundlagen vor Festsetzung der Steuerschuld legt, zeigt sich die Enge der Auffassung von Liszt. Von diesem
unterschiedlichen Ausgangspunkt her ist auch die Ansicht beider vom
Wesen der Steuerhinterziehung zu erklären: Während Wagner sie auf
die gleiche Stufe mit dem Betrug stellt, betrachtet sie Liszt auch nach
der Einführung der Deklarationspflicht als der umfassendsten Mitwirkungspflicht, die denkbar ist, als Delikt von geringerwertigem Unrechtsgehalt und zieht die schon erwähnte Parallele zum Holzdiebstahl, während Otto Mayer wiederum selbst die vorsätzliche Hinterziehung lediglich als qualifizierte Ordnungswidrigkeit ansieht.

Die Ansicht, in der bloßen Nichtentrichtung der fälligen Steuer das
wesentliche Merkmal der Steuerhinterziehung zu erblicken, der mit den
Vorschriften über die Zwangsvollstreckung entgegengetreten werden
könne, bildet zugleich das Einfallstor für den zivilrechtlichen Einfluß
im Steuerstrafrecht vor 1914. Dieser Einfluß wird zwar von Meisel ge-
leugnet[12], aber von der Begründung des Gesetzentwurfes der Reichsabgabenordnung[13] sowie von Pünder ausdrücklich hervorgehoben[14].
Zu welchen — vom heutigen Standpunkt aus gesehen — kuriosen Er-
gebnissen diese Auffassung von der Steuerhinterziehung führte, zeigt
das Königlich Sächsische Gesetz, die Befugnis zur Ausschließung
säumiger Abgabenpflichtiger von öffentlichen Vergnügungsorten betreffend, vom 21. April 1884[15].

---

[11] Mayer, Otto, Deutsches Verwaltungsrecht, Bd. 1, Leipzig 1895, S. 450.
[12] Vgl. die Besprechung der Dissertation von Rudolf Kaulla: Die rechtliche Natur der Defraudation öffentlicher Abgaben, Diss. Tübingen, Stuttgart
1897: in: Finanz-Archiv 15. Jg. 1. Bd. Stuttgart 1898, S. 483/84.
[13] Verhandlungen der Verfassunggebenden Deutschen Nationalversammlung, Entwurf einer Reichsabgabenordnung, Drucksache 759, Bd. 338 der Anlagen zu den stenographischen Berichten, Berlin 1920, S. 599.
[14] Pünder, Hermann, in: Kommentar zur Reichsabgabenordnung, 3. Aufl.,
Köln 1924, S. 563.
[15] Abgedruckt in Finanz-Archiv, 3. Jg. 1. Bd. 1886, S. 262/63.

II. Die Einstellung der Finanzwissenschaftler zur Steuerhinterziehung

Im Gegensatz zu Schmölders, welcher die von ihm nachgewiesene besondere Steuermoral zum Anlaß nimmt, eine strengere Bestrafung der Steuersünder zu fordern, die nicht hinter der Bestrafung wegen Betruges zurückbleiben soll, ist die Einstellung der älteren Finanzwissenschaftler[16] zu der Hinterziehung von Zöllen, indirekten und direkten Steuern zunächst passiv, wenn nicht sogar resignierend.

Franz Meisel, welcher die Gesetzgebung und Rechtsprechung in Steuerstrafsachen immer wieder kritisch untersucht hat, wirft der Finanzwissenschaft vor, sie beschäftige sich mit den so wichtigen Fragen des Steuerstrafrechts gar nicht oder nur am Rande[17].

So beschränkt sich Schäffle[18] auf die Feststellung, die Hinterziehung sei sehr häufig, ihre Entdeckung bleibe aber dem Zufall überlassen[19] und der Staat werde mit ihr nie ganz fertig, denn gerade die leistungsfähigen Kapitalvermögen seien nicht auffindbar. Die beste Gegenmaßnahme gegen die Hinterziehung von direkten Steuern sei, das Steuersystem so auszubilden, daß der Defraudant auf jeden Fall indirekte Steuern auf die von ihm verbrauchten Güter zahlen müsse, auf deren Konsum er nicht verzichten könne. Außer der Verbrauchsbesteuerung, der auch der Wohlhabende mit einiger Sicherheit unterliege, könne sich ferner ein Defraudant der Besitzwechselbesteuerung nur schwer entziehen, die dementsprechend hoch bemessen sein müsse. Noch 1917 schlug ein später Vertreter dieser Richtung vor, man solle auf ein Steuersystem, das auf der Mitwirkung des Steuerpflichtigen beruhe, dann verzichten, wenn der Grund für die Abgabe unrichtiger Steuererklärungen auf die Nichtübereinstimmung zwischen Regierung und Bevölkerung zurückzuführen sei, und statt dessen zum Ertragsteuersystem zurückkehren[20]. Damit stieß Lotz jedoch auf entschiedenen Widerspruch: Nicht in der Bevölkerung schlechthin gebe es eine Verärgerung gegenüber dem Staat, die zur Abgabe falscher Erklärungen führe, sondern nur „in den Köpfen derjenigen, die seit Jahrzehnten gewohnt sind, den größten Teil ihres Einkommens der Steuerpflicht zu entziehen; nur hier gibt es Schwierigkeiten bei der Ausführung einer gewissenhaften Selbstdeklaration"[21]. Daß es sich bei der mangelnden Bereitschaft zur Mit-

---

[16] Vgl. zu diesem Abschnitt auch Bauer, Über Steuervergehen, a. a. O., S. 4 f.

[17] Steuerdefraudation und Betrug, in: Juristische Blätter Wien 1881, S. 574.

[18] Schäffle, Albert, Die Grundsätze der Steuerpolitik, Tübingen 1880, S. 171.

[19] Schäffle, a. a. O., S. 165.

[20] Lotz, Walther, Finanzwissenschaft, Tübingen 1917, S. 452.

[21] Sombart, zit. nach Meisel: Wo steht die deutsche Finanzwissenschaft? in: Zeitschrift für die gesamte Staatswissenschaft, 75. Jg. 1920, Tübingen 1921, S. 93/94.

wirkung bei der Erfüllung der Steuerpflicht in Wirklichkeit nur um einen Vorwand handelt, stellt etwa ein Jahrzehnt später Popitz klar heraus, indem er sagt: Es scheint bei uns nach der Staatsumwälzung nur noch Leute zu geben, die mit dem Staat unzufrieden sind; entweder weil er nicht mehr so ist, wie er früher war, und daher den Betreffenden nicht mehr so am Herzen liegt, oder weil er noch nicht so ist, wie es der Weltanschauung und den Hoffnungen des einzelnen entspricht[22].

Eheberg betrachtet, ebenso wie Schäffle, die Steuerhinterziehung unter dem Gesichtspunkt unerwünschter Steuerentlastung, die weniger eine Schädigung des Staates als vielmehr ein Unrecht gegenüber den übrigen Steuerzahlern darstelle, welche nun auch die von anderen hinterzogenen Beträge aufbringen müßten[23].

Lorenz von Stein stellt — und mit ihm alle Finanzwissenschaftler seiner Zeit außer Adolph Wagner — fast selbstverständlich als Hauptfall den Schmuggel, nämlich die Hinterziehung von Zöllen und Verbrauchsteuern in den Vordergrund[24]. Die Strafandrohungen beinhalteten keine Freiheits- oder Ehrenstrafen, denn der Täter habe nicht in die Rechte Dritter eingegriffen, sondern lediglich eine öffentliche Pflicht nicht erfüllt. Daher fehle ein Individualschaden und deswegen sei auch das Steuerstrafrecht ein Teil des Verwaltungsstrafrechts[25]. Dabei übersieht Stein freilich, daß die Strafbestimmungen der damaligen Zoll- und Verbrauchssteuergesetze durchaus Freiheitsstrafen vorsahen[26]. Diese Ansicht Steins entspricht der Auffassung seiner Zeit, die an den Schutz der Beziehungen zwischen einzelnen strengere Maßstäbe anlegte als an das Verhältnis des einzelnen zum Staat und an die Verletzung staatlich gebotener Pflichten. Wegen des fehlenden Individualschadens weist Stein die Hinterziehung dem Verwaltungsstrafrecht und nicht dem allgemeinen Strafrecht zu, eine Unterscheidung, die uns noch eingehend beschäftigen wird[27], des besseren Sachzusammenhangs wegen an anderer Stelle, wobei noch zu prüfen ist, ob dieses Kriterium für die Einordnung der Hinterziehung in das Verwaltungsstrafrecht wirklich stichhaltig ist.

Diese passive Einstellung der Finanzwissenschaft zur Hinterziehung ändert sich erst mit Adolph Wagner, welcher in der 1880 erschienenen

---

[22] Popitz, Johannes, Der wirtschaftende Mensch als Steuerzahler; in: Vierteljahresschrift für Steuer- und Finanzrecht, 4. Jg., Berlin 1930, S. 29.

[23] Eheberg, Karl Theodor, Finanzwissenschaft, 4. Aufl., Leipzig 1895, S. 146.

[24] Stein, Lorenz von, Lehrbuch der Finanzwissenschaft, 2. Teil, 1. Abteilung, S. 474, 5. Aufl., Leipzig 1885.

[25] Stein, a. a. O., S. 473; so auch Pollack, a. a. O., S. 74.

[26] §§ 144, 162 des Vereinszollgesetzes vom 1. Juli 1869; § 17 des Salzabgabegesetzes; § 39 Brausteuergesetz; § 44 Tabaksteuergesetz; § 68 Branntweinsteuergesetz vom 8. Juli 1868, neue Fassung § 34 Branntweinsteuergesetz vom 24. Juni 1887; § 60 Zuckersteuergesetz. Zitiert nach Goldschmidt, James: Das Verwaltungsstrafrecht, Berlin 1902, S. 429 Fußnote 78.

[27] Vgl. unten S. 34 f.

Auflage seines Lehrbuches erstmals auf Steuerstrafen eingeht. Ausgangspunkt für Wagner ist seine Forderung nach Verwirklichung des Gerechtigkeitsgrundsatzes in der Besteuerung[28], gerade weil es sich bei der Steuergerechtigkeit nicht um einen Begriff absoluter, sondern lediglich relativer Gültigkeit handelt, welcher von der Kultur und dem Rechtsgefühl eines Volkes bedingt ist[29]. Der Grundsatz der Gerechtigkeit der Besteuerung erfordert aber geradezu die Gleichstellung vorsätzlicher Hinterziehung mit dem Betrug in einem Steuersystem, in welchem — wie es damals der Fall war — die unteren Volksklassen durch Verbrauchssteuern hart getroffen werden[30]. Wenn trotzdem die vorsätzliche Steuerhinterziehung nicht als Betrug angesehen werde oder diesem in der Bestrafung nicht gleichgestellt sei, so folge dies aus der Rechtsüberzeugung und der auf dieser beruhenden Gesetzgebung der Kulturvölker; den für eine vom Betrug unterschiedliche Regelung und Bestrafung der Hinterziehung vorgebrachten Gründen verschließt sich Wagner nicht, doch erkennt er ihnen keine ständige Gültigkeit zu. Vielmehr vertraut er darauf, daß „die Weiterentwicklung im Leben unserer Kulturvölker dahin führen möge, in der böswilligen Steuerdefraudation ein mit dem Betruge identisches oder strafrechtlich gleichzustellendes selbständiges Vergehen anzuerkennen"[31].

Die Finanzwissenschaft erhob die Forderung nach strenger Bestrafung der Steuerhinterziehung durch den Richter nicht allein deswegen, weil nur die richterliche Untersuchung und Entscheidung eine objektive Behandlung garantiert, sondern weil Freiheits- und Ehrenstrafen (zeitweise Aberkennung des aktiven und passiven Wahlrechts, Unfähigkeit zur Bekleidung öffentlicher Ämter) im Gegensatz zu den vorzugsweise ausgesprochenen Geldstrafen nur vom Gericht verhängt werden können. Dabei erfolgte der Ruf nach Einführung von Ehrenstrafen sowohl im Hinblick auf das Vergehen dem Staat gegenüber, vor allem aber auch aus dem Gesichtspunkt der mittelbaren Schädigung der ehrlichen Steuerzahler[32]. Besonderes Interesse verdient hierbei die Tatsache, daß schon Ruppenthal geraten hatte, den ärmeren Tätern eine Geldstrafe, den reicheren dagegen Gefängnisstrafe aufzuerlegen[33].

Freilich war die Zeit, in welcher die Finanzwissenschaft die Forderung nach einem gut ausgebauten System von Steuerstrafen erhob, der Verwirklichung solcher Gedankengänge nicht günstig gesonnen. Das mußte nicht zuletzt Adolph Wagner selbst erfahren, dessen „Rigoris-

[28] Wagner, Adolph, Finanzwissenschaft, 2. Teil, 2. Aufl., Leipzig 1890, S. 805/806, 808.
[29] Wagner, a. a. O., S. 379/80.
[30] Wagner, a. a. O., S. 806.
[31] Wagner, a. a. O., S. 805.
[32] Schäffle, Albert: Die Steuern, Allgemeiner Teil, Leipzig 1895, S. 306.
[33] Zitiert nach Roscher, Wilhelm, System der Finanzwissenschaft, Stuttgart 1894, S. 312.

mus"[34] bei allen Parteien gleichermaßen auf Ablehnung stieß, so daß
Roscher wohl die Forderung Wagners nach Verhandlung von Steuerstrafsachen vor den ordentlichen Gerichten übernimmt, weil er sich davon eine erzieherische Wirkung verspricht, von der Verhängung von
Ehrenstrafen jedoch absehen möchte. Auch Schäffle, der sich später die
Ansichten Wagners zu eigen macht[35], beklagt, daß die Gesetzgebung
der liberalen Epoche dem Staat nicht die nötigen starken Mittel zur
Bekämpfung der Steuerhinterziehung zur Verfügung stellt. Wandel
tritt hier erst ein mit dem Ende der liberalen Epoche, als nicht mehr
das privatwirtschaftliche Interesse des einzelnen den Maßstab bildete,
an dem sich der Gesetzgeber ausrichtete, sondern als die Belange der
Gemeinschaft in den Vordergrund rückten.

Die Tatsache, daß das Problem der Steuerhinterziehung sowohl die
Finanz- als auch die Strafrechtswissenschaft erst gegen Ende des
19. Jahrhunderts beschäftigt, wirft die Frage auf, warum die systema-
tische Durchdringung dieses Fragenkomplexes nicht schon früher erfolgte. Der Grund hierfür ist in der herrschenden Strömung des Liberalismus zu erblicken, der aus dem Kampf mit dem Polizeistaat erfolg-
reich hervorgegangen war; an die Stelle des Polizeistaates, der in alle
Belange des einzelnen reglementierend eingriff, war der Grundsatz ge-
treten, der Staat habe jedes lästige Eindringen in die private Sphäre
seiner Bürger zu unterlassen. Für die Besteuerung folgt hieraus der
Ausbau der Zölle und Verbrauchsteuern, aus diesen Quellen wird vor
allem der Staatshaushalt gespeist. Nur so ist es zu verstehen, daß die
Androhung von Strafen sich ausschließlich gegen die Hinterziehung von
Zöllen und Verbrauchsteuern richtet, hier waren neben Geldstrafen auch
Freiheitsstrafen vorgesehen[36]. Es ist daher nicht verwunderlich, wenn
bei allen Autoren die Hinterziehung von Zöllen und Verbrauchsteuern
als selbstverständlich im Vordergrund steht[37].

Was demgegenüber die direkten Steuern angeht, so bestand zunächst wenig Anreiz, aber auch nur geringe Möglichkeit, diese zu hinterziehen, und zwar so lange nicht, wie, getreu dem Grundsatz, daß
jedes lästige Eindringen in die Verhältnisse des Steuerpflichtigen zu
unterbleiben habe, als Grundlage der Besteuerung amtliche Nachfor-
schungen dienten[38].

Da die älteren Gesetze über direkte Steuern auf jede Mitwirkung des
Steuerpflichtigen verzichteten, wiesen diese Gesetze auch keine Ge- oder
Verbote im Hinblick auf ein bestimmtes, „im Interesse der Besteuerung"

---

[34] Roscher, a. a. O., S. 311.
[35] Schäffle, Die Steuern, Allg. Teil, Leipzig 1895, S. 305.
[36] Vgl. oben S. 18, Fußnote 26, sowie Wagner, a. a. O., S. 806.
[37] Hock, a. a. O., S. 56; Stein, Lehrbuch der Finanzwissenschaft, 2. Teil,
1. Abteilung, S. 474; Wagner, a. a. O., S. 803.
[38] Wagner, a. a. O., S. 803, 717.

gebotenes Verhalten auf, und deswegen fehlen Bestimmungen, welche die Nichtbeachtung eines bestimmten Verhaltens mit Strafe bedrohen[39]. Wo der Staat glaubt, die Tätigkeit seiner Behörden reiche zur Ermittlung der Besteuerungsgrundlagen nicht aus, verlangt er zwar in geringem Umfang eine Mitwirkung des Steuerpflichtigen, doch dient diese nur der eigenen Kontrolle und der Ergänzung der Unterlagen der Behörden. Unterläßt der Steuerpflichtige die Mitwirkung, so wird nicht die Besteuerung als solche gefährdet — sein Haus, seinen Gewerbebetrieb, seine berufliche Existenz kann er nicht lange verheimlichen —, sondern nur die ordnungsgemäße Durchführung der Besteuerung ist beeinträchtigt. Um die Beachtung dieser rein formellen Mitwirkung des Steuerpflichtigen zu erreichen, genügten Strafen gegen derartige Ordnungswidrigkeiten, die von den Steuerbehörden in eigener Zuständigkeit festgesetzt wurden[40].

Es wurde also lediglich die Tatsache der Mitwirkung bei der Besteuerung kontrolliert, dies war ein unproblematischer Vorgang bei der Überwachung, und daher können die direkten Steuern — wegen der sehr bescheidenen Anforderungen an die Mitwirkung des einzelnen — als damals absolut kontrollierbar bezeichnet werden[41]. In den Fällen absoluter Kontrollierbarkeit war also die Hinterziehung gleichbedeutend mit der Nichtentrichtung der sowohl dem Steuergläubiger wie dem Steuerschuldner nach Grund und Höhe bekannten Abgabe, der Nichtzahlung der öffentlichen Schuld folgte die Zwangsvollstreckung.

Mit dem Erlaß des preußischen Einkommensteuergesetzes von 1891, dem bedeutendsten Vorkommnis der neueren Steuergeschichte[42], änderte sich grundsätzlich die Mitwirkung des einzelnen bei seiner Besteuerung. Kernstück dieses Gesetzes ist die seit 1847 heftig umstrittene Einführung der Deklarationspflicht[43]. Der Vereinigte Landtag hatte 1847 die Einführung der Deklarationspflicht in namentlicher Abstimmung mit 390 gegen 141 Stimmen verworfen[44], deren erneute Vorlage die Regierung seither nicht mehr gewagt hatte.

Da nunmehr die Ermittlung der Besteuerungsgrundlagen hinsichtlich ihres Vorhandenseins, etwa bei Kapitalvermögen, und ihrer Höhe nur noch durch Mitwirkung des Steuerpflichtigen selbst erfolgen kann, genügt nicht mehr die Kontrolle der bloßen Tatsache der Mitwirkung,

---

[39] Meisel, Unrecht und Zwang im Finanzwesen; in: Finanz-Archiv, Bd. 5, S. 25.
[40] Meisel, Unrecht und Zwang im Finanzwesen, a. a. O., S. 27.
[41] Meisel, Unrecht und Zwang, a. a. O., S. 16.
[42] Wagner, zit. nach Meisel, Moral und Technik bei der Veranlagung der preußischen Einkommensteuer, Leipzig 1911, S. 24.
[43] Wagner, Die Reform der direkten Staatsbesteuerung in Preußen im Jahre 1891; in: Finanz-Archiv 8. Jg., 2. Bd., S. 163.
[44] Vgl. Stenogr. Berichte über die Verhandlungen des Hauses der Abgeordneten, 1. Bd. 1891, 1. Beratung des Entwurfs eines Einkommensteuergesetzes, Nr. 5 der Drucksachen, S. 31.

vielmehr war von nun an der Inhalt der abgegebenen Erklärung zu überwachen, dessen Richtigkeit durch Androhung von Strafen erreicht werden sollte. Wenn daher die Strafbestimmungen des preußischen Einkommensteuergesetzes von 1891 (§§ 66 ff.) wissentlich unrichtige Angabe mit Strafe bedrohen, so geschieht dies als eine notwendige Konsequenz der Deklarationspflicht[45]. Die Verletzung dieses Gebotes richtiger Deklaration führt zugleich das Steuervergehen von dem sittlichen Bereich in das Rechtsgebiet hinüber, entsprechend dem Wesen der Steuer als einer Einrichtung der Rechtsordnung[46]; erst mit der Einführung der Deklarationspflicht ist die Voraussetzung eines Steuervergehens im strafrechtlichen Sinne gegeben[47].

Damit wird zugleich die staatliche Kontrolle vor neue Aufgaben gestellt, die absolute Kontrollierbarkeit leitet über zur relativen Kontrollierbarkeit oder zur gänzlichen Unkontrollierbarkeit[48]. Zur Erreichung des Zieles genügt nicht mehr die Androhung von Ordnungsstrafen, vielmehr werden Geldstrafen in mehrfacher Höhe des hinterzogenen Betrages angedroht. Dabei ging der Gesetzgeber von der Überlegung aus, den eigennützigen Täter dort zu strafen, wo er am empfindlichsten ist, nämlich am Gelde, dem Finanzzweck sollte die Geldstrafe entsprechen. Freiheitsstrafen sah erst die nicht verabschiedete Novelle von 1911/12 zum preußischen Einkommenssteuergesetz vor, zum Gesetz wurden Freiheitsstrafen erstmals im Reichswehrbeitrag und Besitzsteuergesetz[49].

Die Frage nach der Hinterziehung direkter Steuern im heutigen Sinne stellt sich also erst seit dem Übergang vom Real- zum Personalsteuersystem; 1891 war mit der Einführung der Deklarationspflicht zugleich die Notwendigkeit gegeben, die Erfüllung dieser Pflicht durch eine entsprechende Strafdrohung zu gewährleisten. Dies bedeutete den Erfolg der von der Finanzwissenschaft immer vertretenen Meinung, daß die Interessen der Gemeinwirtschaft Vorrang genießen müssen vor denen der privaten Einzelwirtschaft, die ihren beredten Ausdruck in der Diskussion des Abgeordnetenhauses über die Einführung der Deklarationspflicht gefunden hat.

So sehr gerade Wagner für eine strenge Bestrafung der Steuerhinterziehung eintritt, so verkennt er doch nicht, daß sowohl prinzipielle als auch praktische Gründe zur Entstehung der von ihm bekämpften Unterscheidung zwischen Steuerhinterziehung und Betrug geführt haben.

---

[45] Wagner, Die Reform der direkten Staatsbesteuerung in Preußen, a. a. O., S. 167.
[46] Bauer, Über Steuervergehen, a. a. O., S. 29.
[47] Wagner, Finanzwissenschaft, S. 803.
[48] Meisel, Unrecht und Zwang im Finanzwesen, a. a. O., S. 29, 53.
[49] Schwarz, O., Geh. Oberfinanzrat, Zum Steuerstrafrecht, in: Wörterbuch des Deutschen Staats- und Verwaltungsrechts, 3. Bd., 2. Aufl., Tübingen 1914, S. 534.

Unter den prinzipiellen Gründen ist zunächst ein Gesichtspunkt zu nennen, auch wenn dieser schon zur Zeit Wagners nur noch historische Bedeutung besaß: Die jahrhundertelange wirtschaftliche Zersplitterung Deutschlands, bedingt durch die Entstehung vieler kleiner Territorien, die sich gegeneinander absperrten und an jeder Landesgrenze Zoll erhoben. Ein im 13. Jahrhundert in Deutschland reisender Engländer namens Wickes hatte schon damals diesen Vorgang als die „mira insania Germanorum" bezeichnet[50]. Es ist daher nicht verwunderlich, wenn die Merkantilisten den Schmuggler als den großen Reformator seines Zeitalters priesen, weil durch den Schmuggel schlechte Gesetze erträglich gemacht würden[51]. Das Übermaß der Handelsbeschränkungen, die Jahrhunderte hindurch bis zur Gründung des Zollvereins auf Deutschland lasteten, wurde als großer Nachteil empfunden.

Als weiterer prinzipieller Grund wird die Kompliziertheit schon der damaligen Steuergesetzgebung angeführt. Diese steht wiederum in engem Zusammenhang mit dem Bestreben des Staates, den Kreis der Steuern mit relativer Kontrollierbarkeit oder gänzlicher Unkontrollierbarkeit, damals vor allem der Stempelsteuern, den Vorläufern der heutigen Umsatzsteuer, klein zu halten, weil die Überwachung um so leichter ist, je enger die Grenzen gezogen sind, innerhalb deren sich die Steuerpflichtigen bewegen können[52]. Dabei verfiel jedoch der Gesetzgeber — nicht nur damals — in den Fehler, die kompliziertesten Bestimmungen zu erlassen, die jeder zu kennen hat. Schon Schäffle[53] warnte davor, die Mitwirkungspflicht allzusehr auszudehnen: Je mehr die alltäglichen Verkehrsakte des kleinen Mannes aufzeichnungspflichtig werden, desto mehr und unbefangener wird defraudiert und desto größer wird der Schaden der Demoralisation.

Als dritter und letzter prinzipieller Grund ist die aus den beiden früheren hervorgehende Rechtsüberzeugung zu nennen. Für die Bildung eines Gefühls für Recht und Unrecht im Hinblick auf ein Gesetz war damals wie heute eine gewisse Mindestzeit der Anwendung erforderlich[54]. Das gilt ganz besonders für das große Gebiet der Steuergesetze und der Steuerstrafgesetze, der Unterschied zwischen Moral und Recht ist hier so deutlich spürbar wie bei keinem anderen Verbrechen oder Vergehen. Diese nur unzureichend ausgebildete Rechtsüberzeugung im Hinblick auf die Steuerhinterziehung ergibt sich zwangsläufig aus den früher erwähnten Gründen der wirtschaftlichen Zersplitterung und der

---

[50] Köstlin, Reinhold, Abhandlungen aus dem Strafrecht, Tübingen 1858, S. 145 Fußnote 1.
[51] Schwaiger, Über die strafrechtliche Stellung der Steuerdefraudation, a. a. O., S. 415.
[52] Meisel, Unrecht und Zwang im Finanzwesen, S. 14.
[53] Die Grundsätze der Steuerpolitik, Tübingen 1880, S. 492.
[54] Schmölders, Das Irrationale in der öffentlichen Finanzwirtschaft, S. 103.

Kompliziertheit der Gesetze: Jahrhunderte hindurch waren bereits Zölle und indirekte Steuern hinterzogen worden, wobei man eine gewisse Berechtigung hierzu noch nicht einmal verneinen kann. Hinzu tritt der Umstand, daß erst seit dem Übergang vom Real- zum Personalsteuersystem, in Preußen seit 1891, die Hinterziehung von Veranlagungssteuern strafbar ist, als an Stelle der früheren eigenen amtlichen Tätigkeit zur Ermittlung der Besteuerungsgrundlagen die Mitwirkung des Steuerpflichtigen ausschlaggebend wurde.

Um diesem Rechtsgefühl entgegenzuwirken, fordert Wagner, die Strafen gegen die Hinterziehung direkter Steuern an der Art und der Schwere derjenigen Strafdrohungen auszurichten, die gegen die Hinterziehung von Zöllen und indirekten Steuern damals bestanden[55], denn jeder Staat hat in seinem Volk den Grad von Steuerehre und Steuerehrlichkeit, welchen er sich erzieht[56]. Allein die Tatsache, daß der Anspruch des Steuergläubigers auf Zölle und Verbrauchsteuern stärker geschützt wurde als sein Anspruch auf direkte Steuern, verdient hervorgehoben zu werden, ist aber nur aus der Entwicklungsgeschichte des Abgabewesens zu verstehen: Zölle und indirekte Steuern besaßen viel eher eine große Bedeutung für den Fiskus als direkte Steuern. Das Strafrecht des Zollvereins aus den Jahren 1836/38 sah die Einziehung der geschmuggelten Gegenstände, die Zahlung des Zolles und eine Geldstrafe in vierfacher Höhe der hinterzogenen Abgabe vor. Freiheitsstrafe trat beim ersten und zweiten Mal nur bei Zahlungsunfähigkeit ein, sie sollte vom dritten Rückfall an nicht unter sechs Monaten Festung oder Zuchthaus betragen[57]. Das Vereinszollgesetz vom 1. Juli 1869 hat diese Strafen gemildert, §§ 134 f.

Wenn bis zum Übergang vom Real- zum Personalsteuersystem bei der Hinterziehung direkter Steuern nur Ordnungsstrafen verhängt wurden, so hatte dies, wie wir sahen, seine Ursache in der lediglich akzessorischen Natur der Mitwirkung, die hauptsächliche Verpflichtung bestand allein darin, die festgesetzte Steuer zu zahlen. Infolge des gänzlich veränderten Inhalts der Mitwirkungspflicht nach 1891 besteht nunmehr eine Hauptpflicht des Steuerpflichtigen schon in der Mitwirkung bei der Ermittlung der Grundlagen für seine Besteuerung, aus der sich erst die freilich nicht minder bedeutsame Pflicht zur Zahlung der so ermittelten Steuer ergibt. Diesem Wandel des Inhalts der Mitwirkungspflicht entspricht eine Veränderung des Begriffs der Steuerhinterziehung: Während er sich früher nur auf die Nichtzahlung der festgesetzten Steuer erstreckte, bezeichnete doch Liszt die Hinterziehung als die

---

[55] Wagner, a. a. O., S. 808.
[56] Meisel, Britische und Deutsche Einkommensteuer, ihre Moral und ihre Technik, Tübingen 1925, S. 137.
[57] Roscher, a. a. O., S. 311/312.

Nichtentrichtung der nach dem Gesetz verfallenen Abgabe[58], erhält er erst nach 1891 diejenige Bedeutung, die wir noch heute eigentlich ausschließlich darunter verstehen: Die Verkürzung von Steueransprüchen.

Damit rückt ein Problem in den Mittelpunkt, dem bisher nur geringe Bedeutung zugekommen war: Die Beweisfrage. Die Steuerbehörden hatten jetzt dem Steuerpflichtigen die Unrichtigkeit des Inhalts seiner Erklärung nachzuweisen, ohne auf lange Zeit hinaus im Besitz von zuverlässigen Hilfsmitteln zu sein, die heute ein Beamter der Steuerbehörde überhaupt nicht entbehren könnte.

Die Folge dieser ohne Zweifel großen und vor dem ersten Weltkrieg nicht überwundenen Anfangsschwierigkeiten war ein ungewöhnliches Mißtrauen im Verhältnis zwischen Steuerbehörde und Steuerpflichtigen: Die Finanzverwaltung wies auf den großen Umfang der Steuerhinterziehungen hin, wurde doch zwischen 1900 und 1908 jede vierte Steuererklärung mit Erfolg, d. h. mit einem Mehrergebnis berichtigt[59]. Umgekehrt bezichtigen die Steuerpflichtigen die Behörde des Fiskalismus. Und aus diesem Zwiespalt heraus ertönte der Ruf nach dem Richter, aber mit entgegengesetzten Zielen: Die Gegner der Einkommensteuer riefen nach dem ordentlichen Strafrichter, weil dieser sie vor der angeblichen Willkür der Steuerbehörde schützen sollte; Grundeinstellung war hierbei die alte Forderung des Liberalismus nach dem Schutz des einzelnen vor dem Staat.

Die Anhänger der Einkommensteuer, allen voran Adolph Wagner, verlangten die Entscheidung des Strafrichters aus umgekehrter Sicht. An erster Stelle seiner Überlegungen steht der Gedanke, daß nur durch gerichtliche Untersuchungen und Entscheidung von Steuerstrafsachen in der öffentlichen Meinung ihre Gleichstellung mit anderen strafbaren Handlungen erreicht werden kann. Erst an zweiter Stelle folgt, daß die Verhängung weiterer Rechtsfolgen nur durch den Richter möglich ist[60]; den Gesichtspunkt, daß nur das gerichtliche Verfahren Schutz vor etwaiger Willkür der Verwaltung biete, führt Wagner als letzten an.

Wagner gelangt zu dieser Ansicht, weil das damals geltende Verfahren der Bestrafung im Verwaltungswege seinem Hauptziel, der allmählichen Einwirkung auf das Rechtsbewußtsein im Sinne einer strengeren Beurteilung der Steuervergehen durch die öffentliche Meinung, abträglich ist, ja er bezeichnet die in einem solchen Verfahren verhängte Geldstrafe geradezu als „Abkauf der Strafe"[61]. Auf diesem Wege lasse

---

[58] Lehrbuch des Deutschen Strafrechts, 10. Aufl., 1900, S. 641.

[59] Meisel, Moral und Technik bei der Veranlagung der preuß. Einkommensteuer, Leipzig 1911, S. 8, 11.

[60] Finanzwissenschaft, S. 810.

[61] a. a. O., S. 813.

sich die laxe Moral gerade bei dem kleinen Steuervergehen nicht heben[62].

Eine besondere Stellung unter den Finanzwissenschaftlern nimmt Meisel ein, der zunächst die Steuerhinterziehung als Betrug ansieht[63], später aber unter Hinweis auf die Entwicklungsgeschichte die Gleichheit beider Vergehen bestreitet, auch wenn die Betrugsdefinition des Strafrechts auf die Steuerhinterziehung passe[64]. Dieser Wandel in der Anschauung Meisels ist durch die gegen Ende des 19. Jahrhunderts mächtig einsetzende Entwicklung des Verwaltungsrechts und Verwaltungsstrafrechts hervorgerufen worden, zu dessen Hauptbestandteil Meisel das Finanzunrecht zählt.

Weil es an klaren Rechtsanschauungen fehle — das zeigt sich in der durch nichts gerechtfertigten Tatsache, das Zuwiderhandlungen gegen die direkten und indirekten Steuern zwei verschiedenen Rechtssphären zugewiesen wurden, diese dem Strafrecht, jene dem Verwaltungsunrecht[65] —, werde die Gesetzgebung noch immer vom Dogma des Liberalismus beherrscht, daß nämlich zur Untersuchung, ob strafbares Unrecht vorliege, nur der Strafrichter berechtigt sei. Gerade diese Stellung des Strafrichters über der Verwaltung greift Meisel an, und zwar mit der Begründung, nicht der einzelne sei vor der Willkür der Steuerbehörde zu schützen, sondern der Rechtsschutz müsse vielmehr dem staatlichen Interesse gelten, dieses sei in Anbetracht der ungenügenden Kontrollmittel des Staates schutzbedürftig[66]. Ferner fehle dem Strafrichter die wesentlichste Voraussetzung für seine Tätigkeit in Steuerstrafsachen, nämlich die Rechtskenntnis[67]. Inwieweit dieser Vorwurf heute gerechtfertigt ist, werden wir noch zu untersuchen haben.

Aus diesen Gründen — Verneinung des kriminellen Charakters der Steuerhinterziehung, „so bös und gefährlich wie die richtige Verbrecherwelt ist die Steuerlüge nicht"[68], Betonung der Schutzbedürftigkeit der Interessen der Gemeinschaft gegenüber dem Egoismus des einzelnen sowie mangelnde Rechtskenntnis des Richters im Steuerrecht — sieht Meisel[69] in Anlehnung an Stein[70] das Steuerstrafrecht als Teil des Verwaltungsstrafrechts an und fordert die Zuweisung der Steuerstrafsachen an Verwaltungsstrafgerichte mit dem Reichsfinanzhof als oberstem Gericht[71]. Diese Gerichte seien nach dem Muster der für die

---

[62] Meisel, Unrecht und Zwang im Finanzwesen, a. a. O., S. 52.
[63] Steuerdefraudation und Betrug, in: Juristische Blätter Wien 1881, S. 575.
[64] Unrecht und Zwang in Finanzwesen, a. a. O., S. 55.
[65] Das Strafrecht der österreichischen Einkommensteuer, a. a. O., S. 3.
[66] Das Strafrecht der österreichischen Einkommensteuer, a. a. O., S. 11.
[67] Das Strafrecht der Reichsabgabenordnung, Sein Prinzip und seine Technik, Stuttgart 1920, S. 18.
[68] Meisel, Das Strafrecht der Reichsabgabenordnung, S. 25.
[69] Ders., Moral und Technik, S. 55.
[70] Vgl. oben S. 18.
[71] Meisel, Britische und Deutsche Einkommensteuer, S. 199.

Verfolgung von Gefällstrafsachen in Österreich-Ungarn früher zuständigen Gerichte je zur Hälfte mit Strafrichtern und mit Beamten der Steuerverwaltung zu besetzen[72]. Meisels Ablehnung, die Schuldtheorie in das Steuerstrafrecht einzuführen[73], entspringt indessen praktischen Überlegungen der Beweisführung: Wenn es schon schwerhalten werde, dem Steuersünder seine Tat nachzuweisen, so werde der Nachweis des Verschuldens nur selten gelingen. Damit entfalle aber die Möglichkeit, einen Steuersünder in einem gerichtlichen Steuerstrafprozeß zu verurteilen.

Wenn Wagner die Bestrafung der Steuerhinterziehung durch den Strafrichter gefordert habe, so nur deshalb, weil zu der Zeit, als er diese Forderung erhob, die Verwaltungsgerichtsbarkeit noch nicht besonders entwickelt gewesen sei[74]. Die Praxis der Gerichte in Steuerstrafsachen führe ein Scheinleben, weil weder bei der Steuerverwaltung noch bei den Steuerpflichtigen die Neigung zur Anrufung des Strafgerichts groß sei[75]. Allerdings kann auch Meisel nicht umhin einzuräumen, daß gerade dem kleinen Steuersünder nur mit Strafen entgegengetreten werden kann, die schärfer sein müssen, als sie von der Verwaltung oder einem Verwaltungsgericht verhängt werden können[76].

Zusammenfassend kann daher die Einstellung der Finanzwissenschaft dahingehend gekennzeichnet werden, daß zumindest die vorsätzliche Hinterziehung auch der direkten Steuern als Betrug aufgefaßt wird[77], ja die Verletzung einer dem Staat gegenüber bestehenden Verpflichtung wird als schlimmeres Vergehen angesehen als die Verletzung einer Privatpflicht[78]. Hock[79] bejaht zwar die Betrugseigenschaft der Steuerhinterziehung, spricht sich aber gegen eine Gleichstellung beider Vergehen in der Bestrafung aus, weil „die durch die Steuergesetze geschaffenen Zustände nicht so einfacher und natürlicher Art sind wie jene Verhältnisse, in denen Betrügereien gewöhnlich begangen werden". Die Feststellung, ob im Einzelfall Vorsatz oder Fahrlässigkeit vorliege, sei sehr schwierig, eben deswegen verzichteten die Steuerstrafgesetze insoweit auf den genauen Nachweis, vielmehr behelfen sie sich mit Schuldvermutungen, und daher könne auch nicht die Hinterziehung von Ab-

---

[72] Ders., Britische und Deutsche Einkommensteuer, S. 203.
[73] Ders., Besprechung der Dissertation von Kaulla, in: Finanz-Archiv, 15. Jg. 1. Bd., S. 484.
[74] Ders., Das Strafrecht der Reichsabgabenordnung, S. 21.
[75] Ders., Moral und Technik bei der Veranlagung der preuß. Einkommensteuer, S. 66/67.
[76] Meisel, Unrecht und Zwang im Finanzwesen, a. a. O., S. 52.
[77] Wagner, a. a. O., S. 802/804; Schäffle, Die Steuern, Allg. Teil, S. 306; Roscher, a. a. O., S. 309.
[78] Vocke, Wilhelm, Die Abgaben, Auflagen und die Steuer vom Standpunkt der Geschichte und der Sittlichkeit, Stuttgart 1887, S. 317; ders., Die Grundzüge der Finanzwissenschaft, Leipzig 1894, S. 354.
[79] a. a. O., S. 56.

gaben gleich dem Betrug bestraft werden. Wo jedoch Vorsatz gegeben sei, bilde er einen Straferschwerungsgrund[80]. Cohn wiederum betrachtet die Strafen, gleich welcher Art, nur in dem Maß als wirksam, als ihre Androhung Aussicht auf Erfolg hat[81].

III. Die Ausführung der Strafbestimmungen des preußischen Einkommensteuergesetzes vom 24. Juni 1891 in der Praxis

Es ist nun von Interesse zu erfahren, in welchem Umfang tatsächlich auf Grund des § 66 dieses Gesetzes Strafen verhängt worden sind. Bei der Beurteilung des hierüber vorliegenden Zahlenmaterials (Anhang Nr. 1) ist die Weisung des preußischen Finanzministers zu berücksichtigen, daß nämlich eine Häufung der gerichtlichen Untersuchungen nicht erwünscht sei, weil die vorläufige Straffestsetzung durch die Regierung (das Regierungspräsidium) geeignet sei, das Verfahren abzukürzen, es dem Beschuldigten Kosten erspare und ferner der Gesetzgeber in § 70 Abs. III der Regierung einen größeren Ermessensspielraum eingeräumt habe als den Gerichten[82].

Dementsprechend lag denn auch das Schwergewicht nicht auf dem gerichtlichen Strafverfahren, auch nicht auf dem Strafverfahren der Verwaltung, sondern auf dem Beanstandungsverfahren nach § 38 des preußischen Einkommensteuergesetzes (EG). Diese Bestimmung gab der Veranlagungskommission und ihrem Vorsitzenden das Recht, vom Steuerpflichtigen weitere Angaben anzufordern, sowie Zeugen und Sachverständige zu vernehmen und Gutachten anzufordern, deren Wert freilich von Mrozek als oft fraglich bezeichnet wird[83]. Dabei wurde folgendermaßen vorgegangen: Sobald der begründete Verdacht einer in den §§ 66, 68 EG mit Strafe bedrohten Zuwiderhandlung vorlag, veranlaßte der Landrat als der Vorsitzende der Veranlagungskommission die erforderlichen Ermittlungen, nach deren Abschluß er den Vorgang an das Regierungspräsidium übersandte. Dieses als die vorgesetzte Verwaltungsbehörde entschied über die Einleitung des Verfahrens. Die Regierung setzte eine vorläufige Geldstrafe fest, zum Erlaß förmlicher Strafbescheide nach § 459 der Strafprozeßordnung war sie nicht befugt[84].

---

[80] Vgl. auch Otto Mayer, a. a. O., S. 450.

[81] Cohn, Gustav, System der Finanzwissenschaft, Stuttgart 1898, S. 519.

[82] Art. 84 der Ausführungsanweisung, abgedruckt bei Fuisting, a. a. O., S. 418.

[83] Mrozek, Alfons, Die Mängel der Veranlagung zur Einkommensteuer und Vorschläge zu ihrer Beseitigung, in: Preußische Jahrbücher, Berlin 1909, 136. Bd., S. 272.

[84] Art. 84 der Ausführungsanweisung, abgedruckt bei Fuisting, a. a. O., S. 417/18.

Mit diesem Beanstandungsverfahren wurden beträchtliche Erfolge erzielt: Die gegenüber den ursprünglichen Erklärungen mehr veranlagte Einkommensteuer betrug zwischen maximal 38 Prozent im Jahre 1901 und mindestens 30,3 Prozent im Jahre 1903 (vgl. Anhang Nr. 1).

Besonders überrascht die geringe Zahl der Strafverfahren im Verhältnis zu der Zahl der Beanstandungsverfahren, das Unrecht wurde nicht im Strafverfahren verfolgt, sondern im Beanstandungsverfahren korrigiert[85]. Der Grund dafür, daß es nur bei einem kleinen Teil der Steuerhinterziehungen zur Einleitung eines Strafverfahrens kommen konnte, lag bei Verschleierung der Einkommens- und Vermögensverhältnisse in den Schwierigkeiten der Aufklärung, weil gerade in solchen Fällen zuverlässige Aufzeichnungen fehlten. Ferner machten die Steuerpflichtigen in großem Umfang von der Möglichkeit der Wiedergutmachung nach § 66 Abs. III EG Gebrauch.

Im Jahre 1899 wurden mehr als 6 Prozent der abgegebenen Steuererklärungen, nämlich 29 727, im Einverständnis mit dem Steuerpflichtigen berichtigt. Eine wesentlich größere Zahl wurde durch das Beanstandungsverfahren zur Berichtigung ihrer Angaben veranlaßt. Zweifellos lagen in einem Teil dieser Fälle strafbare Zuwiderhandlungen vor, für welche die Steuerpflichtigen bei späterer Entdeckung sich in einem Strafverfahren hätten verantworten müssen[86]. Im Anschluß daran veröffentlichte das Finanzministerium 25 Fälle, in denen eine wesentliche Verkürzung der Steuer erfolgt war und die entweder im Beanstandungsverfahren berichtigt oder im Strafverfahren der Verwaltung oder der Gerichte verfolgt worden sind[87].

Gegenüber dem besonders von Meisel[88] betonten und — im Hinblick auf die geringe Zahl der Strafverfahren — kritisierten Umfang der Beanstandungen ist einzuwenden, daß diesen Beanstandungen ein besonderes Gewicht nicht zukommt in solchen Fällen, in welchen die Angaben des Steuerpflichtigen über sein Einkommen, vor allem aus Gewerbe und aus Landwirtschaft, auf bloßer Schätzung beruhen[89]. Mrozek spricht dem Erfolg des Beanstandungsverfahren deshalb eine besondere Bedeutung ab, vielmehr seien in diesen Fällen Beanstandungen selbstverständlich, weil die Steuerpflichtigen keine genauen Vorstellungen von ihrem Einkommen hatten und daher den Feststellungen der Behörde damals mangels zuverlässiger eigener Aufzeichnungen hilflos gegenüberstanden. So betrachteten z. B. Landwirte nur das als Jahreseinkommen, was sie am Ende des Wirtschaftsjahres auf die Spar-

[85] Meisel, Moral und Technik, a. a. O., S. 61.
[86] Mitteilungen aus der Verwaltung der direkten Steuern im preußischen Staate, Berlin 1900, Nr. 40, S. 88/89.
[87] Mitteilungen, Heft Nr. 40, S. 89—97.
[88] Das Strafrecht der Reichsabgabenordnung, S. 26.
[89] Mrozek, Oberverwaltungsgerichtsrat, a. a. O., S. 273.

kasse brächten[90]. Bedeutung könne den Beanstandungen nur zugemessen werden, wenn gegenüber dem auf Grund einer Buchführung des Steuerpflichtigen ermittelten Einkommen ein höheres steuerpflichtiges Einkommen festgestellt werde als der Pflichtige selbst angegeben habe. Der Erfolg gerade solcher Beanstandungen sei aber zum größten Teil der Tätigkeit hauptamtlicher Veranlagungskommissare zuzuschreiben[91], von denen freilich in Preußen bei 590 Veranlagungskommissionen nur 90, in Württemberg dagegen 140 tätig waren[92].

Damit werden Mängel der Steuertechnik berührt, welche bei der Veranlagung zur Einkommensteuer nach dem Gesetz von 1891 ebenso primitiv geblieben war wie bei ihrer Vorgängerin, der klassifizierten Einkommensteuer[93]. Diese Mängel sollen hier kurz gestreift werden, weil sie im tagespolitischen Kampf — erst einmal bekannt geworden —, gegen Ende des ersten Jahrzehnts dieses Jahrhunderts zu einem Gesinnungsumschwung der öffentlichen Meinung im Hinblick auf die Steuerhinterziehung führten, welcher wiederum die erstmalige Androhung von Gefängnisstrafen für Steuersünder zur Folge hatte.

Zunächst sind die beschränkten Kontrollmöglichkeiten der Verwaltung zu nennen: Laut Gesetz konnte die Verwaltung der direkten Steuern über die Höhe von gezeichneten Anleihen weder vom Reichs- noch vom Landesschuldbuch Auskunft erhalten; das gleiche gilt für Bank- und Sparkassenguthaben. Gab ein Steuerpflichtiger sein Einkommen aus diesem Kapitalvermögen nicht an, so bestand für die Veranlagungskommission keine Möglichkeit, dieses Einkommen zu erfassen[94].

Was die Gewinnermittlung aus Handel und Gewerbe anging, so war der häufigste Fehler auch bei buchführenden Betrieben, daß der Privatverbrauch den abzugsfähigen Betriebskosten ganz oder teilweise gleichgeachtet wurde[95]. Ferner wurden hohe Beträge der Besteuerung entzogen, weil offene und versteckte Reserven oft genug außer Betracht blieben[96].

---

[90] May, R. E., Volksvermögen und Steuerdeklaration, Eine Kritik; in: Preußische Jahrbücher, Berlin 1909, Bd. 138, S. 148.

[91] Mrozek, a. a. O., S. 274.

[92] Lassar, Gerhard, Reichseigene Verwaltung unter der Weimarer Reichsverfassung; in: Jahrbuch des öffentl. Rechts 1926, Bd. 14 S. 133.

[93] Meisel, Das Strafrecht der Reichsabgabenordnung, S. 16.

[94] Mrozek, a. a. O., S. 265.

[95] A, ein angesehener Bürger, deklarierte als Einkommen aus Handel und Gewerbe nach eigener Schätzung 7000 Mark. Er wurde veranlagt von einem Einkommen in Höhe von 8000 Mark. Er beklagte sich über dieses Unrecht und erklärte, er werde nunmehr Bücher führen, um der Kommission ihr Unrecht nachweisen zu können. Im nächsten Jahr war er sehr kleinlaut, denn seine Steuererklärung wies als Einkommen 19 000 Mark auf; erst jetzt wisse er, wieviel in seinem Hause verbraucht werde. Zitiert nach Mrozek, a. a. O., S. 269.

[96] Mrozek, a. a. O., S. 267.

Um diesen Mißständen abzuhelfen, fordert Mrozek einmal die Aus-
kunftspflicht der Reichs- und Landesschuldenverwaltung sowie der Ban-
ken und Sparkassen. Ferner schlägt er die Aufstellung von Normal-
sätzen zur Ermittlung des Umsatzes, des Rohgewinns und der Betriebskosten vor, um mit ihrer Hilfe in solchen Fällen zu einem Ergebnis
zu kommen, in welchen die bisherige Schätzung unbefriedigend war.

Diese Forderung hatte vor allem Bedeutung für diejenigen Steuerpflichtigen, welche ihren Gewinn nicht auf Grund einer Buchführung
ermittelten. Die Richtlinien selbst sollten für jeden Regierungsbezirk
von der Berufungskommission erarbeitet werden[97]. Die weiter vorgeschlagenen verwaltungsmäßigen Verbesserungen können hier unberücksichtigt bleiben.

Besonderes Aufsehen erregte jedoch die Ermittlung des landwirt-
schaftlichen Einkommens und Vermögens. Oft genug bedienten sich
die Landwirte der Hilfe sogenannter Rechnungskontore, welche die
Buchführung landwirtschaftlicher Betriebe vornahmen. Die Abschlüsse
solcher Kontore, deren Tätigkeit sich nicht allein auf die Landwirtschaft beschränkte, stießen in zunehmendem Maße auf Ablehnung und
das preußische Oberverwaltungsgericht sprach in einer Entscheidung
vom 7. November 1907 solchen Zusammenstellungen zu Steuerzwecken
schließlich jede Beweiskraft ab[98].

Ausgangspunkt für den Streit bildeten die Überlegungen, der Finanz-
not des Reiches durch Einführung einer Erbschaftsteuer abzuhelfen[99]. Um
das mutmaßliche Aufkommen der geplanten neuen Steuer zu schätzen[100],
entstanden zahlreiche Berechnungen des sowohl im Reich wie in Preußen vorhandenen Privatvermögens, die untereinander erhebliche Dif-
ferenzen aufwiesen. Prof. Delbrück, der Herausgeber der Preußischen
Jahrbücher, errechnete eine Summe von 63 Milliarden unversteuerten
Vermögens in Preußen[101]; auf Grund sachlicher Einwände geht er in
einem späteren Aufsatz von einer Summe von 50 Milliarden aus[102],
während May zu dem Ergebnis kommt, daß nur 20 Milliarden Privat-
vermögen in Preußen nicht zur Vermögensteuer — damals Ergänzungs-
steuer genannt — herangezogen wurden[103].

---

[97] Mrozek, a. a. O., S. 279/80.
[98] Mrozek, a. a. O., S. 268; Verfügung des preußischen Finanzministeriums,
zit. nach Preußische Jahrb. Bd. 138, S. 378.
[99] Vgl. Delbrück, Hans, Politische Korrespondenz; in: Preußische Jahrbücher, Bd. 138, S. 166.
[100] Vgl. May, Volkseinkommen und Steuerdeklaration, a. a. O., S. 129
bis 130 Fußnote.
[101] Delbrück, Politische Korrespondenz, in: Preußische Jahrbücher, Bd. 136,
S. 166.
[102] Ders., Polit. Korr. in: Preußische Jahrbücher, Bd. 136, S. 176.
[103] May, a. a. O., S. 144.

Bei der Vermögensteuer bestand, im Gegensatz zur Einkommensteuer, kein Deklarationszwang[104]. — Es konnten nur Vermutungen darüber angestellt werden, welches Vermögen sich vorwiegend der Besteuerung entzog: Die Gewerbetreibenden, die Kapitaleigentümer oder die Landwirte. Von den Kapitaleigentümern wurde dies allgemein vermutet, während bei den Gewerbetreibenden — wenn auch widerstrebend — eine Grenze nach unten im Hinblick auf ihre Kreditwürdigkeit angenommen wurde[105].

Der Widerstand, welchen die Landwirtschaft der Erbschaftssteuer entgegensetzte, gab nun Delbrück Anlaß zu der Annahme, der Grund dieses Widerstandes sei einmal die Furcht, daß bei der Veranlagung zur Erbschaftssteuer erhebliche Unterveranlagungen zur Vermögenssteuer aufgedeckt werden könnten und daß weiter das festgestellte Vermögen als Kontrolle für die daraus erzielten Einkünfte diene. Der Widerspruch, den seine Behauptung hervorrief, wurde mit dem Hinweis begründet, es seien für die Berechnung des Wertes bei einem Gut so viele äußere Anhaltspunkte vorhanden, daß eine Unterveranlagung zur Vermögenssteuer in der Landwirtschaft ausscheide[106]. Trotzdem konnte Delbrück seinen Gegnern an einem Beispiel die Unrichtigkeit ihrer Behauptung nachweisen, wobei er erneut die Tätigkeit der Rechnungskontore angriff, denen er die Hauptschuld an den Unterveranlagungen in der Landwirtschaft vorwarf[107].

Hauptgrund für die Erbitterung dieses tagespolitischen Kampfes war jedoch, daß, wie schon erwähnt, die Veranlagungen zur Erbschafts- und Vermögenssteuer als Kontrolle für die Richtigkeit der Einkommensteuererklärungen benutzt werden konnten. Was die Unrichtigkeit der Einkommensteuererklärungen angehe, so liege jedenfalls die Landwirtschaft an der Spitze[108, 109].

---

[104] Delbrück, Polit. Korr., Pr. Jahrb. Bd. 136, S. 179; Behrnauer, Friedrich, Der Streit über die Steuerhinterziehungen in Preußen; in: Beiträge zu Konservativer Politik und Weltanschauung Heft 7/8, Berlin 1910, S. 3.

[105] Delbrück, Polit. Korr., Pr. Jahrb. Bd. 136, S. 177.

[106] Vgl. Delbrück, Polit. Korr., Pr. Jahrb. Bd. 136, S. 178.

[107] Ders., Preuß. Jahrb. Bd. 138, S. 372 f., 376 und 561.

[108] Delbrück, Polit. Korr., Pr. Jahrb. Bd. 136, S. 179.

[109] Aus den Zuschriften auf seine Aufsätze veröffentlichte Delbrück eine Anzahl Beispiele, von denen hier zwei angeführt werden sollen:
Ein Herr aus Pommern schrieb, er sei einmal Mitglied der Veranlagungskommission gewesen und habe folgendes erlebt: Ein Gutsbesitzer deklarierte 18 Mark Ertrag vom Hektar und kam mit dieser Deklaration, nachdem er seine Schulden abgezogen hatte, auf fast gar keine Steuer. Man verhandelte darüber und es wurde der Satz von 21 Mark pro Hektar festgesetzt. Nach einigen Tagen deklarierte ein Bauer aus demselben Dorf (auch noch zu gering) 82 Mark Ertrag pro Hektar. Ein Kommissionsmitglied warf ein: ich denke, der Boden ist dort so miserabel, daß bloß 18 bzw. 21 Mark Ertrag anzunehmen sind, worauf ihm erwidert wurde: Bei der Separation haben die Bauern die guten Stücke bekommen und die Großgrundbesitzer das Unland.

Das Bekanntwerden solcher Fälle von Unterveranlagung führte, wie es der preußische Finanzminister Freiherr von Rheinbaben im Abgeordnetenhaus ausdrückte, zu einem Gesinnungsumschwung in der öffentlichen Meinung, in welcher bisher nur über Fälle zu hoher[110], nie aber zu niedriger Veranlagung Klagen laut geworden seien[111].

Das Verdienst, die Aufmerksamkeit der öffentlichen Meinung auf den Umfang der Steuerhinterziehungen gelenkt zu haben und damit diesen Umschwung herbeigeführt zu haben, gebührt im wesentlichen der Unerschrockenheit Professor Delbrücks, dem Herausgeber der Preußischen Jahrbücher[112].

Die unmittelbare Folge dieses Meinungsumschwungs war eine Verschärfung der Strafdrohungen bei neuen Steuergesetzen: In der preußischen Steuernovelle von 1911/12, die nicht verabschiedet wurde, waren erstmalig Gefängnisstrafen für Steuersünder vorgesehen. Zum Gesetz wurde die Androhung von Freiheitsstrafen zuerst in dem Reichswehrbeitrag- und Besitzsteuergesetz[113]. Auf diese Vorarbeiten griff später die Reichsabgabenordnung zurück.

Ferner: Ein Gewerbetreibender in Ostdeutschland, der enge Geschäftsbeziehungen zur Landwirtschaft seines Kreises unterhält, erzählt im vertrauten Kreise, er habe sein Einkommen mit 10 000 Mark angegeben. Die Zuhörer wußten jedoch, daß G jährlich mindestens das Zehnfache zurücklegte. Daraufhin angesprochen erklärte G: Wenn ich 100 000 Mark deklarierte, so würde mir erstens der Pöbel die Fenster einwerfen. Dann aber erhielte ich eine freundliche Aufforderung zur Rücksprache beim Landrat, der mir in etwa folgendes sagen würde: Wie Ihnen, Herr G, bekannt ist, hat der Reichstagsabgeordnete X, der größte Besitzer im Kreise, ein Einkommen von 12 000 Mark. Herr Oberamtmann Y, der Pächter des großen Domänenkomplexes, versteuert 8000, und ich selbst, der Landrat L, der ich auch etwas Grundbesitz habe, komme trotz meines Beamtengehaltes nicht viel höher. Ich darf wohl mit Sicherheit annehmen, daß Sie (G) sich bei Ihren Angaben geirrt und eine Null zuviel hingeschrieben haben. Wollte G ein ehrlicher Mann der Steuerbehörde gegenüber bleiben, so wäre ihm der geschäftliche und gesellschaftliche Boykott sicher und sein Geschäft ruiniert.

[110] Vgl. Behrnauer, a. a. O., S. 5; die Arbeit von Behrnauer bildet einen Versuch der Landwirtschaft, Delbrück zu widerlegen. Dieser Versuch fällt jedoch keineswegs überzeugend aus.

[111] Zitiert nach Delbrück, Politische Korrespondenz, Preußische Jahrbücher, Bd. 138, S. 378.

[112] Meisel, Moral und Technik, S. 53.

[113] Schwarz, O., Zum Steuerstrafrecht; in: Wörterbuch des Deutschen Staats- und Verwaltungsrechts, Bd. 3, 2. Aufl., Tübingen 1914, S. 534.

B. Die Gesetzgebung — Gegenüberstellung der Tatbestandsmerkmale des Betruges nach § 263 StGB und der Steuerhinterziehung nach § 396 AO

Voraussetzung für die geforderte Gleichstellung der Bestrafung von Steuerhinterziehung und Betrug ist, daß die Tatbestandsmerkmale beider Vergehen gleich sind, da nur Gleiches gleich bestraft werden kann. Zur Beantwortung der Frage, ob diese Gleichstellung durchgeführt werden kann, ist daher eine Gegenüberstellung der Tatbestandsmerkmale beider Vergehen erforderlich. Dabei ist zunächst zu klären, welche Rechtsgüter beide Bestimmungen schützen wollen. Vorab ist jedoch auf die Streitfrage einzugehen, ob die Steuerhinterziehung lediglich als Verwaltungsunrecht anzusehen ist oder ob sie als kriminelles Delikt dem Strafrecht zuzurechnen ist.

I. Die Steuerhinterziehung
Verwaltungsunrecht oder Strafdelikt?

Die Auffassung der Steuerhinterziehung als eines Formaldelikts im Gegensatz zum Betrug als Materialvergehen wurde vor allem von einer Richtung der Unterscheidungstheorie herangezogen, um zu versuchen, die Steuerhinterziehung vom Betrug begrifflich zu unterscheiden; ihr Begründer ist Abegg[1]. Unter Formalvergehen sind solche zu verstehen, bei denen schon die Erfüllung der objektiven Merkmale eines Straftatbestandes für die Verurteilung des Täters ausreicht, ohne daß auf die subjektive Seite, das Verschulden des Täters, einzugehen wäre. Damit wird die Steuerhinterziehung in unmittelbare Nähe des Polizeiunrechts (heute: Verwaltungsunrecht) gerückt, bei welchem ebenfalls die Verletzung eines formalen, erst vom Gesetzgeber geschaffenen Tatbestandes für die Verurteilung ausreicht. Auch Merkel stützt seine Ansicht darauf, beim Betrug bestehe ein formeller und ein materieller Rechtsgrund, bei der Steuerhinterziehung dagegen nur ein formeller Rechtsgrund[2]. Als formellen Rechtsgrund bezeichnet Merkel, wenn das Gebot, eine bestimmte Handlung zu tun oder zu lassen, durch das Strafgesetz erst geschaffen wird; ein materieller Rechtsgrund liegt vor, wenn die recht-

---

[1] Abegg, Lehrbuch des Strafrechts, 1836, S. 270 f., S. 303; Ders., Archiv des Criminalrechts, Neue Folge, Bd. XV, Halle 1836, S. 391, zit. nach Schwaiger, a. a. O., S. 424.

[2] Merkel, Bd. 1, S. 78.

liche Beurteilung einer Tat bereits ohne ein Strafgesetz möglich ist, dieses also gewissermaßen nur die Handhabe für strafrechtliches Einschreiten gibt.

Hiergegen wendet Honemann[3] ein, die Steuerhinterziehung könne auch dann rechtlich beurteilt werden, wenn in den Zoll- und Steuergesetzen keine Strafandrohungen enthalten wären. Denn das Gebot zur Steuerzahlung enthalte bereits das Verbot der Steuerhinterziehung, die Verpflichtung werde nicht erst mit den Strafvorschriften eines jeden Zoll- oder Steuergesetzes geschaffen, sondern bereits durch das betreffende Gesetz selbst. Damit besteht aber sowohl ein materieller als auch ein formeller Rechtsgrund[4].

Die „Nachbarschaft" der Steuerhinterziehung nach den damaligen Gesetzen mit den Verwaltungsdelikten liegt also auf der Hand. Was lag daher näher als der Versuch, auch die Steuerhinterziehung als Verwaltungsunrecht erscheinen zu lassen und damit vom Betrug als kriminellem Unrecht begrifflich zu scheiden. Diese Ansicht ist aber schon von Köstlin widerlegt worden[5]. Die Unrichtigkeit dieses Zweiges der Unterscheidungstheorie tritt besonders deutlich hervor, wenn der Versuch gemacht wird, den Begriff des Unterlassungsdelikts mit dem des Formaldelikts zu verbinden, wie Ullmann[6] es getan hat, weil die Auffassung von der Steuerhinterziehung als einem Unterlassungsdelikt mit kriminellem Unrechtsgehalt die Annahme der Steuerhinterziehung als eines formellen Vergehens begriffsnotwendig ausschließt[7].

Kein Geringerer als Goldschmidt[8] bezeichnet die Steuerhinterziehung ihrer Natur nach ebenfalls als Verwaltungsdelikt[9]; daß nun die damaligen Steuer- und Zollgesetze ein wichtiges kriminelles Element aufweisen, nämlich die — freilich widerlegbare — Schuldvermutung des Täters, sieht Goldschmidt nicht als Beweis für den kriminellen Charakter der Tat an, wie Liszt[10], sondern vielmehr umgekehrt für die Zugehörigkeit der Steuerhinterziehung zum Bereich der Verwaltungsdelikte und zwar eben wegen der Widerlegbarkeit der Vermutung. Ein krimineller Einfluß mache sich zwar in der Strafe geltend, sogar Freiheitsstrafe könne den Defraudanten treffen, trotzdem sei jedoch die Steuerhinterziehung kein kriminelles Delikt[11].

---

[3] Honemann, Wilhelm, Das Verhältnis zwischen der Defraudation der Zölle und Verbrauchsteuern und dem Betrug nach deutschem Reichsrecht, S. 7.
[4] Meisel, Unrecht und Zwang, a. a. O., S. 58.
[5] Köstlin, Abhandlungen aus dem Strafrecht, Tübingen 1858, S. 118; ferner vgl. Weber, a. a. O., S. 40; Schwaiger, a. a. O., S. 425.
[6] Ullmann, Vorlesungen über Vermögensdelikte § 11 a, zit. nach Schwaiger, a. a. O., S. 426.
[7] Schwaiger, a. a. O., S. 426.
[8] Goldschmidt, Das Verwaltungsstrafrecht, S. 428.
[9] Vgl. auch Otto Mayer, a. a. O., S. 450.
[10] Liszt, 10. Aufl., s. 139.
[11] Goldschmidt, a. a. O., S. 429, Fußnote 78.

Erst vor dem Hintergrund dieser widerspruchsvollen Argumentation wird die Bemerkung Schwaigers verständlich, dann müsse wohl eine „custodia honesta" für Defraudanten gefordert werden[12].

An dieser Stelle erscheint es angebracht, auf die Kriterien einzugehen, welche die Steuerhinterziehung als kriminelles Unrecht kennzeichnen im Gegensatz zum Verwaltungsunrecht. Wie oben[13] dargelegt, herrschte in der älteren Literatur hierüber Streit.

Die namentlich von den älteren Finanzwissenschaftlern[14] immer wieder geforderte und inzwischen erfolgte Durchdringung und Klärung des Verwaltungsstrafrechts im Unterschied zum allgemeinen Strafrecht hat Unterscheidungsmerkmale herausgearbeitet, die es ermöglichen, eine Straftat einwandfrei einem der beiden Strafrechtsgebiete zuzuordnen. Ansatzpunkt hierfür ist die Prüfung der Rechtswidrigkeit in doppelter Hinsicht, nämlich nach dem formellen und dem materiellen Unrechtsgehalt einer Tat[15].

Die formelle Rechtswidrigkeit liegt stets dann vor, wenn ein vom Gesetzgeber mit Strafe bedrohter Tatbestand vom Täter verwirklicht wird. Insoweit stehen, um die Beispiele der Literatur hier anzuführen[16], Mord, unterlassenes Kaminfegen und Steuerhinterziehung tatsächlich auf einer Stufe, denn kein Gesetzgeber kann es zulassen, daß innerhalb der von ihm erteilten Gesetzesbefehle Abstufungen vorgenommen werden. Diese Beispiele brauchen aber nur aufgezählt zu werden, um deutlich zu machen, daß der formellen Rechtswidrigkeit keine Unterscheidungskraft zur Klärung des hier zu erörternden Problems zukommen kann.

Wie verhält es sich jedoch mit der materiellen Rechtswidrigkeit? Diese ist im Unterschied zur formellen Rechtswidrigkeit stets graduierbar, ihr Unwerturteil lautet nicht: Die Tat ist verboten, sondern: Sie ist schädlich[17]. Um aber den Unrechtsgehalt einer Tat an seiner Schädlichkeit zu messen, muß sich die Frage anschließen, in welchem Bereich ein Schaden verursacht worden ist. Wolf unterscheidet drei mögliche Arten von Schäden (Schadensbereichen), die zur Prüfung der materiellen Rechtswidrigkeit dienen:

1. den Individualschaden,

2. den Gesellschafts- oder Kulturschaden,

3. den Staats- oder Sozialschaden.

---

[12] Schwaiger, a. a. O., S. 452.
[13] Vgl. oben S. 18.
[14] Vgl. Stein, Lehrbuch der Finanzwissenschaft, 5. Aufl., Leipzig 1885, Bd. 1; 2. Teil, 1. Abschnitt, S. 473.
[15] Wolf, Erik, Die Stellung der Verwaltungsdelikte im Strafrechtssystem; in: Festgabe für Reinhard v. Frank, Tübingen 1930, Bd. 2, S. 516 f., hier S. 563.
[16] Meisel, Unrecht und Zwang, a. a. O., S. 58; Wolf, a. a. O., S. 565.
[17] Wolf, a. a. O., S. 564.

Mit Hilfe dieser drei Merkmale soll im folgenden versucht werden festzustellen, ob die Steuerhinterziehung dem Verwaltungsstrafrecht oder aber dem allgemeinen Strafrecht zuzuweisen ist.

Da sich die Steuerhinterziehung nicht gegen ein personen- oder sachbezogenes Tatobjekt richtet, tritt auch kein Individualschaden ein. Eben in diesem fehlenden Individualschaden sah die ältere Literatur[18] die alleinige Begründung für die Richtigkeit der Ansicht, welche die Steuerhinterziehung dem Verwaltungsunrecht zuwies. Damit begründete Stein auch die Nichtverhängung von Freiheits- oder Ehrenstrafen, obwohl die damaligen Zoll- und Verbrauchsteuergesetze durchaus Gefängnisstrafen vorsahen. Insoweit besteht also tatsächlich die Ansicht zu Recht, welche die Steuerhinterziehung dem Verwaltungsstrafrecht zuwies. Schon die Prüfung des zweiten Merkmals läßt jedoch einen Unterschied erkennen, ob nämlich ein Gesellschafts- oder Kulturschaden vorliegt. Hierunter sind Schäden infolge Nichtbeachtung von Gesetzen zu verstehen, die geeignet sind, das rechtlich geordnete Zusammenleben einer menschlichen Gesellschaft zu beeinflussen. Ob ein Kamin gefegt wird oder nicht, ob ein Parkverbot beachtet wird oder nicht, bedeutet für dieses Zusammenleben keinen Nachteil, die bloße Nichtbeachtung der entsprechenden Vorschrift verursacht keinen Schaden. Betrifft jedoch eine Tat die Grundlagen der Gesellschaftsordnung, so erleidet diese beträchtlichen Schaden und die berufenen Organe müssen bestrebt sein, den durch Mißachtung der Gesetze entstandenen Schaden durch Verhängung von Strafen zu sühnen. So können, wie Meisel[19] hervorhebt, Anarchisten und Sozialisten aus ihrer Verurteilung der herrschenden Eigentumsordnung nicht das Recht zu Diebstahl und Raub herleiten; nicht anders verhält es sich aber mit der Steuerhinterziehung. Die ablehnende Einstellung im Hinblick auf die Steuergesetze ist für sich allein indifferent mit Bezug auf die Gesellschaftsordnung; führt jedoch diese Ablehnung zur Steuerhinterziehung, so ist der Gesellschaftsschaden beträchtlich, weil der Täter durch sein Verhalten seine Mißachtung der Kultur- und Gesellschaftsordnung gegenüber zum Ausdruck bringt, in der er lebt.

Was den Staats- oder Sozialschaden als drittes und nach Wolf[20] bedeutungsvollstes Kriterium für die Unterscheidung von Straf- und Verwaltungsunrecht angeht, so ist dieses darin zu erblicken, daß der Täter seine rechtsgenossenschaftlichen Pflichten nicht erfüllt. Die hierdurch herbeigeführte Erschütterung des Rechtsbewußtseins der Allgemeinheit bildet zwar schon den Gesellschafts- oder Kulturschaden; dieser wird jedoch zum Staatsschaden, wenn infolge der Nichtbeach-

---

[18] Stein, a. a. O., S. 473/474
[19] Meisel, Unrecht und Zwang im Finanzwesen, a. a. O., S. 59.
[20] Wolf, a. a. O., S. 565.

tung der Gesetze durch eine Minderheit das Staatsbewußtsein der Gesamtheit erschüttert wird. Hier liegt die qualitative Unterscheidung zwischen allgemeinem Strafrecht und Verwaltungsstrafrecht.

Betrachtet man die Steuerhinterziehung von diesem Standpunkt aus, so ergibt sich freilich, daß eine Erschütterung der Staatsgesinnung nicht allein die Folge, sondern vor allem auch die Ursache für die Hinterziehung von Steuern sein kann. Für die Abgrenzung zwischen allgemeinem Strafrecht und Verwaltungsstrafrecht im Hinblick auf die Steuerhinterziehung ist hier nur der erste Fall beachtlich: Die Achtung vor dem Staat, das Staatsbewußtsein würde ohne Zweifel eine erhebliche Erschütterung erleiden, wenn der Staat nicht imstande wäre, die Beachtung der Gesetze gerade durch eine anfällige Minderheit durchzusetzen.

Was den umgekehrten Fall angeht, daß nämlich die Erschütterung des Staatsbewußtseins die Ursache für die Steuerhinterziehung bildet, so muß es vornehmste staatliche Aufgabe sein, die dieser Einstellung einzelner oder ganzer Gruppen zu der Erfüllung ihrer Steuerpflicht zugrunde liegenden Anschauungen oder Ressentiments[21] durch Rechtfertigung des von den Bürgern in den Staat gesetzten Vertrauens in einem für den Staat positiven Sinne zu wandeln.

II. Das geschützte Rechtsgut in beiden Tatbeständen

In § 263 StGB ist das geschützte Rechtsgut das Vermögen als Ganzes; hinsichtlich § 396 AO ist in der Literatur umstritten, welches das geschützte Rechtsgut sei: Die Steuereinnahme oder der Steueranspruch. Die Steuereinnahme sieht Terstegen[22] als geschütztes Rechtsgut an. Diese Ansicht kann jedoch nicht stichhaltig sein, denn sobald die Steuern von der Finanzkasse vereinnahmt worden sind, bedürfen sie keines Schutzes mehr gegen die Hinterziehung durch den Steuerpflichtigen. Eine Beeinträchtigung der Steuergelder kann dann nur durch die Beamten der Finanzkasse selbst erfolgen, etwa durch Unterschlagung[23]. Zuzugeben ist allerdings, daß die Bezeichnung „Steuereinnahmen" irreführend und ungenau ist.

Diese kurze Überlegung zeigt, daß nicht die schon vereinnahmte Steuer das geschützte Rechtsgut sein kann, nur die noch nicht gezahlte Steuer bedarf des gesetzlichen Schutzes gegen die Hinterziehung. Schutzgegenstand ist daher das öffentliche Interesse am vollständigen

---

[21] Schmölders, Günter, Steuermoral und Steuerbelastung, S. 7.
[22] Terstegen, W. O. W., Steuerstrafrecht einschl. Verfahrensrecht, Köln 1956, S. 88.
[23] So auch Welzel, Hans, Irrtumsfragen im Steuerrecht; in: Neue Juristische Wochenschrift (NJW) 1953, S. 486.

und rechtzeitigen Aufkommen der einzelnen Steuer, der Steueranspruch[24].

Umstritten war ferner, wann der Steueranspruch entsteht. Nach Merkel[25] hat der Steueranspruch kein anderes rechtliches Fundament, als die jeweilige, hierauf bezügliche Willenserklärung der Behörde. Diese unbegründbare Meinung[26] mag ihre Berechtigung gehabt haben in Zeiten staatlicher Schwäche; dann ist der einzelne der Willkür der gerade für die Erhebung einer Abgabe zuständigen Stelle ausgeliefert, ihre Erklärung bildete damals zugleich auch das rechtliche Fundament für die Forderung, den Steueranspruch. Mit der Schaffung des Rechtsstaates trat jedoch an die Stelle behördlicher Willkür das Gesetz, die Willenserklärung einer Behörde hat seither nur Geltung, wann und soweit ein Gesetz die Behörde zur Kundgabe dieses Willens berechtigt. Die Erklärung der Behörde selbst hat nur deklaratorische, nicht dagegen konstitutive Bedeutung[27], sie dient nur der Realisierung des gesetzgeberischen Willens[28]. Die Entstehung des Anspruchs ist dagegen von der späteren Erklärung dieses Willens durch die Behörde unabhängig.

In den zahlreichen Gesetzen vor dem ersten Weltkrieg ergab sich stets aus jedem einzelnen von ihnen, wann der Steueranspruch entstand; so wurde bei denjenigen Steuern, die auf Grund einer Steuererklärung erhoben wurden, der erste Tag des Jahres als maßgeblicher Zeitpunkt für die Entstehung des Steueranspruchs festgesetzt[29]. Eine Untersuchung erübrigt sich heute, da § 3 Abs. I des Steueranpassungsgesetzes bestimmt: Die Steuerschuld entsteht, sobald der Tatbestand verwirklicht ist, an welchen das Gesetz die Steuer knüpft.

III. Die Tatbestandsmerkmale des Betruges

Eine Bestrafung wegen Betruges kann nur erfolgen, wenn der Täter sein Opfer täuscht, das Opfer auf Grund dieser Täuschung einem Irrtum unterliegt, der es zu einer Vermögensverfügung veranlaßt, auf Grund deren beim Opfer ein Vermögensschaden eintritt. Zwischen der Täuschung und dem Schaden als dem Anfangs- und Endglied des objektiven Tatbestandes ist lückenloser Kausalzusammenhang erforderlich. Dieser

---

[24] Mayer, Otto, a. a. O., S. 460; Hartung, Kommentar, S. 42; Troeger, Heinrich, Steuerstrafrecht, 2. Aufl., 1950, Stuttgart, S. 64; Schwaiger, a. a. O., S. 427 f.; Mattern, Gerhard, Verwaltungs- und gerichtliches Steuer-Strafverfahren; in: Zeitschrift für die gesamte Strafrechtswissenschaft, 67. Bd., Berlin 1955, S. 376; BGH in Juristenzeitung (JZ) 1954, S. 254 (255).
[25] Merkel, Bd. 2, S. 110.
[26] Meisel, Unrecht und Zwang im Finanzwesen, a. a. O., S. 59.
[27] Schwaiger, a. a. O., S. 432; Kaulla, a. a. O., S. 5.
[28] Wallner, a. a. O., S. 265.
[29] Kaulla, a. a. O., S. 6.

ist gegeben, wenn die Handlung in irgendeiner Weise für den konkreten Erfolg mitwirksam war, wobei als Ursache eines strafrechtlich bedeutsamen Erfolges nach ständiger Rechtsprechung jede Bedingung anzusehen ist, die nicht hinweggedacht werden kann, ohne daß der Erfolg entfiele[30].

Eine Täuschung erfolgt, indem der Täter seinem Opfer falsche Tatsachen vorspiegelt, wahre Tatsachen entstellt oder unterdrückt. Schon im bloßen Unterlassen kann eine Täuschung liegen, wenn eine Rechtspflicht zum Handeln bestand. Durch eine derartige Täuschung muß in dem Opfer ein Irrtum erregt oder unterhalten werden, der es dazu veranlaßt, eine vermögensmindernde Verfügung zu treffen. Als Verfügung ist dabei jedes tatsächliche Handeln, Dulden oder Unterlassen zu verstehen, wenn dadurch eine Vermögensminderung eintritt. So verfügt derjenige über sein Vermögen, der über einen ihm zustehenden Anspruch in Unkenntnis gehalten wird, wenn er infolge Täuschung diesen Anspruch gar nicht oder nicht in der ihm zustehenden Höhe geltend macht.

In Lehre und Rechtsprechung wird, was das Vermögen angeht, der wirtschaftliche Vermögensbegriff vertreten[31]. Danach ist das Vermögen die Gesamtheit der wirtschaftlichen Güter einer Person. Ein Schaden tritt ein, wenn der gesamte Geldwert dieses Vermögens irgendwie vermindert wird, also eine in Geld abschätzbare Verschlechterung der Gesamtvermögensverhältnisse eintritt. Schaden ist dabei der Saldo, der sich als Unterschied zwischen dem Geldwert des Vermögens nach dem Betrug und dem Wert ergibt, den es ohne den Eingriff des Täters gehabt hätte.

Als weiteres Tatbestandsmerkmal erfordert § 263 StGB die Absicht des Täters, sich oder einem Dritten einen rechtswidrigen Vermögensvorteil zu verschaffen. Als Vorteil ist jede günstigere Gestaltung der Vermögenslage des Täters oder eines Dritten zu verstehen; dessen Vermögensvorteil ist das genaue Gegenstück zum Vermögensnachteil des Opfers. Rechtswidrig ist derjenige Vorteil, auf welchen der Täter keinen Rechtsanspruch hat. Die Absicht, die keinesfalls mit dem Vorsatz — die mit Wissen und Willen erfolgende Verwirklichung einer strafbaren Handlung — zu verwechseln ist, bedeutet das Streben des Täters nach Erlangung eines bestimmten Vermögensvorteils.

Liegt eines dieser Tatbestandsmerkmale nicht vor oder ist der Kausalzusammenhang nicht lückenlos gegeben, so kann eine Bestrafung wegen Betruges nicht erfolgen.

---

[30] Schönke, Adolf, und Schröder, Horst, Strafgesetzbuch Kommentar, 9. Aufl. 1959, München und Berlin, S. 960 f.
[31] Vgl. Bruns, Hans-Jürgen, Die Befreiung des Strafrechts vom zivilistischen Denken, Berlin 1938, S. 228.

IV. Der hohe Abstraktionsgrad der Steuerhinterziehung als eines Blankettgesetzes

Zu der Kürze der Zeit, während welcher die Hinterziehung direkter Steuern ein mit krimineller Strafe bedrohtes Unrecht darstellt, tritt noch ein anderer Grund, dessen Bedeutung nicht unterschätzt werden darf für die mildere Beurteilung der Steuerhinterziehung durch das allgemeine Rechtsgefühl: Das Fehlen einer persönlichen Beziehung zwischen dem Täter und seinem Opfer[32] und der daraus resultierende hohe Abstraktionsgrad der Steuerhinterziehung als eines Blankettgesetzes[33].

Die meisten mit Strafe bedrohten Handlungen liegen seit Beginn eines menschlichen Gemeinschaftslebens fest; doch darf nicht übersehen werden, daß sich diese Handlungen in der Regel gegen ein bestimmtes *Tatobjekt* — entweder eine Person oder eine Sache — richten als diejenigen Bezugspunkte, deren eine Strafnorm zu ihrer Entstehung bedarf, weil diese beiden Elemente ein *Schutzobjekt* (Rechtsgut) als in den Bereich des persönlichen, rechtlich geschützten Interesses gehörig kennzeichnen[34]. So ist z. B. bei einem Diebstahl Tatobjekt die gestohlene Sache, Schutzobjekt das Eigentum des Bestohlenen. Freilich sind auch dem Strafrecht Tatobjekte nicht unbekannt, die weder eine Person noch eine Sache sind; man denke etwa an die Ehre oder an das Vermögen. Trotzdem sind diese Tatobjekte einer ganz bestimmten Person zugeordnet, so daß bei der Entstehung der jeweiligen Strafnorm diese Zuordnung das Fehlen eines substantiellen Gegenstandes, das Tatobjekt, ersetzte.

Anders liegen die Dinge bei Blankettgesetzen. Im Gegensatz zu den Vollstrafgesetzen, bei denen Tatbestand und Strafdrohung vom gleichen Gesetzgeber in der gleichen Rechtsquelle festgelegt sind, werden als Blankettgesetze solche bezeichnet, bei denen sich der Gesetzgeber auf die Festlegung einer bestimmten Strafdrohung beschränkt. Die Formulierung der Tatbestände, die Blankettausfüllung, kann durch den Landesgesetzgeber oder auch die Verwaltung erfolgen[35]. Bei den Zoll- und Steuergesetzen erfolgt die Ausfüllung durch den Bundesgesetzgeber unter den Voraussetzungen der Artikel 105 und 72 Abs. II des Grundgesetzes selbst[36]. Den ausfüllenden Tatbeständen ist gemeinsam, daß ihnen völlig der sonst erforderliche Eingriff in private oder öffentliche

---

[32] Schmölders, Die Wirtschaftsdelikte als Störungsfaktoren im Ordnungssystem der Marktwirtschaft, a. a. O., S. 14.
[33] Hartung, Kommentar, S. 31; Terstegen, Besonderheiten der Steuerstraftaten und des Steuerstrafrechts, a. a. O., S. 19.
[34] Wolf, Die Stellung der Verwaltungsdelikte, a. a. O., S. 561.
[35] Maurach, Deutsches Strafrecht, Allg. Teil 1954, S. 70.
[36] Weitere Blankettgesetze sind z. B. die §§ 145, 327, 328, 360 Ziff. 12, 366 Ziff. 1 StGB.

subjektive Rechte fehlt, sie stehen schon rein tatbestandlich auf sehr
hoher Abstraktionsstufe: Schutzobjekt und Tatobjekt fallen zusammen[37]. Das gilt vor allem für die Verwaltungsdelikte und hierin besteht
heute die einzige Gemeinsamkeit zwischen diesen und der Steuerhinterziehung als einem strafrechtlichen Blankettgesetz, beide Deliktsarten
sind „tatobjektlose" strafbare Handlungen.

Terstegen[38] bezeichnet als Tatobjekt den Steueranspruch, als Schutzobjekt dagegen die mit Hilfe der Steuergelder zu erfüllenden Staatsaufgaben. Diese Ansicht steht nicht im Widerspruch zu der hier vertretenen Meinung; vielmehr stellt sie eine weitere Abstrahierung dar
mit der unausweichlichen Folge, daß die angestrebte Bildung eines Gefühls für Recht und Unrecht auf steuerlichem Gebiet dadurch nur noch
mehr erschwert wird. Ist es schon schwierig für manchen Steuerpflichtigen, den auf Grund der geltenden Gesetze gegen ihn bestehenden
Steueranspruch einzusehen, um wieviel schwieriger erscheint dann die
Aufgabe, ihn darüber hinaus von der Notwendigkeit der Erfüllung der
Staatsaufgaben in ihrer Gesamtheit, die er im einzelnen vielleicht durchaus nicht billigt, so zu überzeugen, daß er das Schutzobjekt „Staatsaufgaben" den Schutzobjekten „Eigentum oder Vermögen" gleichachtet.

Die Folge dieses hohen Abstraktionsgrades ist, daß dem Täter, wenn
er auch den Tatbestand der ausfüllenden Norm verwirklicht, d. h. wenn
er eine Pflicht verletzt, die ihm im Interesse der Besteuerung auferlegt
ist und er damit zugleich eine Steuerhinterziehung begeht, das Bewußtsein der materiellen Rechtswidrigkeit weitgehend fehlt[39], weil es
sich bei diesen Pflichtverletzungen oft genug um Verstöße gegen Bestimmungen handelt, die mehr auf Erwägungen der Zweckmäßigkeit als
auf Rechtsgedanken beruhen[40].

V. Die Tatbestandsmerkmale der Steuerhinterziehung
und der Unterschied zwischen § 263 StGB und § 396 AO

Welche Tatbestandsmerkmale müssen nun erfüllt sein, bevor eine
Bestrafung wegen Steuerhinterziehung nach § 396 AO erfolgen kann?
Zunächst muß ein Steuervergehen nach § 392 AO vorliegen, d. h. der
Täter muß eine Pflicht verletzt haben, die ihm im Interesse der Besteuerung auferlegt ist. Die Steuerstraftatbestände der Abgabenordnung legen nicht selbst fest, um welche Pflichten es sich dabei handeln
muß; sie bilden vielmehr sogenannte Blankett- oder offene Gesetze,

---

[37] Wolf, a. a. O., S. 562.
[38] Besonderheiten der Steuerstraftaten und des Steuerstrafrechts, a. a. O.,
S. 219.
[39] Vgl. oben S. 36 f.
[40] Schmölders, Die Wirtschaftsdelikte als Störungsfaktoren im Ordnungssystem der Marktwirtschaft, a. a. O., S. 14.

die in sich alle diejenigen Merkmale aufnehmen, an welche von den
Gesetzen eine Steuerpflicht oder eine sonstige im Interesse der Besteuerung auferlegte Pflicht geknüpft wird[41]. Sie weisen durch Tatbestandsmerkmale wie Steuervorteile, Steuereinnahmen, Steuerbefreiung,
Steuerumgehung auf die Gesamtheit des materiellen Steuerrechts hin[42].
Das gilt besonders für das Wort Steuereinnahmen in § 396 AO: Es er-
hebt die gesetzlichen Merkmale, an die ein Steuergesetz einen Steueranspruch in bestimmter Höhe knüpft, zu Teilen des Steuerstraftatbe-
standes[43, 44].

Als weiteres, freilich ungeschriebenes Tatbestandsmerkmal ist ein
steuerunehrliches Verhalten erforderlich. Mit diesem Erfordernis ist die
Steuerhinterziehung als ein Sonderfall des allgemeinen Betrugstatbestandes gekennzeichnet. Daß nur eine Steuerunehrlichkeit mit Strafe
bedroht wird, ergibt sich aus dem Begriff „Hinterziehung"; er bedeutet, daß der Täter durch sein Verhalten die Steuerbehörde in hinter-
hältiger, listiger Weise über das Bestehen oder die Höhe eines Steueranspruchs täuscht. Eine Steuerunehrlichkeit kann bereits darin liegen,
daß der Finanzverwaltung ein Gewerbebetrieb bewußt geheim gehalten wird. — Ursächlich bedingt durch die Steuerunehrlichkeit, muß bei
der Verwaltung ein Vermögensschaden eintreten, was nur durch eine
auf Täuschung und Irrtum eines Beamten beruhende Vermögensverfügung denkbar ist. Dieser Schaden äußert sich in Anbetracht des Auf-
gabengebietes der Steuerbehörde in einer Verkürzung von Steueransprüchen. Eine Verkürzung liegt nach der ständigen Rechtsprechung
des Reichsgerichts, der sich der Bundesgerichtshof anschloß[44], vor,
wenn die geschuldete Steuer bei Fälligkeit nicht, nicht rechtzeitig oder
nicht vollständig entrichtet wird.

Mit den Darlegungen unter Tl. II, welches Rechtsgut in § 396 AO geschützt wird und wann der Steueranspruch entsteht, ist zugleich festgestellt, daß sich die Steuerhinterziehung gegen einen bestehenden,
nicht erst gegen einen zukünftigen Forderungswert im Vermögen des
Steuergläubigers richtet, jede Beeinträchtigung einer Steuerforderung
bedeutet daher Vermögensschaden; denn ein solcher kann nur eintreten,
wenn ein im Augenblick der Tat bereits bestehender Vermögenswert
beeinträchtigt wird. Da das Vermögen von der Gesamtheit der wirtschaftlichen Güter gebildet wird, gehören hierzu neben materiellen
Gütern auch immaterielle, eben Forderungen. Der Steueranspruch ist
aber nichts weiter als die Forderung des Steuergläubigers gegen einen

---

[41] Hartung, Kommentar, S. 31.
[42] BGH in DStR 1954, S. 470; Hartung, Kommentar, S. 46.
[43] Hartung, Kommentar, S. 49.
[44] Gegen welche Pflichten im Untersuchungszeitraum am häufigsten verstoßen wurde, vgl. Anhang Nr. 3.

Pflichtigen auf Zahlung einer Geldsumme in entweder schon bestimmter oder doch zumindest bestimmbarer Höhe.

In der Literatur ist nun strittig, ob stets ein Vermögensschaden vorliegen müsse. Troeger[45] versteht unter Verkürzung von Steuereinnahmen deren Beeinträchtigung nach Höhe und Fälligkeit gegenüber dem normalen Zustand. Danach sei eine Steuerverkürzung zwar schon gegeben, wenn die an einem bestimmten Termin zu zahlende Steuer nicht, nicht vollständig oder nicht pünktlich abgeführt werde; darin liege aber noch nicht eine endgültige Beeinträchtigung des Fiskus.

Diese Annahme beruht jedoch auf einer Verkennung des Begriffs des Vermögensschadens in § 263 StGB[46]; eine Beeinträchtigung des Steueraufkommens ist stets zugleich eine Vermögensgefährdung, die einem Vermögensschaden rechtlich gleichsteht, wenn sie den wirtschaftlichen Wert der Forderung mindert. Das ist einmal gegeben, wenn ein Anspruch zweifelhaft ist, also erst noch hinsichtlich Bestand oder Höhe nachgeprüft werden muß; das ist aber auch der Fall, wenn der Gläubiger seinerseits Maßnahmen ergreifen muß, um eine nach Grund und Höhe feststehende Forderung beizutreiben.

Während in der modernen Literatur die Frage lediglich dahin geht, ob stets ein Vermögensschaden vorliegen müsse, wurde in der älteren Literatur der Schaden des Staates gänzlich verneint, und zwar mit der Begründung, nicht der Staat erleide eine Einbuße, sondern die übrigen Steuerzahler, weil diese nun verstärkt in Anspruch genommen werden müßten, um den feststehenden Staatsbedarf zu decken[47]. Einmal vorgebracht, hat sich dieser Einwand in der Diskussion hartnäckig gehalten, freilich mit der Abänderung, daß gegenwärtig der Vermögensschaden Dritter nicht in der verstärkten Inanspruchnahme durch den Staat gesehen wird, sondern daß man einen Schaden Dritter neben dem Schaden des Staates behauptet[48].

Zur Widerlegung dieser Behauptung genügt allein schon der Hinweis auf den fehlenden Kausalzusammenhang zwischen der Täuschung durch den Täter und dem angeblichen Vermögensschaden Dritter; was den Einwand in seiner älteren Form angeht, so setzt er gerade den von dieser Meinung bestrittenen Vermögensschaden des Staates voraus, auf Grund dessen dieser dann wiederum seine steuerehrlichen Bürger in erhöhtem Ausmaß heranziehen müsse, um die erlittenen Ausfälle auszugleichen. Dieser Rückgriff des Staates bildet jedoch eine Reflexwir-

---

[44] RGSt 60/182 (185); BGH vom 24. 9. 1953 in NJW 1953, S. 1841; Hartung, Kommentar, S. 49.

[45] Troeger, Steuerstrafrecht, S. 70.

[46] Hartung, Kommentar, S. 48.

[47] Blonski, Über die Prinzipien und das System des Gefällstrafrechts, a. a. O., S. 301. Vgl. unten S. 96 f.

[48] Bundestagsabgeordneter Dr. Arndt; in: Bundesanzeiger vom 1. März 1952, Nr. 43, S. 6/7.

kung, welche dem Täter nicht zugerechnet werden kann, die Belastung fremden Einkommens oder Vermögens auf diese Weise ist kein durch den Täter bei einem Dritten verursachter Schaden[49].

Ferner ist Tatbestandsmerkmal, daß der Täter zu seinem eigenen Vorteil oder dem eines anderen handeln muß. Zwar ist der Begriff des Vorteils nicht identisch mit dem eines Vermögensvorteils; da jedoch eine vollendete Steuerhinterziehung[50] zwangsläufig in einer Beeinträchtigung des Steueraufkommens, also in einem Vermögensschaden bestehen muß[51], entspricht der Vermögensminderung auf Seiten des Fiskus eine Vermögensmehrung auf Seiten des Täters oder desjenigen, zu dessen Vorteil dieser handelt.

Die Worte „vorsätzlich bewirken" weisen zunächst nachdrücklich darauf hin, daß zwischen dem steuerunehrlichen Verhalten des Täters und dem Eintritt einer Steuerverkürzung ein lückenloser ursächlicher Zusammenhang bestehen muß. Was den Vorsatz angeht, so genügt bereits das Fürmöglichhalten der Tatumstände, der sogenannte bedingte Vorsatz[52]. Bewirken bedeutet dabei nicht allein ein aktives Verhalten des Täters, sondern eine Steuerverkürzung kann auch durch Unterlassen herbeigeführt werden, nämlich dann, wenn eine Rechtspflicht zum Handeln besteht. Diese Rechtspflicht ist im Steuerrecht auf Grund der weitgehenden Offenbarungspflicht gegeben. —

Aus dieser Gegenüberstellung der Tatbestandsmerkmale des Betruges und der Steuerhinterziehung geht hervor, daß sich beide Tatbestände weitgehend decken. „Was Wissenschaft und Praxis zur Auslegung des allgemeinen Betrugstatbestandes entwickelt haben, läßt sich im großen Umfang auf die Steuerhinterziehung anwenden. Wenn die Meinung vertreten wird, daß der Tatbestand der Steuerhinterziehung in einigen Richtungen über den des Betruges hinausgehe, so ist das zwar richtig, aber bei weitem nicht in dem Maße, wie es behauptet wird[53]." Das gilt um so mehr für die Steuerhinterziehung in den Erscheinungsformen der Steuerverkürzung und der Erschleichung von Steuervorteilen. Da im Untersuchungszeitraum nur diese beiden Erscheinungsformen festgestellt wurden, erübrigt es sich, auf die restlichen Tatbestände der Steuerhinterziehung nach § 396 AO in der Form der Zweckentfremdung und der Steuerumgehung einzugehen.

Der Tatbestand der Steuerhinterziehung unterscheidet sich also von dem des Betruges nur durch das Fehlen eines wichtigen Merkmals: § 396 AO verlangt ausdrücklich keine Bereicherungsabsicht des Täters.

---

[49] Schwaiger, a. a. O., S. 437.
[50] Zur Vollendung, vgl. S. 50.
[51] Hartung, Kommentar, S. 48.
[52] Ders., a. a. O., S. 27.
[53] Hartung, Kommentar, S. 47.

Der Begründung des Gesetzentwurfs einer Abgabenordnung[54] sowie den Ausführungen Enno Beckers[55] ist eindeutig zu entnehmen, daß die Bereicherungsabsicht deshalb nicht in den Tatbestand aufgenommen wurde, weil nun das Verschulden nicht mehr vermutet wurde, sondern dem Täter nachzuweisen war. Der nach der Abgabenordnung jetzt erforderliche Nachweis des Verschuldens bedeutete zwar einen Erfolg rechtsstaatlichen Denkens, zugleich aber auch eine Erschwerung der Strafverfolgung. Nur im Hinblick auf den früher geltenden Rechtszustand ist es daher verständlich, daß die Bereicherungsabsicht nicht als neben dem Verschulden zweites Merkmal neu in den Tatbestand der Steuerhinterziehung aufgenommen wurde, eine dahingehende Anregung wurde vom Ausschuß mit der Begründung abgelehnt, daß dann der Schutz der Steuer zu empfindlich durchbrochen würde[56].

VI. Rechtshistorischer Exkurs

Die eben angeführte Begründung für das Fehlen der Bereicherungsabsicht im Tatbestand der Steuerhinterziehung ließ es naheliegend erscheinen, im Rahmen dieser Arbeit den Rechtszustand vor Erlaß der Abgabenordnung darzulegen[57]. In dem sich hier anschließenden Ex-

---

[54] Anlage Nr. 759, S. 598.

[55] Becker, Enno, Die Reichsabgabenordnung, 4. Aufl., Berlin 1925, S. 690.

[56] Becker, a. a. O., S. 690.

[57] Es war zunächst geplant, auf die alte Gesetzgebung im Strafrecht der direkten Steuern am Beispiel der Strafbestimmungen des preußischen Einkommensteuergesetzes vom 24. Juni 1891 einzugehen. Ferner sollten einige Streitfragen erörtert werden, die sich aus der Zugehörigkeit des Betruges nach § 263 StGB zum Reichsrecht und der Hinterziehung von Steuern zum Recht der Einzelstaaten aus § 2 Abs. II des Einführungsgesetzes zum Strafgesetzbuch ergaben. Diese Fragen sind jedoch heute nur von geringem Interesse. Trotzdem soll die Literatur, auf der die geplanten Abschnitte aufbauten, hier angeführt werden:
Der ausführlichste Kommentar zu den Strafbestimmungen des preußischen Einkommensteuergesetzes stammt von Droste (genaue Bezeichnung der Fundstelle s. Literaturverzeichnis), wichtig sind ferner Fuisting, Friedberg und Wagner (Die Reform der direkten Staatsbesteuerung in Preußen im Jahr 1891, in: Finanz-Archiv, 8. Jahrgang, 2. Bd., 1891, S. 71 f.).
Auf die Streitfragen zwischen Betrug und Steuerhinterziehung erstrecken sich die Veröffentlichungen von: Honemann, Kaulla, Schwaiger, Wallner und Weber. Diese Autoren widmen einen großen Teil ihrer Ausführungen der Widerlegung der vor allem von Merkel Bd. 2 S. 108 f. aufgestellten Behauptung, zwischen Betrug und Steuerhinterziehung bestehe ein begrifflicher Unterschied; Merkel und weitere Anhänger dieser — von Wallner S. 257 so genannten — Unterscheidungstheorie können sich zur Begründung ihrer Ansicht letzten Endes nur auf die Rechtsüberzeugung des Volkes berufen; sie betonen, die Rechtsüberzeugung wehre sich dagegen, Steuerhinterziehung und Betrug auf die gleiche Stufe zu stellen und gleich zu bestrafen. — Die Gegner der Unterscheidungstheorie bezeichnet Wallner als Anhänger der Vermengungstheorie.

kurs sollen jedoch nur zwei Teilprobleme erörtert werden, um auf
diese Weise den Wandel deutlich zu machen, der mit der Abgaben-
Ordnung eintrat.

1. Die Bedeutung der Schuldvermutungen

Das moderne Strafrecht ist dadurch gekennzeichnet, daß ein Täter
nur dann strafbar ist, wenn ihn nachweisbar ein Verschulden trifft,
d. h. wenn ihm aus seiner Tat ein Vorwurf zu machen ist.

Von diesem im allgemeinen Strafrecht geradezu selbstverständlichen
Grundsatz wichen die Strafbestimmungen der Zoll- und Verbrauchsteuergesetze, an denen wiederum die Strafvorschriften des preußischen
Einkommensteuergesetzes ausgerichtet sind, insofern ab, als bei der
Hinterziehung das Verschulden in der Form des Vorsatzes nicht nachgewiesen werden mußte, sondern vermutet wurde[58, 59]. Konnte die
Vermutung ausgeräumt werden, so erfolgte nicht etwa eine Bestrafung
wegen Fahrlässigkeit — diese war im Gesetz nicht vorgesehen[60]—, sondern der Gesetzgeber bedrohte schon die rein objektive Zuwiderhandlung unabhängig von jedem Verschulden mit Strafe. Diese war dann
allerdings keine kriminelle Strafe, sondern stellte die Strafe für eine
Ordnungswidrigkeit dar.

Der Grund für diese Abweichung der Steuerstrafgesetze von der allgemein gültigen Regelung des Strafrechts ist in dem Streit zu erblik-
ken, ob das Steuerstrafrecht einen Teil des Justiz- oder des Verwaltungsstrafrechts bilde; was freilich die Zuwiderhandlungen gegen die
Zoll- und Verbrauchsteuergesetze anging, so war die Zugehörigkeit

---

Da es der Unterscheidungstheorie nicht gelang, begriffliche Unterschiede zwischen Betrug und Steuerhinterziehung festzustellen, blieb nur noch zu klären,
in welchem Verhältnis beide Vergehen zueinander stehen:
Die Steuerhinterziehung als lex specialis zum Betrug als lex generalis.
Während die Lehre in Österreich (Wallner S. 280, 287; Weber S. 195) Tateinheit zwischen beiden Vergehen annahm, gelangte die in Deutschland herr-
schende Ansicht zur Annahme von Gesetzeskonkurrenz. (Honemann S. 34,
Kaulla S. 55, Weber S. 198, auch Kindervater S. 309.). Nach anfänglichem
Schwanken (RGSt. 63, 139, 142) schloß sich das Reichsgericht 1929 dieser Meinung an, wobei es die Annahme der Gesetzeskonkurrenz auf die Tatsache
stützte, daß die Steuerhinterziehung ein Sondergesetz sei, das innerhalb des
ihm vorbehaltenen und von ihm geregelten Gebiets, der Materie des § 2
Abs. II EGStGB, dem allgemeinen Strafgesetz vorgeht und seine Anwendung
ausschließt.
[58] Droste, a. a. O., S. 382; bedingter Vorsatz genügte, S. 389.
[59] Nur in wenigen Bestimmungen hatte der Gesetzgeber das Verschulden
als Voraussetzung der Strafbarkeit damals nicht in der Form einer widerleg-
baren Vermutung, sondern als subjektives Tatbestandsmerkmal in das Gesetz
aufgenommen. Vgl. § 20 des Branntweinsteuerges. vom 24. Juni 1887, neue
Fassung vom 17. Juni 1895, und das Urteil des Reichsgerichts in Strafsachen
RGSt. 26/310; § 43 des Ergänzungsgesetzes vom 14. Juli 1893; Droste, S. 387.
[60] Fuisting, a. a. O., S. 227; Stenogr. Ber. ü. d. Verhandl. der Abgeordneten,
38. Sitzung v. 20. Febr. 1891, Berlin 1891, S. 1012.

der Strafbestimmungen dieser Gesetze zum Justizstrafrecht unbestritten[61]. Die praktische Auswirkung des Streites liegt bei der Schuldfrage[62]: Da das Strafrecht der direkten Steuern nach der damals herrschenden Ansicht dem Verwaltungsstrafrecht zuzurechnen war[63], genügte allein die Verwirklichung des objektiven Tatbestandes zur Bestrafung, denn die fiskalischen Interessen wurden als ungenügend geschützt angesehen, wenn dem Täter nicht nur die Tat — ihr Nachweis war bei Verstößen gegen die Zoll- und Verbrauchsteuergesetze verhältnismäßig einfach —, sondern darüber hinaus noch sein Verschulden (Vorsatz) nachgewiesen werden müsse.

Innerhalb der einzelnen Gesetze muß wiederum unterschieden werden, ob zu ihrer Anwendung überhaupt kein Verschulden des Täters erforderlich war oder ob dieses wenigstens vermutet wurde:

Zur ersten Gruppe zählen die Stempelgesetze als solche Abgabengesetze, bei denen nicht nur die Entrichtung, sondern vor allem auch die Bemessung der Abgabe ausschließlich in den Händen des Steuerpflichtigen lag und bei denen es dem Zufall überlassen blieb, die Nichtentrichtung oder die nicht ordnungsgemäße Entrichtung der Steuer aufzudecken.

Zu denjenigen Gesetzen, bei denen die Strafbarkeit vom vermuteten Verschulden abhing, gehörten die Zoll- und Verbrauchsteuergesetze als diejenigen, welche den Steuerpflichtigen weitgehende Mitwirkungspflichten bei der Ermittlung der Besteuerungsgrundlagen auferlegten, bei denen aber die Feststellung der Abgabenschuld den Finanzbehörden oblag. Hier wird denn auch regelmäßig zwischen dem kriminellen Delikt vorsätzlicher Hinterziehung und der Ordnungswidrigkeit bloßer Zuwiderhandlung unterschieden, doch ist die Beweislast zur Widerlegung der gesetzlichen Schuldvermutung und gleichzeitig zur Feststellung, ob im Einzelfall Hinterziehung oder Ordnungswidrigkeit vorliegt, uneinheitlich verteilt[64]: Entweder es war die Sache des Angeklagten, diese gesetzliche Schuldvermutung durch den ihm auferlegten Entlastungsbeweis auszuräumen, wie in § 137 VZG[65]. Gelang ihm dies, so

---

[61] Vgl. die Gesetze, welche Gefängnisstrafe vorsahen, oben S. 18.

[62] Schmalz, Herbert, Die Steuerhinterziehung im Sinne des § 359 Abs. 1—4 der Reichsabgabenordnung, Berlin 1926, S. 2.

[63] Goldschmidt, James, Das Verwaltungsstrafrecht, S. 429; Schmalz, a. a. O., S. 2.

[64] Droste, a. a. O., S. 383.

[65] § 137 Vereinszollgesetz lautet: Das Dasein der in Rede stehenden Vergehen und der Anwendung der Strafe derselben wird in den im § 136 angegebenen Fällen lediglich durch die daselbst bezeichneten Tatsachen begründet. Kann jedoch ... der Angeschuldigte nachweisen, daß er eine Kontrabande oder Defraudation nicht habe verüben können oder eine solche nicht beabsichtigt gewesen sei, so findet nur eine Ordnungsstrafe nach Vorschrift des § 152 statt. Zit. n. Droste, S. 384; ebenso § 32 des Brausteuergesetzes vom 31. Mai 1872.

konnte gegen ihn nicht mehr eine kriminelle Strafe verhängt werden, sondern nur Ordnungsstrafe.

Bei anderen Gesetzen[66] war es Amtspflicht des Richters, aus dem Vorbringen des Angeklagten, „den Umständen des einzelnen Falles", zu einer die Schuldvermutung widerlegenden Feststellung zu gelangen. Dabei wurde nur ein geringer Maßstab angelegt[67].

Die damals geltenden Abgabengesetze enthielten also drei Wege zur Feststellung des Verschuldens: Entweder es mußte, wie auch im übrigen Strafrecht, nachgewiesen werden[68]; oder der Angeklagte hatte die Möglichkeit, die gesetzliche Schuldvermutung durch einen Entlastungsbeweis zu entkräften[69]; oder der Richter hatte aus den vorgebrachten Umständen — also ausdrücklich nicht: Aus dem vom Angeklagten geführten Entlastungsbeweis — im Wege freier Beweiswürdigung festzustellen, ob er die gesetzliche Schuldvermutung als widerlegt ansah oder nicht. Dabei mag zugegeben werden, daß zwischen den beiden letzten Möglichkeiten in der Praxis nur ein geringer Unterschied bestanden haben wird.

Welche dieser drei Möglichkeiten hat nun der Gesetzgeber in § 66 EG gewählt?

Was die Widerlegung der gesetzlichen Vermutung angeht und damit die Unterscheidung zwischen kriminellem Delikt und bloßer Ordnungswidrigkeit, so war, wie sich aus der Fassung des § 66 Abs. II ergibt, nicht etwa der Angeklagte verpflichtet, einen Entlastungsbeweis zu führen, sondern es blieb vielmehr dem Richter überlassen, ob er aus den Umständen den für eine Verurteilung nach § 66 Abs. I EG erforderlichen Vorsatz entnehmen konnte oder nicht. Zur Darlegung der gegen die Annahme des Vorsatzes sprechenden Umstände genügte die dahingehende Versicherung des Angeklagten[70]. Glaubte jedoch umgekehrt der Strafrichter, den dargelegten Umständen die Verneinung des Vorsatzes nicht entnehmen zu können, so war eine Bestrafung nach § 66 Abs. II ausgeschlossen, das Urteil mußte vielmehr auf vorsätzliche Steuerhinterziehung lauten. Eine Bestrafung wegen Fahrlässigkeit war im Gesetz nicht vorgesehen.

Für eine Verurteilung wegen Ordnungswidrigkeit nach § 66 Abs. II EG brauchte, in Übereinstimmung mit den sonstigen Abgabengesetzen von Reich und Einzelstaaten, kein Verschulden vorzuliegen[71].

Diese Erörterungen zeigen, daß der Gesetzgeber hinsichtlich der Strafbestimmungen des Einkommensteuergesetzes den dritten Weg ging, der es jedem auch nur einigermaßen wendigen Täter ermöglichte, der krimi-

---

[66] § 46 des Zuckersteuergesetzes vom 31. Mai 1891.
[67] Droste, a. a. O., S. 383.
[68] Vgl. § 43 des Ergänzungssteuergesetzes vom 14. Juli 1893.
[69] Vgl. § 137 VZG.
[70] Droste, a. a. O., S. 386.
[71] Droste, a. a. O., S. 391, 393.

nellen Strafe des § 66 Abs. I zu entgehen[72]. Zwar führt Liszt im Hinblick auf die zahlreichen Schuldvermutungen in den strafrechtlichen Nebengesetzen aus, daß die Vermutung der Schuld ihre rechtliche Bedeutung gerade besonders betont: „Denn wenn das Recht bis zum Beweis des Gegenteils die Schuld — Vorsatz oder Fahrlässigkeit — als erwiesen annimmt, vielleicht auch den Gegenbeweis dem Angeklagten aufbürdet, so erkennt es dadurch an, daß ohne Vorsatz oder Fahrlässigkeit eine Bestrafung nicht eintreten kann oder soll"[73].

Allein es fällt schwer, Liszt in der Ansicht zu folgen, daß der Gesetzgeber mit der Vermutung der Schuld in § 66 EG ihre Bedeutung besonders habe betonen wollen; man gewinnt vielmehr den Eindruck, daß der Gesetzgeber nur zögernd an die strafrechtliche Regelung der Steuerhinterziehung heranging. Das kommt nicht allein in der fehlenden Androhung von Freiheitsstrafen zum Ausdruck[74]; sondern auch in den übrigen von Liszt angeführten Eigentümlichkeiten[75], etwa der Umwandlung einer nicht beitreibbaren Geldstrafe in Haft als die gegenüber der Freiheitsstrafe durch Gefängnis mildere Form des Freiheitsentzuges, dem Fehlen einer Bestimmung über den Rückfall als Straferschwerungsgrund[76], obwohl der Rückfall in den Strafbestimmungen der indirekten Steuergesetze mit Strafen von ungewöhnlicher Härte bedroht war, wenn man nicht überhaupt so weit gehen will wie Hock[77] und Otto Mayer[78], die beide den Vorsatz lediglich als Straferschwerungsgrund ansehen.

2. Der Zeitpunkt der Vollendung der Steuerhinterziehung

Bestritten war in der Literatur, welcher Art die Steuerhinterziehung als Vergehen ist: Ob sie ein Erfolgs-[79] oder ob sie ein Gefährdungsdelikt[80] sei. Der Unterschied liegt in der Intensität des Rechtsgutangriffs:

---

[72] Kaulla, Rudolf, Die rechtliche Natur der Defraudation öffentl. Abgaben, Diss. Tübingen, Stuttgart 1897, S. 27.
[73] Liszt, a. a. O., S. 139/140.
[74] In Sachsen war ein Antrag, im Einkommensteuergesetz vom 2. Juli 1878 eine Bestimmung über die Einführung von Gefängnisstrafen bei vorsätzlich falscher Deklaration vorzusehen, mit großer Mehrheit in der Kammer abgelehnt worden. Wagner, Die sogenannten direkten Steuern, a. a. O., S. 221.
[75] Liszt, S. 643.
[76] Friedberg, a. a. O., S. 57.
[77] Hock, a. a. O., S. 56.
[78] Otto Mayer, a. a. O., S. 450.
[79] Droste, a. a. O., S. 412; aus der neueren Literatur vgl. Hartung, Fritz, Das Steuerstrafrecht Kommentar 2. Aufl., Berlin u. Frankfurt/M. 1956, S. 137; Terstegen, W. O. W., Steuer-Strafrecht einschließlich Verfahrensrecht, Köln 1956, S. 26; Schmalz, Herbert, a. a. O., S. 43.
[80] Meisel, Das Strafrecht der österreichischen Einkommensteuer; in: Finanz-Archiv, 19. Jg., 2. Bd., S. 9.

Bildet der Angriff nach Verwirklichung aller Tatbestandsmerkmale eine unmittelbare Werteinbuße, so handelt es sich um ein Erfolgs- oder Verletzungsdelikt. Bringt dagegen der Angriff lediglich die Gefahr einer Interessenverletzung mit sich, so liegt ein Gefährdungsdelikt vor[81]. Was die Steuerhinterziehung angeht, so birgt die Handlung des Täters nicht nur die Gefahr einer Interessenverletzung mit sich, sondern sie bildet — einmal vollendet — eine unmittelbare Werteinbuße in Gestalt einer Verkürzung von Steueransprüchen[82].

Gegen die Ansicht, die Steuerhinterziehung sei ein Erfolgsdelikt, wendet sich Meisel[83]. Er kommt zu diesem Ergebnis, weil nach seiner Meinung der Enderfolg der Steuerhinterziehung, ein Vermögensschaden des Fiskus, häufig nicht eintrete und nicht eintreten könne. Auch sei der Versuch eines Vergehens, welches seiner Natur nach — wie die Steuerhinterziehung es laut Meisel ist — selbst einen Versuch bildet, begrifflich nicht möglich.

Unterstellt man einmal, diese Ansicht sei richtig, so könnte niemand wegen vollendeter Steuerhinterziehung bestraft werden: Wird die Hinterziehung nach der Veranlagung entdeckt und die geschuldete Nachsteuer erhoben, so liegt — nach Meisel — keine Vollendung vor, denn der Fiskus hat keinen Schaden erlitten, weil die Hinterziehung nicht gelungen ist; vielmehr bleibt es beim Versuch. Wird die Tat jedoch vor der Veranlagung entdeckt, so bildet sie den Versuch eines Versuchs, ein Vorgang, der begrifflich nicht möglich ist.

Diese Überlegung zeigt, zu welchem Ergebnis die Meinung führt, die Steuerhinterziehung müsse stets einen Vermögensschaden des Fiskus zur Folge haben. Zur Rechtfertigung Meisels muß aber gesagt werden, daß er das Steuerstrafrecht nicht unter dem Aspekt kriminellen Unrechts sieht, sondern immer als Teil des Verwaltungsstrafrechts betrachtet. Diese Grundeinstellung Meisels kommt in seinen Ausführungen stets zum Ausdruck[84].

Diese Kontroverse läßt die Wichtigkeit der Frage nach dem Zeitpunkt der Vollendung einer Straftat erkennen. Das ist bei der Steuerhinterziehung als einem Erfolgsdelikt der Fall, wenn der Täter sämtliche Merkmale des objektiven Tatbestandes erfüllt hat und der Erfolg

---

[81] Bei der Bestimmung von Begriffen, die sowohl damals wie heute von Bedeutung sind, wird die neuere Literatur zugrunde gelegt. Maurach, Reinhart, Lehrbuch des Deutschen Strafrechts, 1. Aufl., Karlsruhe 1954, Allg. Teil, S. 202.

[82] Droste, a. a. O., S. 406; zum Steueranspruch als geschütztem Rechtsgut vgl. oben S. 38.

[83] Das Strafrecht der österreichischen Einkommensteuer, a. a. O., S. 9.

[84] Meisel, Das Strafrecht der österr. Einkommensteuer, a. a. O., S. 10/11, vgl. auch S. 3 f.; die Benutzung dieser Quelle ist unbedenklich, soweit sich Meisels Ausführungen nicht speziell auf österr. Verhältnisse beziehen.

4 *

nach Ablauf der vom Täter angestoßenen Kausalkette eingetreten ist[85]. Meisel kennt nur den Versuch, weil er die Vollendung auf den Zeitpunkt der endgültigen Schadenszufügung abstellt. Da aber infolge der Wachsamkeit der Steuerverwaltung dieser Fall nicht häufig eintritt[86], kann vollendete Steuerhinterziehung nur vorliegen, wenn die Tat nicht entdeckt wird; eine nicht entdeckte Tat kann aber nicht bestraft werden, daher ist dieser Zeitpunkt ohne Interesse.

In früheren preußischen Gesetzen trat Vollendung ein mit der Abgabe der Steuererklärung[87]. Zu diesem Zeitpunkt hat der Täter sämtliche Tatbestandsmerkmale erfüllt, er hat die Kausalkette in Gang gesetzt, welche den weiteren Erfolg, die zu niedrige Festsetzung der Steuer, herbeiführen soll, doch fehlt der für ein Erfolgsdelikt wesentliche Eintritt des weiteren, über die bloße Handlung hinausgehenden Erfolges, der für die Steuerhinterziehung in der Verkürzung von Steueransprüchen gesehen wird. Dieser Erfolg wird aber durch die bloße Abgabe der Steuererklärung noch nicht herbeigeführt.

Da die bisher angeführten Zeitpunkte für die Annahme der Vollendung nicht befriedigen, muß diese in dem Augenblick gesucht werden, in welchem der weitergehende Erfolg nach der Vorstellung des Täters eingetreten ist: Nämlich in dem Zeitpunkt der Festsetzung einer zu niedrigen Steuer infolge der unrichtigen Steuererklärung[88]. Das inhaltlich falsche Ausfüllen der Steuererklärung ist noch als Vorbereitungshandlung anzusehen[89].

---

[85] Maurach, Allg. Teil, 3. Aufl. 1958, S. 189; Terstegen, Steuerstrafrecht, S. 48, 96.
[86] Meisel, Das Strafrecht der österr. Eink.Steuer, a. a. O., S. 9.
[87] Vgl. Droste, a. a. O., S. 431.
[88] Droste, a. a. O., S. 406; Hartung Kommentar, S. 66; BGHSt. 7/336, Terstegen, Steuerstrafrecht, S. 96. Bestritten ist, ob die vorläufige Festsetzung genügt: Bejahend Terstegen, Steuerstrafrecht, S. 96, Toeger, Heinrich, Steuerstrafrecht, 2. Aufl., Stuttgart 1950, S. 101, Schmalz, a. a. O., S. 44; verneinend: Hartung Komm. S. 66.
[89] Hartung, Kommentar, S. 84.

C. Die Rechtsprechung des Amts- und Landgerichts Köln in der Zeit vom 1. Januar 1950 bis zum 31. Dezember 1959

Empirische Untersuchung von 96 Straffällen in Veranlagungssteuerstrafsachen

Nachdem wir im Hauptteil A die Einstellung der Finanzwissenschaft zur Steuerhinterziehung kennengelernt haben und als Ergebnis des Hauptteils B festzuhalten ist, daß es keinen Unterschied zwischen Betrug und Steuerhinterziehung gibt, können wir uns nun im Hauptteil C dem zweiten Problem zuwenden, dem diese Arbeit gewidmet ist, nämlich der Untersuchung der Rechtsprechung über einen längeren Zeitraum hinweg. Dabei war der Verfasser bestrebt, die Tendenz in der Entwicklung der Rechtsprechung innerhalb des untersuchten Zeitraums sichtbar werden zu lassen; diesem Zweck dient der statistische Anhang[1].

Die Wahl des Themas machte die Einsicht in Akten abgeschlossener Verfahren unumgänglich, denn nur Akteneinsicht gewährt die Möglichkeit, die Begehungsarten und das Motiv der Steuerhinterziehung festzustellen sowie die Wirkung der Steuerstrafe. Hierüber liegen bisher noch keine Untersuchungen vor[2].

Um eine solche Untersuchung erstmals durchführen zu können, beantragte der Verfasser Akteneinsicht in Straffälle, die von der Gemeinsamen Strafsachenstelle Köln rechtskräftig entschieden wurden. Dieser Antrag wurde von den zuständigen Finanzbehörden unter Berufung

---

[1] Die Auswertung von Unterlagen auf Bundesebene ist nicht möglich, denn eine Kriminalstatistik über Steuervergehen wird nicht geführt (Terstegen, Steuerstrafrecht, S. 79/80; Abg. Lotze in: Verhandl. des Deutschen Bundestages, 2. Wahlperiode 1953, Stenographische Berichte, Bd. 28, Bonn 1956, S. 7040 unter Berufung auf eine Mitteilung des Bundesfinanzministeriums). Wäre eine solche Statistik vorhanden, so würde ihr Aussagewert durch die gerade bei Steuervergehen hohe Dunkelziffer beeinträchtigt, die Terstegen (Steuerstrafrecht S. 80) mit 1 : 100 angibt. — Diese Dunkelziffer selbst muß aber im Hinblick auf die große Zahl der zunächst eingeleiteten, später aber eingestellten Strafverfahren der Verwaltung angezweifelt werden (vgl. Anhang Nr. 8, Spalte Nr. 6). Von der Auswertung des in den Finanzministerien der Länder vorhandenen Zahlenmaterials wurde abgesehen, weil dies nicht an den einzelnen Fall heranführt. Auch weist z. B. die Aufstellung des Finanzministeriums des Landes Nordrhein-Westfalen über Steuerstrafsachen, die im Untersuchungszeitraum an die Staatsanwaltschaft abgegeben wurden, Kraftfahrzeugsteuerstrafsachen nicht getrennt aus von sonstigen Veranlagungssteuerstrafsachen. Dadurch wird der Aussagewert dieser Statistik stark beeinträchtigt.
[2] Terstegen, Das Steuerstrafrecht in soziologischer Sicht, in: Steuerberater-Jahrbuch, Köln 1953/54, S. 20.

auf das Steuergeheimnis abgelehnt, das auch für wissenschaftliche
Zwecke nicht durchbrochen werden dürfe, in letzter Instanz vom Finanzminister des Landes Nordrhein-Westfalen[3]. Um trotzdem die geplante Untersuchung durchführen zu können, wandte sich der Verfasser an die Justizverwaltung, bei der Steuerstrafverfahren öffentlich verhandelt werden und die daher zwar dem Amtsgeheimnis, nicht aber
dem Steuergeheimnis unterliegt. Nur dank der freundlichen Erlaubnis
von Herrn Oberstaatsanwalt Dr. Schwellenbach[4] war es überhaupt möglich, die für diese Arbeit unumgänglich notwendige Akteneinsicht zu
erhalten[5]. Es wurden insgesamt 96 Strafsachen in Veranlagungsteuern
für den Untersuchungszeitraum ermittelt, ferner zwei Fälle, welche
der beschränkten Akteneinsicht unterliegen. Diese wurden nicht ausgewertet, bilden aber andererseits auch keine Fehlerquelle.

Nicht enthalten sind in der Arbeit die zahlreichen Vergehen gegen
das Kraftfahrzeugsteuergesetz und die Verbrauchsteuergesetze. Der
Grund hierfür liegt darin, daß bei Kraftfahrzeugsteuervergehen der
Unrechtsgehalt wesentlich in der Benutzung eines nicht haftpflichtversicherten Fahrzeugs zu erblicken ist, denn bei einem Unfall hat der Geschädigte kaum Aussicht, Schadenersatz zu erhalten. Daneben tritt die
Nichtentrichtung der Kraftfahrzeugsteuer an Bedeutung zurück. Deswegen werden seit 1955/56 die Kraftfahrzeugsteuerhinterziehungen
nicht mehr von der Gemeinsamen Strafsachenstelle, sondern von der
Justiz geahndet, obwohl an sich die Zuständigkeit des Finanzamts für
die Entscheidung auch dieser Fälle nach § 422 AO besteht.

Ähnliches gilt für Vergehen gegen die Verbrauchsteuergesetze:
Wenn der Tankwart T von dem ausländischen Soldaten S Alkohol
oder Zigaretten als Bezahlung entgegennimmt, so verstößt T gegen die
Steuergesetze. Da in dieser Arbeit aber vor allem die Hinterziehung
von Veranlagungsteuern untersucht werden soll, bleibt auch dieses Teil-
gebiet der Steuervergehen hier unberücksichtigt, ebenso wie der Grenz-
schmuggel.

Bei der Auswertung folgte der Verfasser dem Gang des Verfahrens
von der Entdeckung der Straftat bis zur Feststellung der Wirkung der
rechtskräftigen Strafe. Zu jedem Punkt der Gliederung wurden einige
Beispiele ausgewählt; ferner findet sich in der Gesamtübersicht eine
Aufstellung über das Ergebnis der Akteneinsicht in jedem einzelnen
Fall.

---

[3] Schreiben an Verfasser vom 10. März 1960 Aktenzeichen S. 1115 —
Per 3 — VD 3.
[4] Schreiben vom 11. Februar 1960 an Verfasser Aktenzeichen 145 — 345/60.
[5] Die vorliegende Arbeit hätte nicht geschrieben werden können ohne die
freundliche Erlaubnis von Herrn Oberstaatsanwalt Dr. *Schwellenbach* vom
11. Februar 1960 (145—345/60) zur Einsicht in Akten rechtskräftig entschie-
dener Steuerstrafverfahren des Amts- und Landgerichts Köln. Ihm gebührt
daher der besondere Dank des Verfassers.

I. Das gerichtliche Steuerstrafverfahren
wird in Gang gesetzt durch

1. Antrag des Beschuldigten

Da die überwiegende Zahl der Steuervergehen durch die Strafsachenstellen der Finanzämter entschieden wird, muß eine Untersuchung, welche gerichtliche Steuerstrafverfahren zum Gegenstand hat, damit beginnen festzustellen, wann nach den heute gültigen gesetzlichen Bestimmungen ein gerichtliches Steuerstrafverfahren in Gang kommt. Der Anstoß hierzu kann sowohl von dem Beschuldigten ausgehen als auch vom Finanzamt. Betrachten wir zunächst die erste Möglichkeit, daß der Beschuldigte nach §§ 450, 462 AO den Antrag auf gerichtliche Entscheidung stellt.

In diesem Fall ist bereits eine Verhandlung vor der Strafsachenstelle vorausgegangen, die nicht mit der Unterwerfung des Beschuldigten endete, sondern mit einem Strafbescheid abschloß, der vom Finanzamt nicht zurückgenommen wurde[6]. In einem solchen Fall ersetzt der Strafbescheid des Finanzamts die Anklageschrift, § 462 Satz 2, 2. Halbsatz AO. Der Antrag auf gerichtliche Entscheidung wird vom Beschuldigten oft mit der Begründung gestellt, er sei der Überzeugung, daß das ordentliche Gericht sein Vergehen gerechter beurteilen werde als das Finanzamt. Von 96 Straffällen kamen 30 durch Antrag des Beschuldigten auf gerichtliche Entscheidung in Gang.

2. Abgabe eines anhängigen Verwaltungsstrafverfahrens

Die zweite Möglichkeit, das gerichtliche Steuerstrafverfahren in Gang zu setzen, besteht in der Abgabe eines beim Finanzamt anhängigen Steuerstrafverfahrens, 65 gerichtliche Strafverfahren kamen so in

Ferner ist der Verfasser allen, die ihn bei seiner Arbeit durch Anregungen und Auskünfte unterstützten, zu großem Dank verpflichtet: Den Dezernenten für Steuerstrafsachen der Staatsanwaltschaft Köln, Herrn Dr. *Düntzer* und Herrn *Kuhnert*, Herrn Amtsgerichtsrat *Bosch* ebenso wie den zuständigen Beamten der Finanzverwaltung, Herrn Oberregierungsrat *Spindler* vom Finanzministerium des Landes Nordrhein-Westfalen, Herrn Oberregierungsrat *Irmer*, Leiter der Steuerfahndungsabteilung der Oberfinanzdirektion Köln, und Herrn Oberregierungsrat *Nietner*, Leiter der Gemeinsamen Strafsachenstelle Köln. Als besonders wertvoll erwies sich die Anregung von Herrn Oberregierungsrat *Spindler*, Material mit Bezug auf den zahlenmäßigen Umfang der Tätigkeit der Gemeinsamen Strafsachenstelle Köln bei der Oberfinanzdirektion Köln zu erfragen. Herr Oberregierungsrat *Irmer* war so freundlich, dieses Material zusammenzustellen.

[6] Entgegen dem Wortlaut des § 450 Abs. II Satz 1 AO schließt die Einlegung der Beschwerde bei der Oberfinanzdirektion den Antrag auf gerichtliche Entscheidung nicht aus, vgl. Urteil des BGH vom 21. 4. 1959 in JZ 1960, S. 164 f.

Gang[7]. Das Finanzamt gibt eine Steuerstrafsache ab, wenn es nicht selbst entscheiden kann oder will, §§ 425, 446 Abs. I Satz 2 AO[8].

Das Finanzamt darf nicht entscheiden, wenn der Beschuldigte ein Steuervergehen in Tateinheit (§ 73 StGB) mit einem anderen Vergehen begangen hat und die Strafe nicht aus dem Steuergesetz zu entnehmen ist. Als Beispiel sei erwähnt: Lohnsteuerhinterziehung durch Urkundenfälschung, § 396 AO in Verbindung mit §§ 267, 73 StGB. Bei Tatmehrheit (§ 74 StGB) zwischen einem Steuervergehen und einem anderen Vergehen ist nach § 426 Abs. II AO ebenfalls das Gericht zuständig. Dieser Fall wurde im Untersuchungszeitraum nicht festgestellt, er ist aber denkbar und als Beispiel sei angeführt: Ein Arzt nimmt einen Eingriff vor, bei welchem die Einwilligung des Patienten die Rechtswidrigkeit des Eingriffs nicht beseitigt; der Arzt unterwirft das Honorar aus dieser Behandlung nicht der Besteuerung.

In allen anderen Fällen ist das Finanzamt im Prinzip zur Entscheidung befugt, § 421 AO, und zwar auch dann, wenn es eine an sich zulässige Freiheitsstrafe nicht für erforderlich hält, sondern eine Strafzumessung im Rahmen des § 421 Abs. II AO für ausreichend ansieht. Das gleiche gilt, wenn das Finanzamt mildernde Umstände annimmt, bei deren Vorhandensein das Gesetz die Verhängung einer Geldstrafe zuläßt, und deshalb lediglich auf die Strafen des § 421 Abs. II AO erkennen will (Geldstrafe, Einziehung). Ferner besteht nach § 422 AO die Zuständigkeit des Finanzamts zur Entscheidung bei Tateinheit zwischen Steuervergehen und einem anderen Vergehen, die Strafe aber aus dem Steuerstrafgesetz als dem schwersten zu entnehmen ist und die Grenzen des § 421 Abs. II AO nicht überschritten werden[9].

Kurz vor Beginn des Untersuchungszeitraums hatte der Gesetzgeber die Strafbestimmungen der Abgabenordnung verschärft durch das zweite Gesetz zur vorläufigen Neuordnung von Steuern vom 20. April 1949[10]. Dadurch wurde die Strafdrohung gegen Steuerhinterziehung

---

[7] In einem Fall erstattete das Amtsgericht während eines Zivilprozesses Strafanzeige, 15 Ms 223/57.

[8] Vgl. hierzu Mattern, Gerhard, Verwaltungs- und gerichtliches Steuerstrafverfahren; in: Zeitschrift für die gesamte Strafrechtswissenschaft, Bd. 67, Berlin 1955, S. 396/97.

[9] Der Kraftfahrer K benutzt ein nicht zugelassenes, nicht haftpflichtversichertes und nicht versteuertes Kraftfahrzeug auf öffentlichen Wegen; er verstößt in Tateinheit gegen folgende Bestimmungen: §§ 1, 23 Abs. I des Straßenverkehrsgesetzes vom 19. 12. 1952 (BGBl. I S. 837), Art. I, §§ 1, 5 des Haftpflichtgesetzes vom 7. 11. 1939 (RGBl. I S. 2223/28), §§ 396, 418 AO in Verbindung mit §§ 1, 17 des Kraftfahrzeugsteuergesetzes i. d. F. vom 30. 6. 1955 (BGBl. I S. 417), § 73 StGB. — Wenn die Fälle der Hinterziehung von Kraftfahrzeugsteuer von den Gerichten und nicht von den Finanzämtern geahndet werden, so hat das seine Ursache in rechtspolitischen Überlegungen: dem Täter soll der Unrechtsgehalt des Vergehens in einem öffentlichen Verfahren von Staatsanwalt und Richter eindringlich vor Augen geführt werden.

[10] WiGBl. S. 69.

nach § 396 AO allgemein auf den bisher für den Rückfall vorgesehenen Strafrahmen erhöht, nämlich Gefängnisstrafe[11]. Ziel der Gesetzesänderung war, die gerichtliche Entscheidung in Steuerstrafsachen zur Regel zu machen, um dadurch die Steuermoral zu heben; die Entscheidung des Finanzamts sollte die Ausnahme sein.

Diese Verschärfung hat sich deswegen nicht durchgesetzt, weil die Finanzämter — unter Überspannung des Begriffs der mildernden Umstände, bei deren Vorliegen weiterhin auf Geldstrafe erkannt werden konnte — auch nach Inkrafttreten der Gesetzesänderung den größten Teil der Straffälle in eigener Zuständigkeit entschieden[12]. Dieser Tatsache hat der Gesetzgeber Rechnung getragen und durch die kleine Steuerstrafrechtsreform[13] die Steuerhinterziehung wieder in erster Linie mit Geldstrafe bedroht.

Was den Rückfall angeht, so brachte das zweite Gesetz zur vorläufigen Neuordnung von Steuern vom 20. April 1949 auch hier eine Verschärfung: Bestrafung wegen Rückfalls erfolgte danach nicht mehr wie bisher erst beim zweiten Rückfall, sondern schon beim ersten. Dabei war Gefängnisstrafe von drei Monaten zwingend vorgeschrieben[14]. Diese Vorschrift schloß also die eigene Entscheidung des Finanzamts bei rückfälligen Steuerpflichtigen aus. Das Gesetz vom 11. Mai 1956 brachte auch hier eine Milderung; in leichten Fällen kann nun wieder das Finanzamt allein auf Geldstrafe erkennen, § 404 Abs. I Satz 2 AO.

Hinsichtlich der Selbstanzeige nach § 410 AO erübrigt sich hier die Erörterung der Gesetzesänderungen, weil der Selbstanzeige aus Gründen, die noch aufzuzeigen sind, in den untersuchten Fällen keine Bedeutung zukam. Es wurden nur vier Fälle ermittelt, in welchen die Beschuldigten versucht hatten, durch Selbstanzeige Straffreiheit zu erlangen, solange das Verfahren noch beim Finanzamt anhängig war; in keinem der vier Fälle erreichte der Beschuldigte sein Ziel, weil er nämlich die verkürzten Steuern nicht innerhalb der ihm gesetzten Frist nachzahlen konnte.

Bei der Abgabe von Steuerstrafverfahren der Verwaltung an die Staatsanwaltschaft ist umstritten, in welchem Umfang auch die Steuerakten des Finanzamts zu übersenden sind. Zwar gibt § 161 der Strafprozeßordnung der Staatsanwaltschaft das Recht, zur Durchführung eines Ermittlungsverfahrens von allen Behörden Auskunft zu verlangen; diese Pflicht zur Auskunftserteilung geht zwar der Amtsverschwiegenheit vor, nicht jedoch der Pflicht zur Wahrung des Steuergeheim-

[11] Hartung, Kommentar, S. 160.
[12] Hartung, Kommentar, S. 12/13; Niese, Werner, Das Steuerstrafverfahren, in: Zeitschrift für die gesamte Strafrechtswissenschaft, Bd. 70, Berlin 1958, S. 347—50.
[13] Gesetz vom 11. 5. 1956 BGBl. I, S. 418.
[14] Hartung, Kommentar, S. 161.

nisses[15], und deswegen bedürfen Steuerbeamte zur Aussage in einem gerichtlichen Steuerstrafverfahren stets der Genehmigung hierzu durch ihren Dienstvorgesetzten nach § 8 des Bundesbeamtengesetzes in Verbindung mit § 54 StPO.

Auf Grund eines Erlasses des Reichsministers der Finanzen vom 9. November 1923 (III D 2602) durften Auskünfte nur erteilt werden, wenn ein zwingendes öffentliches Interesse vorlag und sich diejenige Behörde, welche um Auskunft ersuchte, diese Auskunft nicht auf andere Weise, insbesondere vom Steuerpflichtigen selbst beschaffen konnte[16].

In der Praxis bereitete die Anwendung dieser Erlasse Schwierigkeiten insofern, als zu Beginn des Untersuchungszeitraums die Finanzbehörden die Übersendung der Steuerakten zunächst grundsätzlich ablehnten. Inzwischen ist jedoch durch interne Anweisungen der Finanzverwaltung die Aktenübersendung an die Staatsanwaltschaft zugleich mit der Abgabe des Falles gewährleistet.

II. Festgestellte Begehungsarten der Steuerhinterziehung

Zu den wesentlichsten Berufspflichten, welche der Gesetzgeber allen auferlegt hat, die selbständig am Wirtschaftsleben teilnehmen, und aus Selbständigen setzt sich der Täterkreis fast ausschließlich zusammen (vgl. Anhang Nr. 2), gehört die Beachtung der formellen Vorschriften über die Aufzeichnungs- bzw. Buchführungspflichten. Obwohl diese Bestimmungen in ihrer überwiegenden Mehrzahl bereits einige Jahrzehnte gelten, ist es erstaunlich festzustellen, in welchem Umfang während des Untersuchungszeitraums gegen sie verstoßen worden ist.

1. Nichtabgabe von Steuererklärungen und Verstoß gegen die Meldepflicht nach § 191 AO

In der Reihe der Verstöße gegen Pflichten, die im Interesse der Besteuerung auferlegt sind, steht begrifflich an erster Stelle — wenn auch

---

[15] Mattern, Gerhard, Das Steuergeheimnis, Tübingen 1952, S. 12/16, 32.

[16] Die Erlasse des Reichsministers der Finanzen betr. das Steuergeheimnis sind nicht veröffentlicht worden. Zwar verweist Riewald, Alfred, Reichsabgabenordnung und Steueranpassungsgesetz Berlin-Köln 1956, unveränderter Nachdruck der Aufl. von 1941, S. 254 auf den Aufsatz von Hager: Das Steuergeheimnis, in: Deutsche Steuer Zeitung 1941, S. 201. Aber auch Hager bringt keinen dieser Erlasse im Wortlaut, sondern beschränkt sich darauf, die Zulässigkeit der Auskunfterteilung an Behörden auf Grund der verschiedenen Erlasse zu erörtern. Dabei steht die Auskunfterteilung an Dienststellen der NSDAP im Vordergrund. Für Auskunfterteilung an die Staatsanwaltschaft galt der Erlaß vom 16. Juli 1933 (S. 1115 - 78 III R). Danach wurde das zwingende öffentliche Interesse an der Durchführung von Steuerstrafprozessen grundsätzlich bejaht, Hager, a. a. O., S. 206/207. — Besonderes NS-Gedankengut ist hierin wohl nicht zu erblicken.

nicht der Zahl nach — die Steuerhinterziehung durch Nichtabgabe oder
verspätete Abgabe der vorgeschriebenen Erklärungen. Die Pflicht,
einem Teilhaber durch Mitteilung einiger für die Beurteilung des Ge-
schäftsablaufs in einem bestimmten Zeitraum wichtiger Zahlen die Möglichkeit der Überprüfung geben zu müssen, ist lästig genug. Während
aber mit einem privaten Teilhaber ein Übereinkommen des Inhalts
denkbar ist, daß der ihm gebührende Teil des Betriebsergebnisses
noch nach dem Fälligkeitstermin zum beiderseitigen Nutzen im gemeinsamen Betrieb verbleibt, so sind die Voraussetzungen beschränkt, unter
denen eine solche Stundungsübereinkunft mit dem stillen Gesellschaf-
ter „Allgemeinheit", vertreten durch das Finanzamt, möglich ist;
Hauptvoraussetzung ist jedoch die pünktliche und zuverlässige Erklärung der Steuerbemessungsgrundlagen, also gerade das entgegengesetzte
Verhalten, welches derjenige an den Tag legt, welcher durch Nichtabgabe oder verspätete Abgabe der Erklärung die Zahlung der Steuer
ganz oder teilweise zu vermeiden hofft.

In der Begehungsart der Nichtabgabe von Erklärungen über einen
längeren Zeitraum hinweg wurden Steuern hinterzogen vorwiegend
von Unternehmern in der letzten Phase ihrer wirtschaftlichen Selbständigkeit kurz vor Betriebseinstellung oder Konkurseröffnung. Steuerhinterziehung durch verspätete Abgabe der Erklärung verteilt sich dagegen
auf diejenigen Unternehmer, deren Betriebe in einer Periode des Auf-
baus oder Ausbaus standen. Es erübrigt sich fast, darauf hinzuweisen,
daß in beiden Fällen — Nichtabgabe und verspätete Abgabe — regelmäßig auch die Zahlung der Steuer an die Finanzkasse unterblieb, wenn
es sich um die Lohn- oder Umsatzsteuer handelte (15 Ms 16/56):

Der Gemüseeinzelhändler G hatte, nachdem er 1952 in einer Unterwerfungsverhandlung zu einer Geldstrafe von DM 200,— wegen Umsatzsteuer-
hinterziehung verurteilt worden war, begangen durch um DM 429,90 zu niedrige Angabe des Umsatzes in der Voranmeldung, seine Tochter einem Helfer
in Steuersachen in die Lehre gegeben. Auf diese Weise sollte erreicht werden, daß die Steuererklärungen ordnungsgemäß und pünktlich durch ein Fa-
milienmitglied erstellt würden.

In einigen Monaten Ende 1953 und Anfang 1954 waren keine Umsatzsteuervoranmeldungen eingereicht worden und G hatte auch keine Zahlungen ge-
leistet; dadurch war Umsatzsteuer in Höhe von DM 3158,— verkürzt worden.
Die Strafsachenstelle des Finanzamts übersandte die Akten der Staatsanwaltschaft, da Rückfall vorlag. In seiner Vernehmung durch das Finanzamt
hatte G angegeben, durch die Herbeischaffung der Ware, wobei er einen
Unfall erlitten habe, dessen Folgen ihm zu schaffen machten, so stark bean-
sprucht zu sein, daß er die ordnungsgemäße Erfüllung der steuerlichen Pflichten nicht persönlich überwachen könne. Diese Aussage bezeichnete das Finanzamt als unglaubhaft; die Tatsache, daß die Tochter zu einem Helfer in
Steuersachen in die Lehre kam, eben um die Steuerpflichten des Vaters kor-
rekt zu erfüllen, wird in dem Übersendungsschreiben nicht erwähnt.

Von der laut Eröffnungsbeschluß dem Angeklagten G zur Last gelegten vor-
sätzlichen Steuerhinterziehung im Rückfall blieb nach Würdigung des Sach-

verhalts durch das Gericht in zwei Hauptverhandlungen Steuergefährdung nach § 402 AO. Der Vorwurf, der ihm zu machen sei, so heißt es in den Urteilsgründen, beruhe darin, daß er die Erstellung und Abgabe der Steuererklärungen durch seine noch jugendliche Tochter nicht überwacht habe, sondern sich auf sie verließ. Die Geldstrafe lautete auf DM 250,—, wobei die Tatsache des Rückfalls berücksichtigt worden ist.

Das Vergehen fiel in einen Zeitraum, in dem G durch monatliche Ratenzahlungen (Wechsel) für einen neuen Ladentisch mit Kühltruhe im Wert von DM 10 000,— sowie die Anschaffung einer Maschine in seiner Liquidität eingeengt war.

Während diese Tätergruppe den zuständigen Beamten des Finanzamts bei laufender Überwachung der abzugebenden Erklärungen, vor allem der Umsatzsteuererklärung, wenn diese monatlich einzureichen ist, nicht lange verborgen bleiben kann, erreicht ein Steuerpflichtiger, der gegen die Meldepflicht des § 191 AO verstößt, daß er oft sehr lange Zeit nicht entdeckt wird. Täter, die schon diese Pflicht verletzen, entwickeln daher häufig eine besondere kriminelle Energie, um ihre Entdeckung zu verhindern. Einige der insgesamt sieben Fälle sollen erwähnt werden:

So hatte der Schrotthändler S die Anmeldung seines Gewerbes beim Finanzamt unterlassen, weil sein Gesuch zur Erteilung der Erlaubnis zum Handel mit unedlen Metallen vom zuständigen Amt für öffentliche Ordnung unter Hinweis auf seine zahlreichen Vorstrafen abgelehnt worden war und er bei der Meldung seines trotz fehlender Erlaubnis ausgeübten Gewerbes beim Finanzamt die Bekanntgabe an die Verwaltungsbehörde und Bestrafung durch diese befürchtete (15 Ms 87/55). In einem anderen Fall (15 Ms 37/58) erfolgte die Aufdeckung durch die Mitteilung des örtlichen Amts für öffentliche Ordnung auf Grund einer neuen gesetzlichen Bestimmung; in einem weiteren Fall (15 Ms 63/56) durch die verkehrspolizeiliche Kontrolle der Wagenpapiere eines Lastwagens, die restlichen Fälle unterlassener Meldung des Gewerbebetriebes konnten erst durch die Steuerfahndung ermittelt werden.

15 Ms 83/54: Bereits 1937 mußten Umsatz und Einkommen des Pferdehändlers P geschätzt werden, wie aus den Betriebsprüfungsakten von 1940 hervorgeht. 1943 wurde erstmalig die Steuerfahndung eingeschaltet, die ein Strafverfahren gegen P für erforderlich hielt; aus kriegsbedingten Gründen wurde es nicht eingeleitet. Die nächste Überprüfung durch die Steuerfahndung erfolgte im März 1948, wobei die Nichtverbuchung einer Vielzahl von Geschäftsvorfällen ermittelt wurde: Eine Reihe von Ein- und Verkäufen fehlte; ein Pferd war zum Überpreis von RM 10 000,— verkauft worden, deswegen hatte der Regierungspräsident einen Strafbescheid gegen P erlassen; in der Umsatzsteuererklärung des Verkaufsmonats hatte P jedoch nur RM 5300,— gemeldet. Wie aus dem Betriebsprüfungsbericht von 1940 ersichtlich ist, hatte P damals das Fehlen von Geschäftsbüchern mit Diebstahl zu erklären versucht; 1948 gab er als Grund für den Verlust Fliegerangriff an. Jedenfalls ergab eine Gegenüberstellung des Betriebsvermögens vom 1. 1. 1943 zum 1. 1.

1946 ein steuerlich nicht erfaßtes Vermögensmehr von RM 134 800,—. Nach Abzug eines behaupteten Totogewinns von DM 70 000, blieb ein Rest von RM 64 800,—. Auf Grund dieser von der Steuerfahndung neu ermittelten Tatsachen wurden die Steuerbescheide für die Jahre 1944 bis 1947 durch neue Bescheide ersetzt, in der anberaumten Unterwerfungsverhandlung (Oktober 1949) räumte P die Verkürzung der Steuern ein. Nach dem inzwischen durch Steuerfahndung neue Verfehlungen des P aufgedeckt worden waren, genehmigte der Vorsteher des zuständigen Finanzamts die Unterwerfungsverhandlung nicht, sondern gab das Verfahren an die Staatsanwaltschaft ab.

P hatte nämlich dem Finanzamt am 28. 10. 1949 mitgeteilt, daß er ab 1. 11. 1949 seinen Betrieb in X stillege. Es wurde jedoch festgestellt, daß er trotzdem sein bisheriges Geschäft weiterführte, und zwar in Y. Im März und April 1952 erschienen die Beamten der Steuerfahndung zum drittenmal und überprüften den Zeitraum vom 1. 1. 1948 bis zum 31. 3. 1952. Es war wiederum die Mehrzahl der Geschäftsvorfälle nicht erfaßt worden, der steuerlich nicht gemeldete Betrieb hatte einen Umsatz von 40—50 000,— DM, aber nur drei Pferdeverkäufe waren verbucht. Nach Ermittlungen der Steuerfahndung hatte P zum Pferdemarkt in V 1951 112 Pferde und im ersten Vierteljahr 1952 46 Pferde zum Verkauf aufgetrieben. Daraufhin wurden wieder die alten Steuerbescheide für die Jahre 1948—1952 aufgehoben und es ergingen neue.

In der Hauptverhandlung gab P zu, daß „hier und da ein Pferd nicht erfaßt wurde", behauptete aber zugleich, sich in wirtschaftlicher Notlage zu befinden, weil der Pferdehandel infolge der stark vordringenden Motorisierung ständig zurückgehe. Sämtliche Steuerrückstände von II/1948 — 31. 12. 1951 wurden nach ergebnisloser Zwangsvollstreckung niedergeschlagen.

Die Begehungsart in zwei der genannten Fälle zeugt von besonderer Überlegung des Täters: Der Pferdehändler P (15 Ms 83/54) stellte seinen Betrieb in X ein, führte ihn aber in Y fort; der Steuerpflichtige S teilte dem Finanzamt in A mit, er verlege seinen Gemüsegroßhandel und er werde deshalb in Zukunft vom Finanzamt in B erfaßt, dort unterließ S jedoch die Anmeldung (15 Ms 63/56). Daraufhin hatten die ursprünglich zuständigen Ämter die Akten geschlossen und erst die nach geraumer Zeit eingehenden Mitteilungen der Steuerfahndung und der Verkehrspolizei veranlaßten eine erneute Überprüfung; der Pferdehändler P zählte 15 Jahre hindurch zu den „Stammkunden" der Steuerfahndung.

2. Abgabe von unrichtigen Steuererklärungen

Der verhältnismäßig kleinen Gruppe von Steuerpflichtigen, die keine Erklärungen abgeben, steht die große Zahl derjenigen gegenüber, die ihrer Pflicht zur Abgabe von Steuererklärungen zwar pünktlich nachkommen, deren Erklärungen jedoch unrichtig sind. Diese Unrichtigkeit kann auf formellen oder materiellen Fehlern der geführten Aufzeichnungen oder Bücher beruhen. Unter formellen Fehlern ist dabei die unrichtige Art und Weise zu verstehen, wie der einzelne Steuerpflichtige seine Aufzeichnungen macht oder seine Bücher führt; materielle Verstöße liegen dagegen vor, wenn einzelne Buchungen sachlich falsch erfolgen. Beide Begehungsarten führen allein oder in Verbindung miteinander im Extremfall zur Verwerfung der vorgelegten Unterlagen mangels Beweiskraft und zur anschließenden Schätzung der Besteuerungsgrundlagen durch das Finanzamt.

a) Abgabe von unrichtigen Steuererklärungen auf Grund von formellen Mängeln der Buchhaltung

a) Verstoß gegen die Verordnung zur Führung eines Wareneingangsbuches

An der Spitze aller formellen Mängel stehen Verstöße gegen die Verordnung über die Führung eines Wareneingangsbuches vom 20. Juni 1935, obwohl es sich um eine Pflicht handelt, die wie keine andere in das Bewußtsein auch des kleinen Handwerkers und Einzelhändlers eingedrungen ist. Nach dieser Verordnung ist jeder gewerbliche Unternehmer verpflichtet, alle Waren einzutragen, die er zur gewerblichen Weiterveräußerung oder Vermittlung erwirbt. Die Eintragung muß unter fortlaufender Nummer enthalten:

1. den Tag, an welchem der gewerbliche Unternehmer die Verfügungsmacht über den Warenposten erlangt;

2. Name und Anschrift des Lieferers;

3. Art und Preis des Warenpostens

sowie die Angabe, wo der Beleg über die Lieferung in der Belegsammlung aufbewahrt wird. Im Fall der Zuwiderhandlung erfolgt Schätzung nach § 217 AO; die bloße Aufbewahrung der Belege ohne ihre Verbuchung genügt nicht. Dem Wareneingangsbuch gleichwertige Bücher sind das Umsatzsteuerheft bei Wandergewerbetreibenden, das Trödlerbuch bei Altwarenhändlern sowie die auf Grund des § 36 der Durchführungsverordnung zum Beförderungssteuergesetz zu führenden Nachweise.

Die Verstöße hiergegen reichen von gänzlicher Unterlassung der Führung eines Wareneingangsbuches über die Nichtführung mehrerer Monate hindurch — „ich habe darauf gewartet, daß der Innungsmeister mir ein neues Wareneingangsbuch beschafft" — bis zur unvollständigen Verbuchung der eingegangenen Waren. So meldete ein Textileinzelhändler, der sein Wareneingangsbuch nur unvollständig führte, noch nicht einmal diesen unvollständigen Wareneingang dem Finanzamt (15 Ms 33/53).

15 Ms 33/53: Aufstellung über den Wareneingang
eines Textileinzelhändlers

	tatsächlich eingegangene Waren	in das Waren-eingangsbuch eingetragen	dem Finanz-amt wurden gemeldet
1949	DM 24 500	38 %	31 %
bis zum 30. 6. 1950	DM 11 600	60 %	50 %

β) Verstöße gegen allgemeine Formvorschriften

Weniger zahlreich wurden Verstöße gegen allgemeine Formvorschriften der §§ 160 f. AO festgestellt, etwa der fortlaufenden Verbuchung in zeitlich richtiger Folge oder des Verbots zu radieren. Obwohl die Pflicht zur Beachtung auch dieser Formvorschriften als allgemein bekannt vorausgesetzt werden kann, erfolgen doch Verstöße gegen sie. So wurde in dem Kassenbuch eines Vollkaufmanns nacheinander mit folgenden Tagesangaben gebucht (25 KMs 1/52): 2.3., 9.3., 13.3., 15.3., 20.3., 30.3., 22.3., 11.3., 16.3., 19.3., 23.3., 25.3., 31.3., 16.3., 12.3., 13.3., 18.3., 19.3., 23.3., 25.3., 31.3.

Im gleichen Kassenbuch wurden im Anschluß an Buchungen des Monats Dezember noch solche für August, September und Oktober des abgelaufenen Geschäftsjahres vorgenommen. Verstöße gegen Formvorschriften können weiter in der Art erfolgen, daß Bestandskonten nicht abgeschlossen werden zum Monatsende und der Vortrag des Soll- oder Habensaldos fehlt, daß Zwischenräume gelassen werden, welche der Regel nach zu beschreiben sind, daß Buchungen überschrieben, durchgestrichen oder ausradiert werden. In einem Kassenbuch wurden insgesamt elf Radierungen nachgewiesen.

Wenn auch beim Vorliegen eines einzelnen der angeführten Formfehler die Beweiskraft der Buchführung nicht in dem Maße beeinträchtigt zu werden braucht, daß diese vom Finanzamt insgesamt verworfen wird, so kann das vom Herausreißen ganzer Seiten nicht mehr gesagt werden. Diese Anweisung gab ein Unternehmer seinem Buchhalter, „um so entstandene Unstimmigkeiten richtig zu stellen" (25 KMs 1/52).

Überhaupt gilt die besondere Aufmerksamkeit der Betriebsprüfer dem Kassenbuch. In diesem sind sämtliche Barein- und -auszahlungen zu verbuchen. Finden sich mehr Eintragungen über Barausgänge als Einzahlungen verbucht sind, so weist die Kasse Fehlbeträge aus. Sind diese Kassenfehlbeträge erheblich und wird die Beweiskraft der Buchhaltung hierdurch stark beeinträchtigt, so hat dies Schätzung zur Folge. Kontrollmitteilungen ermöglichen die Überprüfung gerade des Kassenbuches.

γ) Urkundenfälschung

Die Steuergesetze der Nachkriegszeit gewährten manchem Pflichtigen Erleichterungen, die anderen nicht zuteil wurden. Der Grund hierfür ist einmal in der besonderen Situation der Nachkriegszeit zu suchen; ferner will der Gesetzgeber durch die Einräumung von Freibeträgen oder die Anerkennung außergewöhnlicher Belastungen der Tatsache Rechnung tragen, daß bei gleichem Einkommen aller aus einer Gruppe, für welche ein einheitlicher Steuersatz festgesetzt wurde, die Belastungen, denen sich einzelne aus dieser Gruppe gegenüber sehen, unterschiedlich sind. Die vom Gesetzgeber eingeräumten Erleichterungen sollen es daher ermöglichen, die Steuerbelastung den Verhältnissen des Einzelfalles anzupassen, um auf diese Weise eine Erstarrung des Grundsatzes gleichmäßiger Besteuerung zu vermeiden.

15 Ms 5/53: Der Schneider S reichte die Rechnung eines Schreiners ein mit der von 1951 in 1950 veränderten Jahreszahl. Die Kontrolle der Unterlagen des Schreiners ergab, daß auf dem Rechnungsdurchschlag die Zahl 1951 angeführt war.

15 Ms 29/54: In einem anderen Fall versuchten Eltern, Ausgaben für die Aussteuer ihrer inzwischen verheirateten Tochter als Ausgaben für Ersatzbeschaffung hinzustellen. Zu diesem Zweck wurden neben unverfälschten Rechnungen über DM 1440,— sieben Rechnungen mit verfälschter Jahresangabe eingereicht über weitere DM 924,—. Echte und verfälschte Rechnungen wurden dem mit der Erstellung der Einkommensteuererklärung beauftragten Helfer in Steuersachen übersandt, der sie durch seine Bürokraft lediglich daraufhin prüfen ließ, ob der Pauschbetrag von DM 1440,— erreicht war. Bei ihrer Vernehmung erklärte die Tochter, sie „habe auch mal auf verschiedenen Rechnungen aus einer Null eine Eins gemacht".

15 Ms 108/52: In diesem Fall wurde von der Staatsanwaltschaft ein Gutachten des Zollkriminalinstituts in Köln angefordert. In sorgfältiger Untersuchung bestätigte es den Verdacht der Urkundenfälschung von drei der zur Untersuchung eingereichten vier Belege. Ein Beleg wies an zwei Stellen die ursprüngliche Datumsangabe auf; der Fälscher hatte jedoch nur eine Jahreszahl abgeändert und die andere übersehen. Erschwerend fiel dabei ins Gewicht, daß der Angeklagte als Lagerverwalter mit schriftlichen Arbeiten gut vertraut war. Aus seiner eigenen Darlegung, Belege in Höhe von DM 800,— ungeprüft eingereicht zu haben, schloß die Berufungsinstanz, daß allein schon die Errechnung eines bestimmten Betrages die genaue Prüfung eines jeden einzelnen Beleges voraussetze. Die Presse berichtete über das Verfahren in beiden Instanzen.

Weitere Fälle der versuchten Erschleichung von Steuervorteilen betreffen Fälschungen der Lohnsteuerkarte (25 Ms 5/58), die Fälschung einer Arbeitgeberbescheinigung durch den Vater, um für seine Tochter mit abgeschlossener Lehre noch Kinderermäßigung zu erhalten (15 Ms 41/51), sowie die Verfälschung der Jahresangabe auf dem Spesenbuch eines Reisenden (15 Ms 36/56) von 1952 in 1954. Dieser erklärte jedoch mit entwaffnender Offenheit, die Spesen blieben sich doch immer gleich, er sei einfach zu bequem gewesen, ein neues Spesenbuch anzulegen. Auch hier wurde ein Gutachten des Zollkriminalinstituts eingeholt.

Diese Absicht des Gesetzgebers wird jedoch in ihr Gegenteil verkehrt, wenn es einzelne Steuerpflichtige verstehen, sich Steuervorteile durch Urkundenfälschung zu erschleichen, weil sie in den Genuß des betreffenden Steuervorteils kommen wollen, ohne daß bei ihnen die Voraussetzungen vorliegen, unter denen allein die Vergünstigung gewährt werden kann.

Die Zubilligung von Freibeträgen an Totalgeschädigte erfolgte zu dem Zweck, diesem Personenkreis Ersatzbeschaffungen in einen kürzeren Zeitraum zu ermöglichen, als dies ohne diese Unterstützungsmaßnahme möglich gewesen wäre. Die Begehungsart reichte dabei von der Fälschung eingereichter Rechnungen über fingierte Schreiben angeblich unterstützter Personen bis zur eigenmächtigen Änderung der Lohnsteuerkarte. Mit einer Ausnahme wurden diese Fälschungen bereits vom zuständigen Beamten des Finanzamts erkannt, weil die Fälschungen ungewöhnlich plump vorgenommen worden waren; deswegen blieb es meist beim Versuch der Steuerhinterziehung.

Am Beginn des Untersuchungszeitraums gingen die Fälscher so vor, daß entweder die Jahreszahl 1950 in 1951 oder umgekehrt verfälscht wurde, je nachdem, ob eine früher ausgestellte Rechnung als Beleg für einen späteren Veranlagungszeitraum eingereicht werden sollte oder eine Rechnung des Jahres 1951 für den Veranlagungszeitraum 1950 verwandt werden sollte.

25 Ms 177/57: Der einzige Fall der vollendeten Erschleichung von Steuervorteilen betrifft einen Arbeitnehmer, der für sich und elf seiner Arbeitskollegen unechte Urkunden hergestellt hatte, indem er Lohnsteuerermäßigungsanträge seiner Kollegen selbst unterschrieb und zur Begründung der darin behaupteten außergewöhnlichen Belastung von ihm selbst angefertigte Schreiben angeblich unterstützter Familienmitglieder beifügte. Die Hälfte der Erstattungsbeträge ließ er sich als Honorar auszahlen. Aufgedeckt wurde der Vorfall, als der Täter von einem seiner elf Kollegen eine weitere Vergütung verlangte und diesem bei Weigerung drohte, die Steuerermäßigung rückgängig zu machen.

25 Ms 183/50: Nicht unerwähnt bleiben soll schließlich noch der Gehilfe eines Wirtschaftstreuhänders, der von Klienten seines Arbeitgebers höhere Steuergelder einkassierte als später an die Finanzkasse abgeführt wurden. Das Urteil gegen ihn lautete auf Unterschlagung in Tateinheit mit Urkundenfälschung und Steuerhinterziehung; er kann den erlernten Beruf nicht mehr ausüben und wird Hilfsarbeiter.

Steuerhinterziehung in der Form der Erschleichung von Steuervorteilen durch Urkundenfälschung ist diejenige Begehungsart, bei der zugleich die größte Geschlossenheit des Täterkreises festgestellt werden konnte: von neun Fällen wurden sieben von Arbeitnehmern begangen. Die restlichen Fälle betreffen einen Handwerksmeister und eine Hausfrau.

δ) Unrichtige Kalkulation

Während bei den bisher behandelten Begehungsarten der Steuerhinterziehung die Tatsache der Hinterziehung und ebenso die hieraus zu ziehenden Folgerungen unproblematisch waren, kann das gleiche nicht für Steuerhinterziehung durch unrichtige Kalkulation gesagt werden; daher soll diese Begehungsart durch ausführliche Beispiele erläutert werden.

25 Ms 154/52: Dieser Fall betrifft den Buchhalter A, der seit 1927 eine Gaststätte betrieb — Konzessionsträgerin ist seine Ehefrau — und bei dem 1942 und 1951 je eine Betriebsprüfung erfolgte. Formell war zu beanstanden, daß die Entgelte nicht aufgezeichnet worden waren, auch fehlte das Wareneingangsbuch, doch waren die Lieferantenrechnungen sorgfältig aufbewahrt worden. Er hatte in den Einkommensteuererklärungen 1949 und 1950 nur die Einnahmen aus der Gaststätte angegeben, nicht dagegen die Einkünfte aus nichtselbständiger Arbeit. Bei der Betriebsprüfung 1942 war die Ehefrau darauf hingewiesen worden, daß die bisher (von 1927 bis 1942) geübte Methode, den Umsatz durch einen Aufschlag von 20 % auf den Wareneinkauf zu ermitteln, nicht statthaft sei; damals ermittelte der Prüfer den Umsatz durch einen Aufschlag in Höhe von 60 % auf den Wareneinkauf, der Gewerbegewinn wurde 1942 auf 27 % des so ermittelten Umsatzes festgesetzt. Von der Zerstörung im Jahre 1944 bis zum Wiederaufbau des Hauses mit Hilfe von Darlehen ruhte der Betrieb, die Ehefrau starb bald nach der Wiedereröffnung.

Der Ehemann setzte die früher geübte Verfahrensweise fort, indem er den Umsatz durch Aufschlag von 20 % auf den Wareneingang errechnete. Diesen Aufschlag hielt er für ausreichend, da Tabakwaren einen wesentlichen Teil des Umsatzes ausmachten, auf diesen Umsatzträger aber nur ein geringer Aufschlag zu machen sei. Ferner verkaufte er an die Kundschaft dieses Industrieortes Bier und Spirituosen „über die Straße", wofür ebenfalls ein niedrigerer Aufschlag anzuwenden sei als für Verzehr in der Gaststätte selbst.

Dem zuständigen Beamten fiel bei Bearbeitung der Steuererklärungen für 1950 die geringen Umsätze und Gewinne des A auf, und er veranlaßte eine Betriebsprüfung, die auf Grund des geschilderten Sachverhalts zur Einleitung eines Verwaltungsstrafverfahrens führte. In der verantwortlichen Vernehmung wurde ihm eröffnet, daß auf Getränke ein Aufschlag von 100 % und auf Tabakwaren ein solcher von 14 % zu machen sei; im Durchschnitt seien 65 % zu berechnen. Damit erklärte sich A einverstanden, aber nur, weil er glaubte, keine andere Möglichkeit zu haben. Gleichzeitig äußerte er jedoch, daß die ordentlichen Gerichte seinen Verfehlungen mehr Verständnis entgegenbringen würden als die Strafsachenstelle des Finanzamts.

Entgegen der Auffassung des Finanzamts, es handele sich um vorsätzliche Steuerhinterziehung, stützte das Gericht das Urteil auf fahrlässige Steuerverkürzung nach § 402 AO, weil es das Tatbestandsmerkmal der Steuerunehrlichkeit nicht als erwiesen ansah.

15 Ms 123/52: Bei dem 67jährigen Schreinermeister X hatte die Betriebsprüfung außer der Nichtführung des Wareneingangsbuches und der unvollständigen Aufzeichnung von Entgelten die Anwendung einer falschen Gewinnermittlungsmethode festgestellt; ferner hatte X eine Fräsmaschine nicht aktiviert, sondern über Unkosten verbucht. Die beiden ersten Verstöße gab X zu, dagegen bestritt er, gewußt zu haben, daß die von ihm schon seit

Jahrzehnten angewandte Methode der Gewinnermittlung falsch sein solle.
Als Beweis für den Vorsatz des X wies der Betriebsprüfer auf die jahr-
zehntelange Berufserfahrung des X hin, der „nach den Umständen wohl gewußt habe, daß die von ihm erklärten Umsätze und Gewinne völlig unzu-
treffend waren". Auch habe er im Rechtsmittelverfahren die Feststellungen
des Betriebsprüfers bis auf unwesentliche Punkte anerkannt.

Infolge der materiellen und formellen Mängel der Buchhaltung war sowohl die Berechnung der Umsätze als auch die Gewinnermittlung falsch.
Nach der Zusammenfassung des Betriebsprüfungsberichts konnte der Umsatz nur durch Kontoauszüge ermittelt werden, welche der Betriebsprüfer
bei den Hauptabnehmern beschaffte. Der Umsatz belief sich für
II/48 auf DM 33 000
1949 auf DM 69 700.
Bei diesen Umsätzen hatte X aber nur folgende Gewinne deklariert:
Für II/48 DM   595 = 1,8 % Reingewinnsatz,
1949 DM 2043 = 2,9 % Reingewinnsatz.
Nach Bereinigung der Unrichtigkeiten ergaben sich die Gewinne für
II/48 mit DM   6 908
1949 mit DM 14 843.
Bei richtiger Erfassung aller Werte hätte X zum gleichen Ergebnis kommen müssen. Dabei halten sich lt. Betriebsprüfungsbericht die Schätzungen
des Reingewinns mit etwa 20 % vom Umsatz an der untersten Grenze
(Spielraum bis 25 %).

In drei Hauptverhandlungen vor dem Schöffengericht — die erste fand
am 16. 1. 1953 statt, die dritte am 28. 4. 1954 — wurde der Sachverhalt er-
forscht. Die erste Verhandlung, über die auch die Presse berichtete (vgl. Kölner Stadtanzeiger Nr. 14 vom 17. 1. 1953), ergab, daß X einen Helfer in
Steuersachen zu Rate gezogen hatte. In seiner Vernehmung konnte dieser jedoch darauf hinweisen, daß der Auftrag an ihn lediglich auf die Erstellung der Steuererklärung gelautet hatte, nicht aber auf die Überprüfung der
Besteuerungsgrundlagen. Daher hatte der Angestellte des Helfers in Steuersachen die von X errechneten Umsätze und Gewinne ohne weitere Prüfung
übernommen und in die Steuererklärung eingesetzt. Bei diesem Stand der
Sache wurde die zweite Hauptverhandlung vertagt, um X Gelegenheit zu
geben, sich zu unterwerfen, was dieser jedoch ablehnte.

In der dritten Hauptverhandlung — 15 Monate nach der ersten — wurde
X wegen Steuergefährdung verurteilt, weil der Verdacht vorsätzlicher Hinterziehung, den der Betriebsprüfer, nicht zuletzt auf Grund der falschen
Verbuchung der Fräsmaschine, als erwiesen angesehen hatte und der auch
vom Eröffnungsbeschluß dem Angeklagten zur Last gelegt worden war,
nicht nachgewiesen werden konnte. Dagegen sah das Gericht grobe Fahrlässigkeit als erwiesen an, weil sich X nicht genügend um buchtechnische
Dinge gekümmert habe. Das Landgericht als Berufungsinstanz ermäßigte das
Strafmaß, hierauf hatte X die Berufung beschränkt (2. 7. 1954). Die Schrei-
nerei wurde mit einer Schuldenlast von DM 40 000 vom Sohn des X übernommen, zur Zahlung der Geldstrafe beantragte X Raten.

25 Ms 5/53: Als letztes Beispiel für Steuerverkürzung durch unrichtige
Kalkulation soll der Fall des Schmiedemeisters R angeführt werden, dessen
Leitmaxime lautete: Billiger Arbeiten als die Konkurrenz. Außer seiner
Werkstatt betrieb R ein Eisenwarengeschäft; die Einnahmen aus dem Eisen-
geschäft waren aufgezeichnet, die Bareinnahmen aus der Schmiede nicht.
Schon bei der vorhergehenden Betriebsprüfung war R ermahnt worden.
Bücher nach §§ 161 Abs. I AO, 4 Abs. I EStG zu führen, weil sein Gewinn aus

5 *

Gewerbebetrieb DM 6000,— überstieg (Fassung des § 161 AO vor Erlaß des Gesetzes vom 11. 7. 1953). In der Vernehmung durch das Finanzamt, durch den Richter und in der Hauptverhandlung erklärte R übereinstimmend, seine niedrigen Rohgewinne seien dadurch entstanden, daß seine Preise stets unter denen der Konkurrenz gelegen hätten, und zwar habe er mit einem Gewinnaufschlag von 70 % kalkuliert, während bei der Betriebsprüfung der Gewinn mit 250 % geschätzt worden sei. Die Einlassung des R hatte das Finanzamt deshalb als unglaubwürdig bezeichnet, weil R das Ergebnis der Betriebsprüfung auf Grund der Schätzung nach Erfahrungssätzen nicht angefochten hatte. Das Finanzamt hatte vorsätzliche Steuerhinterziehung nach § 396 AO angenommen, das Gerichtsurteil erging nach § 402 AO.

Aus dem zweiten Beispiel (15 Ms 123/52) geht deutlich das Unvermögen gerade älterer Handwerker hervor, wirtschaftlich zu denken. Die fehlende betriebswirtschaftliche Schulung zeigte sich vor allem bei der Kostenerfassung in einem Handwerksbetrieb, aber auch über die Höhe der Forderungen und Schulden bestehen oft nur unklare Vorstellungen. Gerade dieses Musterbeispiel zeigt, daß die von der Handwerkskammer Köln geplante Erweiterung der betriebswirtschaftlichen Ausbildung angehender Handwerksmeister dringend erforderlich ist (vgl. unten Seite 72 f.).

b) *Abgabe von unrichtigen Steuererklärungen*
auf Grund von materiellen Mängeln der Buchhaltung

α) Nichtverbuchung von Geschäftsvorfällen

Die materiellen Verstöße gegen die Vorschriften über eine ordnungsgemäße Buchhaltung sind vielschichtiger Natur. Zu Beginn des Untersuchungszeitraums handelte es sich dabei vor allem um Geschäfte ohne Rechnung, eine für den Schwarzhandel typische Begehungsart der Steuerhinterziehung. Bei der unmittelbar nach Kriegsende gegebenen Situation — Aufteilung Deutschlands in hermetisch voneinander abgeschlossene Zonen — waren Nutznießer des Schwarzhandels nicht selten die Behörden einer anderen Zone.

Als Eigentümlichkeit der Geschäfte ohne Rechnung ist festzustellen, daß diese Art der Schwarzhandelsgeschäfte nur dann Erfolg hatte, wenn beide Geschäftspartner keine Verbuchung vornahmen. Wies dagegen der normale Geschäftsbetrieb eines von ihnen einen gewissen Umfang auf, der schon zur Kontrolle der eigenen Angestellten eine sorgfältige Erfassung des Materials und vor allem der Geldein- und ausgänge erforderte, so führten die bei einer Betriebsprüfung regelmäßig angefertigten Kontrollmitteilungen sehr bald zur Aufdeckung der Steuerhinterziehung.

25 Ms 29/56: Der Kaufmann K führte zwischen der britischen und der französischen Zone Kompensationsgeschäfte durch, indem er jeweils hochwertige Maschinen gegen Tabakwaren tauschte. Diese Maschinen stellte K

dem Wirtschaftsministerium, Büro für Interzonenhandel, des Landes X zur Verfügung und erhielt als Gegenleistung Freigabescheine für Tabakwaren. Auf diese Weise erzielte K vom 1. 1. 1946 bis zum 20. 6. 1948 einen Umsatz von insgesamt RM 10 Millionen. Er wurde zwar im Februar 1950 wegen Vergehen gegen das Wirtschaftsstrafgesetz verurteilt, die Steuernachforderung in Höhe von RM 3 443 000 war jedoch im Juli 1953 verjährt, so daß der Staatsanwalt die Einstellung des Verfahrens wegen Verjährung beantragte.

15 Ms 11/52: Durch die Nichtverbuchung der Geschäfte ohne Rechnung hofften zahlreiche Schwarzhändler, ihre oft branchenfremden Geschäfte dem Finanzamt verheimlichen zu können. So betrieb der Stukkateurmeister M Schwarzhandel mit Edelstahl, an einem 1950 geplanten Abschluß über DM 160 000 wollte er DM 25 000 verdienen. Anläßlich seiner richterlichen Vernehmung in anderer Sache ergab sich der Verdacht der Steuerhinterziehung, doch erst die Steuerfahndung war in der Lage, an Hand von Kontrollmitteilungen Zahlungen an M nachzuweisen.

Bei vielen Steuerpflichtigen, die nicht über qualifizierte Hilfskräfte zur Regelung ihrer steuerlichen Angelegenheiten verfügen und die auch einen Steuerberater oder einen Helfer in Steuersachen nicht in Anspruch nehmen können oder wollen, besteht über die buchungsmäßige Behandlung einer Vielzahl von Einzelfragen Unklarheit. Einige Beispiele der im Untersuchungszeitraum festgestellten materiellen Buchungsfehler sollen erwähnt werden:

Ein Handwerker verbucht die Anschaffung einer Fräsmaschine über Unkosten und gibt nur die Forderungen und Verbindlichkeiten an, die er gerade im Kopf hat; Eigenverbrauch und Privatentnahmen werden nicht aufgezeichnet; nichtgewerbliches Vorratsvermögen wird in der Selbstberechnung zur Soforthilfeabgabe verschwiegen oder gewerbliches Vorratsvermögen wird zu niedrig angegeben; die Tageseinnahmen werden nicht oder nicht ordnungsgemäß verbucht; die Lohnsteuer wird aus der Lohnsteuerabzugstabelle stets zu niedrig abgelesen; Aufwandsentschädigungen und Kilometergelder sowie Ersatz für Spesen werden überhöht gezahlt, stellen also eine verdeckte Gewinnausschüttung dar; der Steuerpflichtige legt von sich aus der Erklärung seiner Umsätze oder Einkünfte eine Schätzung zugrunde; Aushilfslöhne für Putzfrauen, Hausverwalter und Schreibkräfte werden nicht der Lohnsteuer unterworfen; die Geschäftsbeziehung mit einem Hauptabnehmer wird jahrelang buchmäßig nicht erfaßt und die Gewinne hieraus in Höhe von DM 245 000 auf ein schwarzes Konto eingezahlt; einige wesentliche oder auch sämtliche Sachkonten fehlen oder sind unvollständig; das gleiche gilt für Personenkonten; die Aufzeichnung von Erlösen aus dem Verkauf wesentlicher Bestandteile unterbleibt; Hilfsgeschäfte werden nicht verbucht[17].

---

[17] Wegen Verletzung formeller Pflichten, gegen die im Untersuchungszeitraum am häufigsten verstoßen wurde, vgl. Anhang Nr. 3.

15 Ms 39/53: Bei der Zahlung von „Schmiergeldern", die ein Neuling zu zahlen hatte, um nach der Währungsreform überhaupt ins Geschäft zu kommen, entfiel der Vorwurf der versuchten Steuerhinterziehung erst, als die Namen der Empfänger genannt wurden. Anderenfalls wären diese Beträge den Privatentnahmen zugerechnet worden, was zugleich eine entsprechende Erhöhung des Gewerbegewinns bedeutet hätte.

15 Ms 117/55: X war Spätheimkehrer und mußte die Praxis neu aufbauen, seine Ehefrau sollte die steuerlichen Angelegenheiten betreuen. Sie fand sich in der Materie nicht zurecht, auch mußte sie nachweislich mehrmals wöchentlich einen Arzt aufsuchen zur Behandlung eines langwierigen Leidens. Die Abgabe der Steuererklärungen verzögerte sich, ein Lohnsteueraußenprüfer stellte eine Nachforderung fest von DM 800 Lohnsteuer für Aushilfslöhne, wobei der Prüfer einen verheirateten Bürovorsteher mit zwei Kindern kurzerhand als Ledigen einstufte und diese Einstufung auch auf Vorhalt nicht änderte. Ein Strafbescheid erging wegen dauernder Gefährdung der Lohnsteuer, der betroffene X stellte hiergegen Antrag auf gerichtliche Entscheidung.

Die Staatsanwaltschaft vernahm insgesamt acht Personen zur Klärung des Sachverhalts. Auf Grund der Aussagen von sechs Inspektoren ergab sich, daß bei der geschilderten Handhabung der steuerlichen Belange das Finanzamt in früheren Veranlagungszeiträumen begründeten Anlaß zur Beanstandung formeller und materieller Verstöße hatte. Nach einer 1953 erfolgten Betriebsprüfung, die zu einer nicht unerheblichen Nachforderung in Höhe von DM 5200 führte, hatte X einen Steuerberater mit der ständigen Überwachung der im Interesse der Besteuerung auferlegten Pflichten beauftragt. Nach der Aussage des Obersteuerinspektors trat danach eine ganze wesentliche Besserung im Verhalten des X bei der Erfüllung seiner Steuerpflichten ein. Der Sachlage nach zu urteilen, wurden jedoch die Lohnsteuerangelegenheiten dem Steuerberater nicht übertragen, sondern weiterhin von der Ehefrau betreut. Dieses Versäumnis führte bei der Lohnsteueraußenprüfung zu der erwähnten Nachforderung.

Die Aussage der achten Auskunftsperson war entscheidend. Danach hatte sich X auch nach Zuziehung des Steuerberaters immer wieder nach dem Stand der Bearbeitung der steuerlichen Belange erkundigt, worauf er von seiner Ehefrau die Antwort erhielt, es sei alles in Ordnung. Der Antrag auf gerichtliche Entscheidung wurde später zurückgezogen.

Kennzeichnend ist, daß es gewöhnlich nicht bei einem einzigen dieser Verstöße gegen materielle Vorschriften bleibt; da in der Regel meist noch formelle Mängel hinzutreten, ist daher das Buchhaltungswerk unvollständig und es fehlt ihm die Beweiskraft für die Ermittlung der Besteuerungsgrundlage. Gewöhnlich können jedoch die Beamten der Steuerverwaltung bei der sich anschließenden Schätzung die vorhandenen Unterlagen verwenden, griffweise mußte nur in zwei Fällen geschätzt werden.

Soweit es sich bei den Tätern nicht um Vollkaufleute handelt, erfolgen die materiellen Verstöße überwiegend aus Unkenntnis. Oft betraut der Steuerpflichtige seine Ehefrau mit der Wahrnehmung der steuerlichen Belange; ist diese der Materie nicht gewachsen, verheimlicht sie diese Tatsache aber ihrem Ehemann, um seine Kräfte vom Auf-

bau und Ausbau der Existenz nicht abzulenken, und wird dadurch all-
mählich ein völliges Durcheinander herbeigeführt, so muß der Sachbearbeiter des Finanzamts den Eindruck eines hartnäckigen Steuersünders gewinnen. Der wohl typischste Fall dieser Art betrifft einen
Angehörigen der freien Berufe (15 Ms 117/55).

β) Falsche Bilanzierung

Die bisherigen Abschnitte betrafen einzelne Verstöße gegen formelle
oder materielle Vorschriften der Buchhaltung, die so erheblich sein
können, daß infolge dieser Verstöße den erklärten Besteuerungsgrundlagen nur geringe oder auch keine Beweiskraft zukam. Die Auffindung
dieser Einzelverstöße bietet in der Regel keine Schwierigkeit, wenn die
Beamten des Betriebsprüfungsdienstes oder der Steuerfahndung erst
einmal mit der Arbeit beginnen. Kompliziert ist der Sachverhalt dagegen, wenn die Verstöße so zahlreich sind, daß sich aus den vorgefun-
denen Unterlagen, vor allem den Jahresabschlüssen, aber auch aus der
Buchhaltung, auf der diese Abschlüsse beruhen, kein klares Bild über
die Besteuerungsgrundlagen gewinnen läßt.

Diese Sachlage war nur in einem Fall gegeben, 25 KMs 1/52. Erst das
Gutachten eines Wirtschaftsprüfers und jetzigen Professors der Wirt-
schafts- und Sozialwissenschaftlichen Fakultät der Universität zu Köln,
angefertigt im Auftrag der Staatsanwaltschaft, ermöglichte einen Überblick über die Verschleierungstaktik dieses Steuerpflichtigen. Das Gutachten umfaßt über 30 Seiten, wobei auch der Verdacht von Verstößen
gegen die Konkurs-Ordnung und das GmbH-Gesetz zu prüfen war. Da
das Schwergewicht der Vergehen in die Reichsmark-Zeit fällt, soll davon
abgesehen werden, den Fall hier wiederzugeben.

3. Abhilfevorschlag

Bei einem Blick in die nach Berufen der Täter unterteilte Aufstellung
(Anhang Nr. 2) fällt zunächst der hohe Anteil der Handwerker auf; die
Aufstellung über Pflichten, gegen die im Untersuchungszeitraum am
häufigsten verstoßen wurde (Anhang Nr. 3), vermittelt den überraschen-
den Eindruck, daß der Mehrzahl der Steuervergehen Verletzungen gegen Formvorschriften zugrunde liegen. Daraus ergibt sich die Frage, ob
es nicht möglich erscheint, durch geeignete Maßnahmen die hohe Zahl
der Handwerker als Täter von Steuervergehen zu vermindern.

In der Rechtsprechung der Kölner Gerichte ist stets betont worden,
daß es zu den selbstverständlichen Berufspflichten eines jeden gehöre,
der unter eigenem Risiko am allgemeinen Wirtschaftsleben teilnimmt,
daß er sich über die gesetzlichen Bestimmungen zu informieren habe, in

deren Rahmen sich seine berufliche Tätigkeit vollzieht. So selbstverständlich dieser Grundsatz auch erscheint, so wird man ihn hinsichtlich
der Handwerker und kleinen Bauunternehmer doch einschränken müssen: Sicher kennt jeder Handwerker die Bestimmungen technischer Art,
nach denen er sein Gewerbe auszuüben hat; seine Hauptaufgabe ist,
eine in handwerklicher Hinsicht gute Arbeit zu leisten. Daneben tritt
die Information über Berufsfragen nichttechnischer Art an Bedeutung
zurück, hierzu zählt leider auch die Vernachlässigung betriebswirtschaftlicher Ausbildung und, hierdurch bedingt, der ordnungsgemäßen Erfassung der Besteuerungsgrundlagen. Als Folge hiervon sehen sich viele
Handwerker plötzlich in ein Steuerstrafverfahren verwickelt, ohne recht
den Grund erkennen zu können.

Überlegungen, wie dieser mangelnden betriebswirtschaftlichen Schulung abzuhelfen ist, führen dazu, die stärkere Berücksichtigung der
Ausbildung wirtschaftlichen Denkens bei den angehenden Handwerks-
meistern zu fordern. Die Rücksprache mit den für den Ausbildungsplan
verantwortlichen Herren der Handwerkskammer Köln zeigte, daß man
dort bestrebt ist, hierauf stärkeres Gewicht zu legen als bisher. Zwar
ist der Ausgangspunkt für die Bestrebungen der Handwerkskammer
die oft genug unzureichende Erfassung der Kosten in handwerklichen
Betrieben und demzufolge eine unrichtige Kalkulation (vgl. 15 Ms
123/52 oben Seite 66 f.); das Kernproblem, nämlich die für eine erfolgreiche Berufstätigkeit notwendige Kenntnis grundlegender Fragen der
Buchführung, ist jedoch für die Kalkulation sowie für die Vermeidung
von Steuervergehen wegen Verletzung formeller und z. T. auch materieller Vorschriften das gleiche. Kein Entschuldigungsgrund kann freilich gelten, wenn das Wareneingangsbuch nicht ordnungsgemäß geführt
wird.

Diese Bestrebungen der Handwerkskammer sind daher sehr zu be-
grüßen und man kann ihnen nur nachhaltigen Erfolg wünschen. Die
Kräfte der Beharrung in der Handwerkerschaft selbst, die glauben, es
sei ihren Interessen durch zähes Festhalten an althergebrachten Mini-
malvorschriften über die Buchhaltung der einzelnen Handwerkszweige
am besten gedient, werden die angeführten Beispiele sicherlich zum
Anlaß nehmen, ihre bisherige Ablehnung jeder Ausdehnung der Schulung in betriebswirtschaftlichen Fragen und insbesondere in doppelter
Buchführung zu überprüfen.

Eine besondere Schwierigkeit besteht freilich darin, bereits selbständige Handwerker, die weder über Buchhaltungskenntnisse verfügen
noch sich bei einem Mitglied der steuerberatenden Berufe Rat holen
können, weil sie nicht in der Lage sind, das Honorar zu zahlen, davor
zu bewahren, durch Unkenntnis oder Nachlässigkeit in ein Steuerstrafverfahren verwickelt zu werden. Auch dieses Problem ist von der

Handwerkskammer Köln — im Bewußtsein oft unrichtiger Kalkulation infolge mangelhafter Buchhaltung vieler Handwerksbetriebe — erkannt und gelöst worden, indem der Handwerkskammer eine Buchführungsstelle angeschlossen wurde, die nach dem Kostendeckungsprinzip arbeitet. Es ist nunmehr Sache des einzelnen Handwerkers, von den ihm gebotenen Möglichkeiten Gebrauch zu machen.

Was diejenigen Täter angeht, in deren beruflicher Ausbildung die Schulung in kaufmännischen Fragen einen wesentlichen Teil ausmacht, so ist es gerechtfertigt, ihnen gegenüber einen strengeren Standpunkt hinsichtlich der Kenntnis von Pflichten einzunehmen, die im Interesse der Besteuerung auferlegt sind.

III. Analyse des Tatmotivs

Die Erörterungen zu diesem Abschnitt könnten sich darauf beschränken, den Leser auf die Spalte 8 der Gesamtübersicht „Höhe der hinterzogenen Steuern" zu verweisen; bei oberflächlicher Betrachtungsweise würde ein solcher Hinweis auf die Höhe vielleicht auch genügen. Da es sich jedoch bei der überwiegenden Mehrzahl der Täter um Unternehmer handelt, die auf eigenes Risiko am allgemeinen Wirtschaftleben teilnehmen, so zeigt die Akteneinsicht, daß die Höhe der hinterzogenen Steuern erst in zweiter Linie das Motiv für die von einem Unternehmer begangene Steuerhinterziehung bildet.

Nur bei dem Täterkreis der Arbeitnehmer (Lohnsteuerhinterziehung durch Urkundenfälschung) sowie bei den Schwarzhändlern stellt die Höhe des hinterzogenen Betrages zugleich auch den ausschließlich angestrebten Vorteil dar in Gestalt einer Bereicherung des Täters, ausgedrückt im Streben nach bloßem Geldbesitz. Dieser Täterkreis hat auch keine wirtschaftlich sinnvolle Verwendung für die hinterzogenen Steuern; deshalb wurde in diesen Fällen als Tatmotiv stets persönliche Bereicherung angenommen (vgl. Spalte 10 der Gesamtübersicht „Analyse des Tatmotivs"). Der hinterzogene Betrag wird vielmehr außerhalb des wirtschaftlichen Bereichs vertan, wie dies aus den Akten hervorgeht: „Der Angeklagte war häufiger Gast einer Spielbank"; oder: „Er lebte über seine Verhältnisse" (15 Ms 33/53); oder sogar: „Bei der Schätzung wurde bereits berücksichtigt, daß sich der Beschuldigte in Gestalt der Zeugin X eine sehr kostspielige Freundin neben seiner Familie leistete" (25 Ms 52/51). Hierhin gehört auch die Befriedigung des Geltungsbedürfnisses, wie sie darin zum Ausdruck kommt, wenn anläßlich einer Kirmes die Straße, in der ein Mann wohnt, der in erheblichem Umfang Steuern hinterzogen hatte, auf dessen Kosten festlich illuminiert wird und zahlreiche Nachbarn zu einem Festschmaus geladen werden (15 Ms 92/54; vgl. Kölner Stadtanzeiger vom 12. 3. 1955 Nr. 60).

Bei den Unternehmern liegt der Sachverhalt anders; die persönliche Bereicherung, das Streben nach bloßem Geldbesitz verschwindet hinter der Sorge für das Unternehmen. In diesem unternehmerischen Bereich selbst liegt das eigentliche Motiv des Täters. Daher lag es nahe, als Kriterium für die Analyse des Tatmotivs den vom Täter durch die Steuerhinterziehung im Bereich seines Unternehmens erstrebten Vorteil zu wählen. Für die Einstufung in die einzelnen Motivgruppen wurde als ausreichend angesehen, wenn der erstrebte Vorteil zunächst erreicht wurde, später aber infolge der Bestrafung wegen Steuerhinterziehung und der Verpflichtung zur Nachzahlung der hinterzogenen Beträge wieder verlorenging, jedoch während der Zeitspanne zwischen Begehung und Bestrafung für den Täter die Möglichkeit bestand, mit den geschuldeten Steuergeldern als zusätzlichem Eigenkapital zu arbeiten und für sich Vermögenswerte zu bilden. Demgegenüber sinkt die Höhe der hinterzogenen Steuern herab zu einer bloß rechnerischen Größe, die erforderlich ist, um den angestrebten und zunächst auch erlangten Vorteil für die gerichtliche Praxis greifbar zu machen; sie ist einer unter mehreren oft nur schwer zu ermittelnden Anhaltspunkten zur Beurteilung der wichtigsten, aber auch schwierigsten Frage nicht nur im gerichtlichen Steuerstrafverfahren: der Schuldfrage.

Die Akteneinsicht zeigt deutlich vier verschiedene Gruppen von Motiven, aus denen heraus Unternehmer Steuern hinterziehen: Den Aufbau und Ausbau einer selbständigen wirtschaftlichen Existenz durch den Täter, die erfolgreiche Überbrückung von Schwierigkeiten, die plötzlich im unternehmerischen Bereich aufgetreten sind sowie die erfolglosen Versuche zur Verlängerung der selbständigen wirtschaftlichen Existenz des Täters. Bei dieser Einteilung lassen sich die Gruppen nicht scharf voneinander trennen, sie können ineinander übergehen und sich überlagern.

Der Untersuchungszeitraum bringt es mit sich, daß, wenige Jahre nach der Währungsreform, die ersten beiden Motivgruppen Aufbau und Ausbau stark vertreten sind. Terstegen spricht geradezu von einer Welle der Wiederaufbau-Hinterziehungen[18]. Umgekehrt überrascht die große Zahl derjenigen, welche der Schwierigjeiten in ihrem Unternehmen nicht Herr zu werden vermochten, sei es, daß diese Schwierigkeiten plötzlich auftraten wie etwa der Konkurs eines großen Abnehmers, sei es, daß die Schwierigkeiten von Anfang an bestanden hatten wie etwa eine unzureichende Eigenkapitalbasis oder mangelnde Sachkunde.

---

[18] Terstegen, Besonderheiten der Steuerstraftaten und des Steuerstrafrechts, a. a. O., S. 217.

1. Aufbau und Ausbau einer selbständigen wirtschaftlichen Existenz des Täters

Während bei der ersten Motivgruppe die eigene Existenz erst noch geschaffen werden muß, ist Tatmotiv der zweiten Gruppe der Ausbau einer schon vorhandenen Existenz. Vor allem in der ersten Hälfte des Untersuchungszeitraums tritt dieses Motiv wegen des Kapitalmangels der Steuerpflichtigen deutlich hervor, die, etwa eben aus Kriegsgefangenschaft entlassen, den Betrieb wieder übernehmen, den sie vor der Einberufung zum Militär gegründet hatten und der in der Zwischenzeit von Angehörigen recht und schlecht über Wasser gehalten worden war. In dieser Zeit des allgemeinen Wiederaufbaus der Volkswirtschaft und eines darniederliegenden Kapitalmarkts entfielen die heute gegebenen Kreditmöglichkeiten fast gänzlich; da die Arbeits- und Geschäftsräume oft genug ebenso wie die Wohnräume zerstört waren und das notwendige Inventar fehlte, ergab sich ein erheblicher Kapitalbedarf, der auf normalem Wege nicht zu befriedigen war. Selbst wenn es gelang, ein Darlehen zu erhalten, so geschah dies unter Bedingungen, welche den ohnehin schon schmalen finanziellen Spielraum des Darlehnsempfängers noch weiter einengten. Deshalb kamen viele Unternehmer gerade in dieser betriebsindividuellen Entwicklungsphase den Pflichten, die ihnen im Interesse der Besteuerung nun einmal auferlegt sind, nur noch unvollkommen oder überhaupt nicht mehr nach. Hinzu tritt, vor allem bei Handwerkern, die oft zu beobachtende Scheu vor jeglichem Schriftverkehr.

Die Täter beider Motivgruppen können im allgemeinen die verhängte Steuerstrafe leicht tragen; die Steuerstrafe kann aber auch den Verlust der Existenz bedeuten, wenn die Phase des Auf- oder Ausbaus noch nicht abgeschlossen ist.

2. Erfolgreiche Überbrückung von Schwierigkeiten im Unternehmen des Täters

Besonderes Interesse verdient das Tatmotiv derjenigen Unternehmer, die Steuern hinterziehen, um plötzlich aufgetretene Schwierigkeiten in ihrem Unternehmen zu überbrücken. Diese Gruppe steht zwischen den beiden Polen des Auf- und Ausbaus auf der einen und den erfolglosen Versuchen zur Verlängerung der Existenz auf der anderen Seite. Bei diesen Schwierigkeiten kann es sich sowohl um solche allgemein wirtschaftlicher Art wie auch um spezielle Gegebenheiten des einzelnen Betriebes handeln. Zu jenen zählen Ereignisse, die auch auf die Entscheidungen aller übrigen Unternehmer einwirken, wie etwa die Währungsreform oder die Koreakrise, zu diesen gehören Schwierigkeiten, wie sie sich aus der jeweiligen Situation des einzelnen Betriebes ergeben.

3. Versuch, die selbständige Existenz zu verlängern

Bei dieser letzten Gruppe endlich ist das deutlich feststellbare Tatmotiv der Steuerhinterziehung das Bestreben, mit allen Mitteln zu versuchen, die einmal errungene wirtschaftliche Selbständigkeit zu erhalten. Die Hinterziehung von Steuern ist lediglich eines dieser Mittel;
ihr gegenüber treten naturgemäß in einem Steuerstrafverfahren die anderen Mittel zurück, z. B. die Nichtabführung des Arbeitnehmeranteils
an der Krankenversicherung an die Ortskrankenkasse (15 Ms 229/57).
Solche verzweifelten Mittel sind gelegentlich, wenn auch selten, fest-
stellbar.

In diese Motivgruppe wurden solche Unternehmer eingestuft, bei denen aus der Rückschau der Versuch, durch Steuerhinterziehung ihre
selbständige Existenz aufrechtzuerhalten, erfolglos bleiben mußte. Andererseits läßt gerade die trügerische Hoffnung auf eine Besserung der
Lage, die zu einem so zähen Festhalten an der einmal gewonnenen
Selbständigkeit führt, erkennen, daß der immaterielle Vorteil der
Selbständigkeit dem materiellen Vorteil, der Erzielung von Gewinn
aus selbständiger Tätigkeit, mindestens gleich hoch geachtet wird, diesen aber wahrscheinlich an Bedeutung und Gewicht noch übertrifft. Dabei scheidet natürlich ein Verhalten aus, das zum betrügerischen Konkurs führt.   .

Das erste Krisenzeichen ist in der Regel eine starke Anspannung der
Liquidität. Der Unternehmer ist bestrebt, nur noch solche Verpflichtun-
gen zu erfüllen, die ihm unumgänglich notwendig erscheinen; dazu gehört aber — nach Meinung manches Unternehmers in dieser Lage —
nicht die ordnungsgemäße Erfüllung der im Interesse der Besteuerung
auferlegten Pflichten, insbesondere nicht die Pflicht zur Abführung der
einbehaltenen Lohnsteuerbeträge sowie die Abgabe der Voranmeldungen für die Umsatzsteuer und die Zahlung dieser Steuer an die
Finanzkasse.

In Anbetracht der Tatsache, daß empirische Untersuchungen über
die Steuerhinterziehung noch gänzlich fehlen, ist es nicht verwunderlich, daß es zu den hier aufgeworfenen Problemen keine Literatur gibt.
Was die Tatmotive angeht, so deckt sich zwar die hier vorgeschlagene
Analyse weitgehend mit der Einteilung nach dem Verwendungszweck
der hinterzogenen Steuern von Terstegen[19], ohne doch von ihr abhängig zu sein.

Was die Einteilung Terstegens nach dem Tätertyp angeht, so ist
diese in der Analyse des Tatmotivs bereits insoweit enthalten, als ersichtlich und auch durch den Untersuchungszeitraum bedingt ist, daß es sich

---

[19] Steuerstrafrecht in soziolog. Sicht, a. a. O., S. 27.

fast ausschließlich um Täter mit zu wenig Geld handelt[20], die deswegen schon die Unkosten-Steuern (z. B. Umsatz- und Lohnsteuer) nicht
abführen können. Um „Pioniere des Bösen" im Sinne von Schöllgen[21]
handelte es sich nur in seltenen Ausnahmefällen (z. B. 25 Ms 5/52; 15 Ms
13/52; 15 Ms 3/53).

Dabei wird der Begriff eines Pioniers des Bösen wie folgt bestimmt:
Wer den Mehranfall an Einkünften planmäßig durch Steuerhinterziehung herbeiführt oder steigert[22].

Täter, die Steuern hinterzogen, weil sie plötzlich sehr viel mehr
Geld verdienten als früher, sind nur bei einer ganz bestimmten Gruppe
der Nach-Währungsreform-Schwarzhändler festgestellt worden: Nämlich bei den Schrotthändlern während der Koreakrise[23]. Gerade diese
waren aber auch am wenigsten in der Lage, die plötzlichen Mehrver-
dienste wirtschaftlich sinnvoll zu verwerten.

Wenn zu diesem Abschnitt keine Beispiele gebracht werden, so deshalb, weil die Analyse des Tatmotivs, wie sie aus der gleichnamigen
Spalte Nr. 10 der Gesamtübersicht hervorgeht, durch die dort angeführten Begriffe „Aufbau, Ausbau, erfolgreiche Überbrückung und
Verlängerung" erschöpfend umschrieben werden kann; hinzutreten als
außerwirtschaftliche Tatmotive „persönliche Bereicherung, Bereicherung Dritter und Befriedigung des Geltungsbedürfnisses". Demgegenüber ist eine verständliche Darstellung in den Abschnitten über die Begehungsart der Hinterziehung und die Wirkung der Steuerstrafe ohne
Anführung von Beispielen nicht möglich; auch sollen die dort angeführten Beispiele im Zusammenhang wiedergegeben werden.

IV. Die Wirkung der Steuerstrafe

1. Allgemein

a) Das Material

Bevor mit diesem so wichtigen Abschnitt begonnen werden kann,
schuldet der Verfasser Rechenschaft darüber, auf welches Material sich
die Untersuchung über die Wirkung der Steuerstrafe stützt. Da sind zunächst die Gnadenhefte der einzelnen Aktenstücke zu nennen, in welchen die Schriftsätze gesammelt vorliegen, die von den Anwälten eingereicht wurden zur Begründung eines für ihren Mandanten erbetenen

---

[20] Terstegen, Steuerstrafrecht in soz. Sicht, a. a. O., S. 26.
[21] Schöllgen, Werner, Grenzmoral, Düsseldorf 1946, S. 59.
[22] Schöllgen, a. a. O., S. 59; vgl. auch Terstegen, Besonderheiten der Steuerstraftaten und des Steuerstrafrechts, a. a. O., S. 225.
[23] Terstegen, Besonderheiten der Steuerstraftaten und des Steuerstrafrechts, a. a. O., S. 223.

Gnadenerweises. Diese Schreiben ermöglichen wertvolle Einblicke in die wirtschaftlichen Verhältnisse der Täter vor Beginn und nach Abschluß des gerichtlichen Steuerstrafverfahrens.

Leider sind Gnadenhefte mit einem umfangreichen Schriftwechsel zwischen Verteidigung und Staatsanwaltschaft selten, weil nur in wenigen, freilich gerade den schweren Fällen die Gründe und Gegengründe so zahlreich sind, daß die sich auf Beantragung und Gewährung bzw. Ablehnung eines Gnadenerweises erstreckende Korrespondenz in einem gesonderten Heft dem Aktenstück beigefügt werden muß. Bei der Auswertung war sich der Verfasser durchaus der Tatsache bewußt, daß bei der Begründung eines Gnadenantrages die Lage des Verurteilten oft schlechter dargestellt wird, als sie es in Wirklichkeit ist. Aber für die Einordnung eines Falles in einen bestimmten Wirkungsgrad sind immer nur wenige Daten entscheidend, die auch in einem Gnadenantrag nur lakonisch mitgeteilt werden können und an denen sich nichts beschönigen läßt, wie etwa: Mein Mandant eröffnete seinen Handwerksbetrieb, ohne über die erforderliche Ausstattung an Barkapital und Geräten zu verfügen (25 Ms 58/55): auf Grund des geschilderten Sachverhalts hat mein Mandant inzwischen die Eröffnung des Konkurs- oder des Vergleichsverfahrens beantragt.

In der überwiegenden Zahl der Fälle ohne besonderes Gnadenheft konnte trotzdem die Wirkung der verhängten Strafe einwandfrei festgestellt werden auf Grund der Anträge, mit denen die Verurteilten um Bewilligung von Ratenzahlungen bitten. Oft genug wird die in der Regel gewährte Ratenzahlung nicht eingehalten, eine Tatsache, die die Staatsanwaltschaft als dasjenige Organ, welches über die Vollstreckung der Strafe zu wachen hat, zur Anforderung eines Berichts der Ordnungspolizei über die persönlichen und wirtschaftlichen Verhältnisse des Verurteilten veranlaßt. Gerade diese Polizeiberichte bilden eine wertvolle und zuverlässige Quelle, weil sie aus unmittelbarer Anschauung entstanden sind und daher den besonderen Vorzug größerer Lebensnähe aufweisen.

An letzter Stelle sind Eingaben und Briefe zu nennen, welche der Verurteilte selbst oder seine Angehörigen an die Staatsanwaltschaft gerichtet haben. Auch diese oft genug in fehlerhaftem Deutsch abgefaßten Briefe bieten wertvolle Anhaltspunkte.

Diese drei Arten von Primärmaterial — Gnadenhefte, Polizeiberichte und Eingaben des Verurteilten — sind es, auf denen dieser Abschnitt über die Wirkung der Steuerstrafe beruht, zusammen mit dem Gesamteindruck der Akteneinsicht. Die angegebenen Quellen ermöglichten es in jedem durch Urteil abgeschlossenen Fall, die Wirkung der Strafe auf den Täter zu ermitteln, die zusammentrifft mit der Verpflichtung, die hinterzogenen Steuern nachzuzahlen.

b) Das Kriterium

Ferner schuldet der Verfasser Auskunft, an welchem Kriterium er die Wirkung der Steuerstrafe bestimmt hat. Da es sich bei den Verurteilten in ihrer überwiegenden Mehrzahl um Unternehmer handelt, lag es auf der Hand, als Kriterium die Wirkung der Strafe auf die selbständige wirtschaftliche Existenz des Täters zu wählen als denjenigen Bereich, für welchen der Täter durch die Hinterziehung von Steuern einen Vorteil erstrebt hatte. Als Maßstab zur Bestimmung der Stärke, mit welcher die Steuerstrafe die Existenz eines Unternehmers einengt, kann bei allen in dieser Arbeit unterschiedenen Wirkungen die Beeinflussung der Liquidität angesehen werden.

Was dagegen die Wirkung der Steuerstrafe auf Arbeitnehmer angeht, so kann bei diesem Täterkreis als Kriterium naturgemäß nicht der Einfluß der Strafe auf die selbständige Existenz gewählt werden; vielmehr wurde die Wirkung daran festgestellt, ob dem Arbeitnehmer nach der Bestrafung wegen Steuerhinterziehung ein Verbleiben auf seinem Arbeitsplatz möglich war oder nicht.

Für die Gruppe der Arbeiter kann gesagt werden, daß die Steuerstrafe im allgemeinen keinen nachteiligen Einfluß auf das Arbeitsverhältnis hat (aber vgl. auch 15 Ms 41/51). Andererseits ist die Wirkung der Steuerstrafe auf das Arbeitsverhältnis von Angestellten sehr hart: Der Gehilfe eines Wirtschaftstreuhänders, der weniger Steuern an die Finanzkasse abführte, als er von den Mandanten seines Arbeitgebers einzog, wurde entlassen und ist nach Verbüßung der Gefängnisstrafe Hilfsarbeiter in einer Fabrik (25 Ms 183/50). Der Bankangestellte, der auf der Lohnsteuerkarte einer Bekannten einen in Wirklichkeit nicht vorgenommenen Steuerabzug in Höhe von DM 48,— eintrug, erscheint im Berufungsverfahren als Verwaltungsangestellter. Wenn auch der Stellungswechsel nicht ausschließlich auf die in erster Instanz ausgesprochene Verurteilung wegen Urkundenfälschung und versuchter Steuerhinterziehung zurückzuführen sein mag — erst in zweiter Instanz wurde das Verfahren wegen Geringfügigkeit eingestellt —, so ist er doch auffällig.

2. Die Wirkung der Steuerstrafe bei Verfahren, die durch Urteil abgeschlossen wurden

a) Keine Wirkung der Steuerstrafe
auf die selbständige wirtschaftliche Existenz des Täters

In diesen Wirkungsgrad gehören zunächst die zwei Freisprüche (25 Ms 197/50, 15 Ms 23/53). Ferner wurden hier solche Täter eingeordnet, deren Akten mit dem Urteil abgeschlossen sind und bei denen schon

aus ihrem bis zum Urteil aktenkundigen Geschäftsgang eine gute Liquidität ersichtlich ist, so daß sowohl die Zahlung der hinterzogenen
Steuern als auch die Zahlung der Steuerstrafe ohne nachteilige Wirkung für den Betrieb erfolgen können. Das gleiche gilt, wenn bei dem
angegebenen Umsatz in Höhe von DM 300 000—400 000 die Zahlung der
verkürzten Steuern durch das Unternehmen anstandslos erfolgt, für
die Zahlung der gegen den Geschäftsführer festgesetzten Geldstrafe jedoch die Bewilligung von Raten beantragt wird, die erst nach Aufforderung zum Antritt der Ersatzfreiheitsstrafe pünktlich gezahlt werden.
Hier scheint die anfängliche Nichtzahlung der Raten mehr auf einem
Nicht-Wollen als auf einem Nicht-Können zu beruhen (25 Ms 4/53). In
einem anderen Fall beantragte der Verurteilte ebenfalls Ratenzahlung
für eine Strafe nach § 402 AO in Höhe von DM 250,—, die jedoch nicht
eingehalten wird, weil, wie der auf Veranlassung der Gerichtskasse er-
scheinende Gerichtsvollzieher vermerkt, „der Schuldner z. Z. mit seiner
Familie auf der Insel Wangeroog in Urlaub ist" (15 Ms 16/56, vgl.
oben Seite 59).

Das Musterbeispiel ist der Fall eines Pferdemetzgers (15 Ms 53/59)
mit sprunghaft steigenden Umsätzen. Der Umsatz betrug

     1956 DM 300 000
     1959 DM 500 000.

Dabei handelt es sich nicht etwa um einen Pionier des Bösen, welcher
die durch Steuerhinterziehung erlangten Mittel dem Ausbau seines Betriebes zuführt, die eigene Marktposition verstärkt und den so gewonnen Vorsprung durch Gesetzesbruch zur Preisunterbietung, also einer
Verfälschung der von ihm angebotenen Leistung und damit zu einer
unlauteren Handlung im Sinne des § 1 des Gesetzes gegen den unlauteren Wettbewerb benutzt. Vielmehr hatte dieser Täter die hinterzogene Steuer in Höhe von DM 4100 persönlich verbraucht; als Tatmotiv gab er an, er habe zur Bestreitung seiner persönlichen Neigun-
gen, wie z. B. Angeln, über ein Taschengeld verfügen wollen, von dem
seine Ehefrau nichts wissen sollte.

b) Schwache Wirkung der Steuerstrafe
auf die selbständige wirtschaftliche Existenz des Täters

Während im vorhergehenden Abschnitt die finanzielle Bewegungs-
freiheit des Unternehmers keine Einbuße erlitt, so ist die Wirkung der
Steuerstrafe auf die Liquidität hier bereits spürbar. In diesem Teil der
Untersuchung über die Wirkung der Strafe müssen wir nun erstmals
eine Unterscheidung treffen, die uns in einem sich ständig steigernden
Maß durch die folgenden Abschnitte begleiten wird: Wir müssen nämlich unterscheiden, ob die wirtschaftliche Existenz des Täters erst in-

folge der Steuerstrafe beeinträchtigt wird oder ob sie es schon vorher war. Anders ausgedrückt lautet die Frage: Ist die angespannte Liquidität die Ursache der Steuerhinterziehung oder ist die Steuerstrafe mit der Verpflichtung zur Nachzahlung der hinterzogenen Steuern die Ursache für die angespannte Liquidität?

Hier kann festgestellt werden, daß in der Mehrzahl der Fälle nicht nur dieses Wirkungsgrades die Existenz der selbständigen Täter, bedingt durch die Schwierigkeiten des Wiederaufbaus, finanziell schon bedrängt war, bevor der einzelne auf den scheinbar rettenden Ausweg verfiel, Steuern zu hinterziehen.

Die verminderte Liquidität als Ursache der Steuerhinterziehung in der Aufbauphase kommt z. B. darin zum Ausdruck, daß die Lohnsteuer für nur einen Arbeiter zweieinhalb Jahre hindurch weder angemeldet noch abgeführt wird (25 Ms 100/52) oder die Hausbank den Verrechnungscheck über DM 600,—, mit welchem die Steuerstrafe bezahlt werden soll, nicht einlöst und infolgedessen eine Pfändung in doppelter Höhe der Geldstrafe vorgenommen wird (15 Ms 80/52) oder die verhängte Geldstrafe in kleinen Raten oft mehrere Jahre hindurch abgetragen wird.

Der umgekehrte Fall, daß nämlich die Steuerstrafe die Ursache für die Liquiditätsanspannung bildet, tritt demgegenüber an Bedeutung stark zurück; nur in zwei Fällen ist dies nachweisbar. Im ersten Fall (15 Ms 26/59) hatte der Steuerpflichtige auf den Hinweis seines Steuerberaters angenommen, die von ihm begangenen Steuervergehen würden nach den Bestimmungen des Straffreiheitsgesetzes vom 17. Juli 1954 beurteilt; das Gericht nahm jedoch einen anderen Standpunkt ein. Der zweite Fall (25 Ms 5/52) verdient ganz besonderes Interesse, weil nur in diesem eine Begehungsart festzustellen ist, welche den Täter als Intelligenzverbrecher charakterisiert und in dem ferner eine weitergehende Wirkung anzunehmen ist, die geeignet war, die Wettbewerbsbedingungen zu verändern. Trotzdem darf man gerade hier die Zeitbezogenheit der Tat nicht übersehen: Hätte der Täter seinen Fabrikneubau durch Inanspruchnahme des Kapitalmarktes finanziert, so gäbe sein Verhalten zu keiner Beanstandung Anlaß; als kleiner Unternehmer hätte er aber den Kapitalmarkt kaum in Anspruch nehmen können, auch wenn dieser damals schon funktionsfähig gewesen wäre.

25 Ms 5/52: Der Inhaber I einer 1913 gegründeten Metallwarenfabrik entschloß sich 1947, den Betrieb aus den in X gemieteten Räumen nach Y zu verlegen, wo auf einem ihm gehörenden Grundstück ein Fabrikneubau errichtet werden sollte. Die Bauarbeiten begannen Ende 1949. Die Mittel hierzu beschaffte sich I auf folgende Weise: Die Geschäftsbeziehung mit einem der Hauptabnehmer seiner Erzeugnisse war seit der Währungsreform buchmäßig nicht mehr erfaßt worden. Die Einnahmen hieraus zahlte I auf ein Sparkonto ein, das auf einen fingierten Namen bei der Sparkasse in

Z errichtet wurde; das Sparbuch hinterlegte I bei der gleichen Sparkasse in einem eigens hierfür gemieteten Stahlfach. Auf dieses Sparkonto zahlte I 1949 DM 160 000 und 1950 DM 57 800 bar ein und finanzierte mit diesen Mitteln den Neubau seiner Fabrik. Der Tatbestand wurde durch die Steuerfahndung aufgedeckt Anfang 1951, nachdem eine Betriebsprüfung im September 1950 ergeben hatte, daß die Buchhaltung des I sachliche Mängel aufwies. Am Tage der Beschlagnahme, dem 22. 1. 1951, wies das Sparkonto noch einen Bestand von DM 50 000,— aus.

Hinterzogen wurden insgesamt DM 77 300,—, hierzu traten Säumnis- und Strafzuschläge in Höhe von DM 68 700,—. I beschäftigte 25 Arbeiterinnen. Aus den Akten geht hervor, daß die hinterzogenen Steuern und die Zuschläge in Höhe von insgesamt DM 146 000,— gezahlt wurden, nicht dagegen die Steuerstrafe in Höhe von DM 12 000,—. Vielmehr war die Liquidität inzwischen so angespannt, daß I nur DM 500,— an die Gerichtskasse zahlte und es für den Rest vorzog, die Ersatzfreiheitsstrafe von 23 Tagen — ein Tag Gefängnis für je DM 500,— — zu verbüßen. Als Strafmilderungsgrund hatte das Gericht angesehen, daß er die hinterzogenen Beträge für den Fabrikneubau und nicht für einen aufwendigen Lebenswandel verwandt hatte. — Mit der Verbesserung der Möglichkeiten zur Fremdfinanzierung infolge der zunehmenden Funktionsfähigkeit des Kapitalmarktes änderte sich die Einstellung der Gerichte im Laufe des Untersuchungszeitraums gerade in diesem Punkt.

c) Starke und sehr starke Wirkung der Steuerstrafe auf die selbständige wirtschaftliche Existenz des Täters

Bisher war es den Verurteilten möglich, ihren Betrieb trotz der verhängten Strafe ohne große Schwierigkeiten fortzuführen. Dieses Bild ändert sich jedoch, denn die in diesem Abschnitt erfaßten Verurteilten haben zum Teil erheblich zu kämpfen, um trotz der Belastung durch die Zahlung von Steuerschuld und Steuerstrafe ihre selbständige wirtschaftliche Existenz aufrechterhalten zu können. Da die Angaben in den Akten es ermöglichen, die Wirkung genau zu ermitteln, erwies es sich bei der Auswertung als zweckmäßig, innerhalb dieses Abschnittes eine Unterteilung in die Wirkungsgrade „stark und sehr stark" vorzunehmen.

Als stark wird die Wirkung dann bezeichnet, wenn der Täter die ihm bewilligten Ratenzahlungen nicht einhält und erst nach Erlaß eines Haftbefehls die Zahlung wieder aufnimmt, seine Existenzbedingungen im übrigen aber gleichbleiben.

25 Ms 92/54, starke Wirkung: Der Schrotthändler S hatte vom zweiten Halbjahr 1948 an bis 1951 DM 35 200,— hinterzogen; er führte entweder überhaupt keine Bücher oder er tat dies nur unvollständig. Mit Hilfe von Kontoauszügen bei den Abnehmern des S ermittelte der Prüfer folgende Umsätze (in DM):

II/48	1949	1950	1951
103 850	89 272	154 563	602 590

Auf Grund dieser Zahlen, von denen er nur Bruchteile in seinen Umsatzsteuererklärungen angegeben hatte, war S möglicherweise damals der größte Schrotthändler in K. Aus Anlaß einer Kirmes ließ S die Straße, in der er wohnte, festlich illuminieren und lud zahlreiche Nachbarn zum Festschmaus ein. Das Gericht verhängte eine Gefängnisstrafe von sechs Monaten ohne Bewährung (drei Monate wegen fortgesetzter Hinterziehung der Einkommen- und Gewerbesteuer, fünf Monate wegen fortgesetzter Hinterziehung der Umsatzsteuer, aus beiden Strafen wurde nach § 74 Abs. I StGB eine Gesamtstrafe von sechs Monaten gebildet). Der Betrieb des S wurde auf den Namen seiner Ehefrau umgeschrieben, als deren Angestellter er nach der Strafverbüßung tätig ist.

In der Kategorie „sehr stark" wurden diejenigen Verurteilten eingeordnet, denen die Fortführung ihres Betriebes nur unter wesentlich ungünstigeren Bedingungen und in kleinerem Rahmen möglich ist. Über beide Wirkungsgrade hinausgehend läßt sich schließlich noch eine Fernwirkung der Steuerstrafe feststellen in solchen Fällen, in denen eine Strafe für eine Hinterziehung ausgesprochen wurde, die während der selbständigen, inzwischen aber eingestellten Tätigkeit des Verurteilten begangen wurde und deren Zahlung dem wirtschaftlich jetzt unselbständigen Verurteilten nur unter großen Schwierigkeiten und mitunter erheblicher Beeinträchtigung seiner persönlichen Lebensverhältnisse möglich ist.

Wenn ein im gerichtlichen Steuerstrafverfahren Verurteilter die gegen ihn verhängte Geldstrafe trotz bewilligter Raten und trotz im Urteil festgesetzter Ersatzfreiheitsstrafe nicht zahlt, so beruht dieses Verhalten nicht auf einer Mißachtung staatlicher Autorität, sondern auf erheblichen wirtschaftlichen Schwierigkeiten. Freilich gilt hier wieder, was schon früher betont worden ist:

Oft genug war die bedrängte wirtschaftliche Lage bereits vorhanden, bevor der Täter den Entschluß zur Steuerhinterziehung faßte. Da außer der Geldstrafe die hinterzogenen Steuern nachzuzahlen sind, so muß in diesen Fällen die Steuerstrafe eine starke Wirkung haben, unabhängig von ihrer absoluten Höhe. Zum Beweis dieser starken Wirkung auch einer verhängten Geldstrafe braucht nur darauf hingewiesen zu werden, daß in einigen Fällen der Antrag auf gerichtliche Entscheidung ausdrücklich darauf beschränkt wurde, das Strafmaß der im Strafbescheid des Finanzamtes festgesetzten Geldstrafe zu ermäßigen (15 Ms 19/51). Das gleiche gilt für die Einlegung der Berufung gegen ein Urteil des Amtsgerichts unter gleichzeitiger Beschränkung der Berufung auf das Strafmaß. Dieses Bemühen der Täter um Herabsetzung der Strafe hatte in der Regel Erfolg (25 Ms 94/50, 25 Ms 137/52; vgl. aber auch 25 Ms 101/52).

15 Ms 19/51, starke Wirkung: Das Finanzamt hatte gegen den Glas- und Porzellanwareneinzelhändler G wegen fortdauernder Steuergefährdung von 1946 bis 1949, herbeigeführt durch unrichtige Angaben in den Steuererklä-

rungen, die wiederum auf formellen und materiellen Mängeln der Buchhaltung des G beruhten, eine Geldstrafe von DM 1000,— festgesetzt. Die Schwierigkeiten des G waren entstanden, weil er unmittelbar nach der Währungsreform seine Bestände in großem Umfang mit zweitklassiger Ware aufgefüllt hatte, die sich schon bald als unverkäuflich erwies. An dieser Fehldisposition, die aber in Anbetracht der damaligen Ungewißheit über die zukünftige Entwicklung entschuldbar ist, krankte das Geschäft des G Jahre hindurch. Die Steuergefährdung nach der Währungsreform sollte der Überwindung der Liquiditätsanspannung dienen, die infolge dieser Fehldisposition eingetreten war. G stellte Antrag auf gerichtliche Entscheidung und beschränkte zugleich seinen Antrag auf das Strafmaß. Das Gericht berücksichtigte die Schwierigkeiten des G und seinen mit DM 3300,— bis DM 3500,— als gering bezeichneten monatlichen Umsatz und sprach eine Geldstrafe von DM 500,— aus. Nach zwei Raten von je DM 150,— stellte G die Ratenzahlungen ein. Der Gerichtsvollzieher ermittelte, daß die pfändbaren Gegenstände des Privatvermögens und das Warenlager bereits für Steuerforderungen des Finanzamts gepfändet sind, und nimmt Anschlußpfändung vor.

Der starke Wirkungsgrad zeigt sich besonders deutlich, wenn der Verurteilte zunächst die Eröffnung des Konkursverfahrens beantragt hatte, das mit einem Zwangsvergleich enden soll: Hier kann bereits eine Steuerstrafe in Höhe von DM 500,— zu einer Gefährdung dieser Bemühungen führen, die Existenz des Täters durch entsprechende Vereinbarungen mit den privaten Gläubigern zu retten (15 Ms 1/51).

Als sehr stark ist die Wirkung der Strafe zu bezeichnen, wenn der Verurteilte gezwungen ist, sein Geschäftsgrundstück zu verkaufen, um Steuerschuld und Steuerstrafe zahlen zu können (15 Ms 76/55). In derartigen Fällen ist die Fortsetzung der selbständigen Tätigkeit nur unter wesentlich erschwerten Bedingungen möglich, die einem Neuaufbau der Existenz gleichkommen können (25 Ms 34/54 in Verbindung mit 25 Ms 76/55).

15 Ms 76/55, sehr starke Wirkung: In einem gemieteten Laden betrieb der Metzger M in einer Kleinstadt sein Geschäft. Die Lage war gut, und solange die Konkurrenz fehlte, entwickelte sich der Umsatz stetig aufwärts. Daraufhin beschloß M 1950, ein eigenes Wohn- und Geschäftshaus zu bauen. Wegen unvorhergesehener Schwierigkeiten — Sprengungen im felsigen Untergrund — wird der Hausbau um DM 20 000,— teurer als geplant; die Lage dieses Neubaus ist weniger günstig als die des früher gemieteten Ladens. Die Finanzierung erfolgte durch mehrere Hypotheken, für diese haften auch die Geräte der Metzgerei; die gelieferte Ware steht unter Eigentumsvorbehalt. Während der Bauzeit wurden die Tageseinnahmen nicht aufgezeichnet, eine Registrierkasse fehlte. Die festgestellten Mängel führten zur Verwerfung der Buchhaltung mangels Beweiskraft durch den Betriebsprüfer. Am Tage der Hauptverhandlung bestanden DM 30 000,— Steuerrückstände und DM 14 600,— Säumnis- und Strafzuschläge. Die letzteren wurden gestrichen, zur Deckung der Steuerschuld muß 1956 das Haus verkauft werden; von insgesamt fünf Monaten Gefängnisstrafe verbüßte M drei Monate. In gemieteten Räumen wird der Betrieb weitergeführt.

Zu Beginn dieses Abschnitts wurde ausgeführt, daß in einigen Fällen die Strafe für eine Steuerhinterziehung verhängt wurde, die begangen worden ist zu einer Zeit, in welcher der Täter selbständig war. Inzwischen ging jedoch seine wirtschaftliche Unabhängigkeit verloren aus Gründen, die aus den Akten nicht immer zu ersehen sind.

25 Ms 34/54 in Verbindung mit 25 Ms 76/55, sehr starke Wirkung: Der Schreinermeister S, der, wie aus einer späteren Eingabe seines Vaters hervorgeht, „stur und gleichgültig aus der Kriegsgefangenschaft" zurückkehrte und seinen von Vater und Ehefrau aufrechterhaltenen Betrieb durch Neubau eines Wohn- und Geschäftshauses sowie Neuausstattung der Werkstatt auf- und ausbaute, war schon in den Jahren 1950 und 1951 vom Finanzamt bestraft worden. Am 18. 3. 1954 und am 1. 12. 1955 steht er in zwei verschiedenen Verfahren wegen Hinterziehung von insgesamt etwa DM 4000,— vor Gericht. Die Schuldenlast für den Aufbau von Haus und Werkstatt sowie die Anschaffung von Maschinen beträgt DM 36 000,—. S gab weder Steuererklärungen ab noch zahlte er Steuern, beides erfolgte nach eigenem Eingeständnis, um Zeit zu gewinnen. In dem ersten Verfahren 1954 beantragte der Vertreter des Finanzamts als Nebenkläger fünf Monate Gefängnis, der Staatsanwalt drei Monate und eine Woche. In Anbetracht der geschilderten Einstellung des S hatte das Finanzamt dieses kleinen Ortes die Ansicht geäußert, die Vernichtung eines Handwerksbetriebes sei nicht so schwerwiegend, andere Handwerker würden die Aufträge ausführen und hiervon die Steuern zahlen, zu deren Entrichtung S nicht bereit gewesen sei. Das Urteil lautete, gemäß dem Antrag der Staatsanwaltschaft, auf drei Monate und eine Woche Gefängnis mit Bewährung. Innerhalb der Bewährungsfrist wurde S rückfällig; in dem zweiten Gerichtsverfahren lauteten die Strafanträge des Nebenklägers und des Staatsanwalts übereinstimmend auf drei Monate und eine Woche, das Gericht verhängte eine Gefängnisstrafe von vier Monaten. Hierbei wurde der Rückfall während der Laufzeit der Bewährung strafschärfend berücksichtigt. Von der Gesamtgefängnisstrafe von sieben Monaten und einer Woche verbüßte S drei Monate und eine Woche, währenddessen liefen Gesellen und Lehrlinge fort. Die Kreishandwerkerschaft wandte sich an die Oberfinanzdirektion, die daraufhin die Aussetzung der Restgefängnisstrafe zur Bewährung befürwortete. Nach der Haftentlassung am 10. 4. 1956 bemühte sich S um Aufträge und im Mai lief der Betrieb wieder an mit einem Lehrling. Vor Haftantritt war die Steuerschuld in voller Höhe gezahlt worden. Weil S nach Verbüßung der Freiheitsstrafe wieder seinem erlernten Beruf nachgeht, wurde hier als Wirkungsgrad nicht „Verlust-Ursache" angenommen.

15 Ms 41/52, sehr starke Wirkung: Der Spediteur R wurde wegen Hinterziehung von Beförderungssteuer für einen früheren Zeitraum am 11. 10. 1951 vom Finanzamt zu einer Geldstrafe von DM 400,— verurteilt. Vom 1. 4. 1951 bis 31. 12. 1951 hinterzog R erneut die Beförderungssteuer in Höhe von DM 2600,—, hierfür verhängte das Gericht eine Geldstrafe von DM 500,— ersatzweise 50 Tage Gefängnis. Die vom Finanzamt verhängte Geldstrafe ist bei Urteilsverkündung am 14. 5. 1952 noch nicht gezahlt. Der Gerichtsvollzieher fand keine pfändbaren Gegenstände vor, weil der einzige, unter Eigentumsvorbehalt gelieferte Lastwagen des R, nach einem Unfall repariert werden mußte und bereits drei Monate in der Reparaturwerkstatt stand. Da R die bewilligten Raten von DM 50,— monatlich nicht einhielt, erging am 29. 10. 1952 der erste Haftbefehl zur Vollstreckung der Ersatzfreiheitsstrafe; daraufhin zahlte R. Am 6. 3. 1953 wurde erneut Haftbefehl erlassen wegen der restlichen Geldstrafe in Höhe von DM 200,—;

nach Zahlung dieses Betrages wurde der Haftbefehl zurückgezogen. Wegen der Gerichtskosten in Höhe von DM 50,— mußte R erneut gemahnt werden. Sein monatliches Reineinkommen betrug Ende März 1953 zwischen DM 250,— und 300,—.

Oft handelt es sich um Schwarzhändler, die nicht begreifen konnten, daß mit dem Tag der Währungsreform eine neue wirtschaftspolitische Epoche begonnen hatte. Da aber dieser Täterkreis mit der Zeit, die ihn hervorbrachte, verschwand, erübrigt es sich, näher auf ihn einzugehen.

Unser Interesse verdienen vielmehr diejenigen, die sich unter oft schwierigen Verhältnissen an den Aufbau einer selbständigen Existenz machten oder die versuchten, den aufgetretenen Schwierigkeiten zum Trotz sich zu halten. Gerade diese Personen werden von der Steuerstrafe besonders hart getroffen, weil es ihnen nicht immer gelingt, im Falle des Verlustes ihrer Selbständigkeit in dem erlernten Beruf einen Arbeitsplatz zu finden, und sie wegen der drohenden Vollstreckung der stets verhängten Ersatzfreiheitsstrafe doch gezwungen sind, in oft sehr kleinen Teilbeträgen die gerichtliche Strafe zugleich mit der Steuerschuld abzuzahlen, soweit diese nicht niedergeschlagen wird. Niederschlagungen sind jedoch nur selten aus den Akten ersichtlich.

25 Ms 137/52, starke Wirkung: Der Reiseunternehmer U hatte vor dem Kriege gemeinschaftlich mit seinem Bruder ein Reisebüro betrieben, die Brüder wurden aus rassischen Gründen verfolgt. Derjenige der beiden Brüder, welcher die kaufmännische Leitung gehabt hatte, kehrte nicht aus dem Konzentrationslager zurück. Nach Kriegsende eröffnete U, der sich früher den technischen Belangen des Betriebes gewidmet hatte, das Reisebüro von neuem. Er vertraute unzuverlässigen Buchhaltern und angeblich qualifizierten Steuerberatern, deren Arbeit U nicht kontrollieren konnte. Die am 9. 9. 1952 erhobene Anklage hatte auf vorsätzliche Hinterziehung gelautet, das Urteil erging am 10. 6. 1953 wegen fahrlässiger Steuerverkürzung. In der Berufungsinstanz wurde die Geldstrafe von DM 400,— auf DM 200,— ermäßigt. Das Reisebüro mußte seine Tätigkeit nicht infolge der Steuerstrafe einstellen, sondern weil U für seinen alten Bus Mitte 1951 nicht den von ihm erwarteten Verkaufspreise von DM 30 000,— erzielte, sondern lediglich DM 15 000,—. Mit diesem Betrag konnte ein neuer Bus nicht beschafft werden. Nach zweijähriger Arbeitslosigkeit erhielt U eine Stelle als Taxifahrer mit einem Wochenlohn von DM 40,—; außerdem erhielt U eine Rente und auch sein Sohn unterstützte ihn finanziell. Auf Antrag werden Raten von DM 20,—, später DM 10,— bewilligt. Am 21. 8. 1954 wurde die Reststrafe in Höhe von DM 110,— auf Grund des Straffreiheitsgesetzes vom 17. 7. 1954 erlassen. U hatte vor, nach Auszahlung der ersten Rate des ihm zustehenden Entschädigungsanspruchs die geschuldeten Steuern zu zahlen. (Beispiel für Fernwirkung.)

d) Verlust der selbständigen wirtschaftlichen Existenz

In der öffentlichen Diskussion ist die Meinung zu hören, die unnachgiebige Beitreibung von Steuern durch das Finanzamt sei oft die allei-

nige Ursache für den Konkurs an sich gesunder Unternehmen. Auch
hierüber liegen bisher keine Veröffentlichungen vor. Die Auswertung
der Urteile des Amts- und Landgerichts Köln läßt es nun erstmalig zu,
genaue Angaben darüber zu machen, ob diese Ansicht überhaupt begründet ist und, wenn diese Frage bejaht wird, in welchem Umfang sie
zutrifft.

Bei fortschreitender Auswertung schälten sich immer deutlicher zwei
Arten heraus, die im Untersuchungszeitraum zum Verlust der selbständigen Existenz des Täters geführt haben und deren Unterscheidung
erforderlich ist, um zu einem eindeutigen Ergebnis zu gelangen.

a) Die Steuerstrafe ist lediglich der letzte Anlaß
für den Existenzverlust

Bei diesem Wirkungsgrad ist die wegen einer Steuerhinterziehung
verhängte Strafe lediglich der letzte Anlaß, gewissermaßen der letzte
Tropfen, der ein schon volles Gefäß zum Überlaufen bringt. Dabei
darf nicht unberücksichtigt bleiben, daß die schwierigen wirtschaftlichen Verhältnisse bei den Tätern nicht selten durch die besonderen
Bedingungen der Nachkriegszeit verursacht worden sind. Die Betriebseinstellung bzw. der Konkurs hätte in jedem dieser Fälle ebenso
auf Betreiben eines Privatgläubigers ausgelöst werden können. Daß
die Steuerstrafe nur letzter Anlaß ist, zeigt sich vor allem in solchen
Fällen, in denen aus den Akten die Höhe der Schulden privaten Gläubigern gegenüber ersichtlich ist (15 Ms 123/52, vgl. oben Seite 66 f., 15 Ms
80/55, 35 Ms 24/50). Vergleicht man hiermit Steuerschuld und Steuerstrafe, so ergibt sich eindeutig, daß der Verlust ausschließlich auf
Gründe zurückzuführen ist, die außerhalb des steuerlichen Bereichs liegen. Das gilt auch dann, wenn die Betriebseinstellung zwei Wochen
nach Einleitung des Strafverfahrens der Finanzverwaltung erfolgt
(25 Ms 10/53).

35 Ms 24/50: Der Ingenieur A gründete nach Kriegsende eine Fabrik
für landwirtschaftliche Geräte, in der er zeitweise 32 Arbeiter beschäftigte.
Nach der Währungsreform geriet er in Zahlungsschwierigkeiten; als ein
Wechsel nach mehrmaliger Prolongation schließlich zu Protest ging, wurde das
Konkursverfahren eröffnet. Während der Dauer der Zahlungsschwierigkei-
ten wurde neun Monate hindurch die einbehaltene Lohnsteuer in Höhe von
DM 1165,— weder angemeldet noch abgeführt.

15 Ms 33/53: Der Schlosser O hatte aus gesundheitlichen Gründen seinen
Beruf aufgeben müssen und eröffnete einen Einzelhandel in Textil- und
Kurzwaren. Bis zur Währungsreform ging das Geschäft gut. Am 21. 6. 1948
verfügte O über keinen Warenbestand; vielmehr besaß er nur das Kopf-
geld sowie aus späterer Aufwertung DM 400,—. Seit Beginn des Jahres
1949 war die Liquidität sehr angespannt, deswegen nahm O zusätzlich einen
ambulanten Handel in seinem Artikel auf. Anfang 1950 nahmen die Zah-

lungsschwierigkeiten größeren Umfang an, am 1. 7. 1950 stellte O sein Geschäft mit einer Schuldenlast von DM 5000,— ein. Die unvollkommene Erfüllung der Steuerpflichten setzte ein zu Beginn der Liquiditätsanspannung. Allerdings hatte O stark über seine Verhältnisse gelebt, auch dies ist bei der Hinterziehung von insgesamt DM 1100,— zu beachten. Diese Steuerbeträge hätte O bei einem Bruttoverdienst von DM 7500,— im Jahre 1949 und DM 3500,— im Veranlagungszeitraum I/1950 ohne Gefährdung seiner Selbständigkeit tragen können, denn er hatte nur geringe Unkosten, weil er aus seiner Wohnung verkaufte.

15 Ms 80/55 der Schreinermeister Y, der nicht über das erforderliche fachliche Können verfügte, sah sich bald nach dem Tode seines kaufmännisch vorgebildeten Bruders Verbindlichkeiten in Höhe von DM 40—45 000,— gegenüber, die durch das vorhandene Wohnhaus und die Werkstatt im Verkehrswert von DM 70 000,— voll gedeckt sind. Dieser Handwerksbetrieb geht in Konkurs, die eigentliche Ursache hierfür ist die Annahme von Aufträgen mit zu niedrigen Preisen, die genaue Ermittlung der Steuerschuld unterbleibt wegen des Konkurses.

15 Ms 120/55: Der Hotelier H war während des Krieges als Fahrer zur Gestapo dienstverpflichtet worden; nach der Rückkehr fand er sein Hotel von der Besatzungsmacht beschlagnahmt vor, über sein Vermögen verfügte ein Treuhänder. Der Einheitswert des Hotels betrug RM 29 400,—, für den Treuhänder hatte H monatlich RM 100,—, später DM 100,— zu zahlen. Wenige Tage vor der Währungsreform erhielt H vom Ausgleichsamt RM 8000,— für Besatzungsschäden. Er kam seinen steuerlichen Pflichten nicht nach, bei einer Betriebsprüfung wurden formelle und materielle Mängel der Buchhaltung festgestellt. Da er auch später trotz erfolgter Ermahnung die Pflichten, die ihm im Interesse der Besteuerung oblagen, nicht erfüllte, gab das Finanzamt die Strafsache wegen Rückfalls an die Staatsanwaltschaft ab. Bei einer Betriebsprüfung, die am 8. und 9. 12. 1955 auf Veranlassung der Staatsanwaltschaft erfolgte, weil diese annahm, daß die Schätzungen vielleicht zu niedrig seien, ergab sich folgendes Bild: Das Inventar für das Restaurant war nach der Räumung durch die Besatzungsmacht neu zu schaffen, wofür ein hoher Kredit bei einer Brauerei aufgenommen werden mußte; durch den Zinsendienst hierfür war H gegenüber der Konkurrenz stark benachteiligt. Bis 1952/ 53 waren alle Hotelzimmer von Flüchtlingen bewohnt. Das Ergebnis der Betriebsprüfung erbrachte eine Steuerschuld, die niedriger war als die ursprüngliche Schätzung. Bei der Zwangsversteigerung Ende 1956 fand sich wegen zu geringen Umsatzes kein Käufer; um dennoch die Steuerschulden zahlen zu können, plante H, Hotel und Restaurant zu verpachten und aus dem Pachterlös die Steuerschulden zu begleichen. Den Lebensunterhalt wollte H durch Annahme einer Stellung bestreiten.

25 Ms 65/55: Der Bäcker B (kein Meister) betrieb in einem Dorf eine schlechtgehende Bäckerei, er hatte unter der Konkurrenz einer guten Bäckerei stark zu leiden. Seine Kunden zahlten oft erst nach Monaten. Daher fuhr B den überwiegenden Teil seiner hergestellten Backwaren in die Dörfer der Umgebung. Eine Kontrolle der Verkehrspolizei stellte fest, daß der Kleinlieferwagen des B nicht versichert, nicht ordnungsgemäß zugelassen und nicht versteuert war. Daraufhin wurde der Kraftfahrzeugschein eingezogen. Wegen Stillegung dieses Betriebsmittels ging die Geschäftslage noch weiter zurück, die Zahlung der Geldstrafe erfolgte erst nach Betriebseinstellung und nach Eintritt in ein festes Arbeitsverhältnis. Laut Polizeibericht trat danach eine wesentliche Besserung der Lebensbedingungen der Familie ein.

Die gesamte Schuldenlast, denen sich diese Verurteilten gegenüber sehen, macht sich oft noch über Jahre hinaus drückend bemerkbar. Dies ergibt sich aus der Höhe der beantragten und bewilligten Ratenzahlungen, wenn z. B. drei Jahre hindurch eine Rate von DM 5,— wöchentlich auf eine Steuerstrafe von DM 300,— gezahlt wird, und auch dies nur mit Unterbrechungen (25 Ms 186/50, 25 Ms 58/55).

β) Die Steuerstrafe ist die eigentliche Ursache für den Existenzverlust

Grundsätzlich anders liegt der Sachverhalt, wenn ein Betrieb ausschließlich wegen der Verpflichtung zur Zahlung von Steuerstrafe und Steuerschuld in Konkurs fällt. Der Teilabschnitt a) mit 17 Fällen ist nur deswegen vorgeschaltet worden, um die besonders wichtige Zahl der Unternehmer eindeutig ermitteln zu können, die ihre Existenz verlieren. Von den 11 Fällen dieser Art sind zunächst die Fälle der drei Angestellten abzutrennen, die infolge der Verurteilung wegen Urkundenfälschung und Steuerhinterziehung, die sie selbst begingen bzw. zu der sie Beihilfe leisteten, ihren Arbeitsplatz verloren (25 Ms 183/50, 15 Ms 41/51, 25 Ms 5/58). Das gleiche gilt für den ehemaligen Helfer in Steuersachen, dessen Verurteilung wegen Steuerhinterziehung nach § 396 AO im Zusammenhang mit seinem Vergehen gegen die §§ 266, 246 StGB — Untreue und Unterschlagung — gesehen werden muß und dem deswegen vom Vorsteher des Finanzamts die Erlaubnis zur Ausübung seines Berufes entzogen wurde (25 Ms 147/62).

25 Ms 27/50: Der Drogist D kam nach 1945 aus Mitteldeutschland, wo er sämtliche Sachwerte hatte zurücklassen müssen, und gründete mit RM 30 000,— eine Drogerie und einen Großhandel mit Drogen. Das Geschäft entwickelte sich gut, 1945 beschäftigte D zwei Angestellte, 1949 waren es 18. Die Buchführung lag jedoch im argen: Sie wurde zunächst von einem Mädchen im letzten Lehrjahr erledigt, später von einer Flüchtlingsfrau, nach dieser widmeten sich der Buchführung noch drei weitere Personen mit ungewisser Befähigung hierzu. Die Tätigkeit des D lag vorwiegend im Ein- und Verkauf, von Buchführung verstand er selbst nichts. Die Betriebsprüfung im Januar 1949 ergab für den Zeitraum von 1945 bis zum 20. 6. 1948 Mehrsteuern in Höhe von RM 64000,— = 6400,— DM. Diese Nachforderung bildete die Ursache für den kurz danach angemeldeten Konkurs.

25 Ms 101/52: In einer Kleinstadt betrieb G eine Gastwirtschaft mit Metzgerei. In einem benachbarten Großkraftwerk, das eine Großbaustelle einschließt, pachtete G die Kantine, und zwar von Anfang 1950 bis Mitte 1951, diese bildete mit einem Umsatzanteil von 63 % die Haupterwerbsquelle. Eine Betriebsprüfung stellte 1951 fest, daß Bücher nicht geführt wurden; außerdem fand der Prüfer Briefe des Finanzamts an G ungeöffnet vor. G gab an, er sei aus Zeitmangel nicht dazu gekommen, Bücher zu führen, ein eingestellter Buchhalter habe sich als unzuverlässig erwiesen. Die durch Schätzung ermittelte Steuerschuld beträgt DM 12 500,— zuzüglich DM 18 500,— an Straf- und Säum-

niszuschlägen. Das Urteil lautete am 15. 10. 1952 auf eine Geldstrafe in Höhe von DM 5000,— oder 100 Tage Gefängnis, die Berufung hiergegen blieb erfolglos. Am 6. 8. 1953 hat G laut Mitteilung des Finanzamts DM 24 785,— entrichtet auf den geschuldeten Gesamtbetrag von DM 31 000,—; hierzu nahm G einen Bankkredit von DM 8000,— auf, ferner hatte er noch DM 6000,— Lieferantenschulden, beide Posten kommen zu den noch zu zahlenden DM 6215,— Steuerschulden hinzu.

Das Gesuch des Anwalts auf Bewilligung von Ratenzahlungen wird abgelehnt, weil G einen Monatsumsatz von DM 25 000,— und ein dementsprechendes Einkommen habe. In diesem Umsatz sind aber für DM 10 000,— Tabakwaren enthalten, die nur einen geringen Gewinn abwerfen. Erst die Beschwerdeinstanz bewilligte Ratenzahlungen, weil inzwischen die Kantine als Haupteinnahmequelle entfallen ist.

Auf Grund der Zahlen von 1951 hatte das Finanzamt für 1952 den Reingewinn auf DM 28 000,— geschätzt; wegen Fortfalls der Werkskantine mit ihrem Umsatzanteil von 63 % wurde der Reingewinn vom Finanzamt endgültig auf DM 2800,— festgesetzt. Hieran war G mit einem Drittel beteiligt. Nunmehr befürwortete das Finanzamt bei dem Grad der Überschuldung des G — seinen oben angeführten Verbindlichkeiten standen nur DM 5400,— eigene Mittel gegenüber — die Aussetzung der Raten der gerichtlichen Steuerstrafe. Ein später an die Justizverwaltung gerichtetes Gnadengesuch wird abgelehnt. Von der Verpflichtung zur Zahlung von Steuerschuld und Steuerstrafe erholt sich die Gastwirtschaft und die Metzgerei des G nicht mehr, 1956 betreibt G eine Gastwirtschaft an einem anderen Ort, die jedoch ebenfalls eingeht.

15 Ms 84/55: Der Kioskenhändler K eröffnete zunächst im November 1946 einen Buch- und Zeitschriftengroßvertrieb, verbunden mit einem Werbebüro, und ließ sich in das Handelsregister des zuständigen Amtsgerichts eintragen. Nach der Währungsreform erwies sich dieser Geschäftszweig als unrentabel, K mußte das Vergleichsverfahren beantragen, er zog den Antrag jedoch wieder zurück; aus dieser Geschäftätigkeit hatte K bis 1953 DM 20 000,— Schulden abzutragen. Anschließend begann er den Verkauf von Tabak- und Süßwaren, im August 1950 eröffnete K den ersten Zeitschriften- und Erfrischungskiosk, Mitte 1951 einen weiteren und Mitte 1953 den dritten Kiosk. Für den Zeitraum 1949 bis 1951 stellte eine Betriebsprüfung eine nur unvollständige Buchführung des K fest: Der Wareneingang war nicht vollständig erfaßt, die Tageseinnahmen nur unvollständig aufgezeichnet, aber noch kein steuerunehrliches Verhalten des K. Ab März 1952 gab K keine Umsatzvoranmeldungen mehr ab, ebenso nicht die sonstigen Steuererklärungen.

Daraufhin erfolgte die Schätzung des Umsatzes, Einkommens und Gewerbeertrages für März 1952 bis Ende 1955, und zwar auf Grund der Voranmeldungen für 1951 und der ersten Monate des Jahres 1952. Das Ergebnis dieser zu niedrigen Schätzung berichtigte K nicht. Anfang 1954 fand erneut eine Betriebsprüfung statt. Dabei wurden Steuerunehrlichkeiten aufgedeckt und es erfolgte eine Prüfung durch die Außenstelle der Steuerfahndung, die bei stichweiser Überprüfung der Tageseinnahmen der Jahre 1951 bis 1953 Kassenfehlbeträge von mindestens DM 2,43 bis höchstens DM 1997,16 für einen bestimmten Tag ermittelte. Aber selbst diese lückenhaften täglichen Aufzeichnungen der Umsätze waren noch wesentlich höher als die für den Zeitraum Januar 1951 bis Februar 1952 vorangemeldeten Umsätze; aus diesem Grunde waren die damaligen Schätzungen zu niedrig.

Umsatz	1951	1952	1953
gebucht	112 402	196 885	253 740
tatsächlich	123 402	215 885	278 740
gemeldet	61 770	85 190	—

Die Schätzung der Einkommensteuer für 1951 war erfolgt auf Grund der Annahme, daß der Reingewinn 13 % = DM 8000,— vom gemeldeten Umsatz betrage und hiervon war die Einkommensteuer mit DM 1110,— festgesetzt worden; nachdem der wirkliche Umsatz bekannt war, erfolgte eine Neuschätzung. Nach den amtlichen Richtsätzen weisen gleichartige Betriebe Reingewinnspannen von 8—16 % des Umsatzes auf, das Finanzamt wählte 10 % vom Umsatz als Reingewinn, also DM 12 300,— und setzte hiervon die Einkommensteuer mit DM 2805,— fest. Vollendete Steuerhinterziehung lag hinsichtlich des Differenzbetrages von DM 1695,— vor. Ebenso erfolgte die Schätzung für 1952 und 1953. K hatte noch nicht einmal die zu niedrig festgesetzten Steuern gezahlt. Vollendete Steuerhinterziehung lag vor hinsichtlich insgesamt DM 24 000.—, versuchte Steuerhinterziehung hinsichtlich DM 35 338,—.

In seiner Vernehmung durch das Finanzamt bestritt K weder die Mängel der Buchführung noch die Differenz zwischen vorangemeldeten, tatsächlich erzielten und gebuchten Umsätzen, noch die Kenntnis der Pflicht zur Abgabe von Steuererklärungen. Die Anklageschrift umfaßte 16 Seiten. Nachdem er sie erhalten hatte, verfaßte K einen langen Brief an die Staatsanwaltschaft, in dem er sich über das Vorgehen des Finanzamts beklagte: Die Prüfer hätten zwar die Betriebseinnahmen genau erfaßt, nicht aber die Betriebsausgaben; auch wendet er sich gegen die Schätzung des Reingewinns in Höhe von 10 % des Umsatzes. Nicht sein Reingewinn, sondern der Rohgewinn hätte 10 % vom Umsatz ausgemacht. Am 20. 10. 1955 betrug die Gesamthöhe der Steuerschulden etwa DM 60 000,— (wohl einschließlich von Straf- und Säumniszuschlägen). Das Urteil vom 2. 2. 1956 lautete auf eine Gesamtgefängnisstrafe von fünf Monaten, die zur Bewährung bis zum 28. 3. 1959 ausgesetzt wurde, ferner eine Geldstrafe von DM 1000,—. Als Auflagen wurden gemacht, wie in allen Fällen mit Bewährungsfrist:

1. Straffreie Führung während der Dauer der Bewährungsfrist,
2. Einhaltung der zur Zahlung der gerichtlichen Geldstrafe bewilligten Raten,
3. ordnungsgemäße Erfüllung sämtlicher im Interesse der Besteuerung auferlegten Pflichten,
4. Anzeige jeden Wohnungswechsels.

Ferner wurde die Veröffentlichung des Urteils angeordnet.

Aus den Urteilsgründen ergibt sich, daß K die Kaufmannsgehilfenprüfung abgelegt hatte. Hier findet sich auch die besonders zutreffende, geradezu klassische Formulierung: „Der Angeklagte zeigte durch sein Verhalten, daß er nicht im entferntesten daran dachte, seine Pflichten gegenüber dem Staat und der Gemeinschaft, in der er lebte und von der er lebte, anzuerkennen und zu erfüllen." Zu bemerken ist noch, daß K Kassenpfändungen des Finanzamts in seinen Kiosken vereitelte, indem er entgegen allgemeinen Gepflogenheiten die Kassen mehrmals täglich leerte. Ende 1955 geht der Betrieb in Konkurs.

Ab 1. 1. 1956 wurde der jetzt wieder eröffnete Zeitschriftenvertrieb auf den Namen der Ehefrau geführt, wie der Stadtdirektor mitteilte. Dies geschah aus Kreditgründen wegen der hohen Schuldenlast des K. K beachtete jedoch nicht die Auflagen, die ihm zur Bewährung gemacht worden waren. Er hielt die Raten in Höhe von DM 30,— zur Zahlung der gerichtlichen Steuerstrafe nicht ein. Ferner wurde K innerhalb der Bewährungsfrist erneut straffällig wegen

1. Trunkenheit am Steuer,
2. Verstoß gegen das Gesetz über die Einführung der Pflichtversicherung für Kraftfahrzeuge,
3. Betrug.

Daraufhin wurde am 7. 8. 1958 die Strafaussetzung zur Bewährung widerrufen. Da die Ehefrau des K für den auf ihren Namen betriebenen Zeitschriftenhandel keine Steuern zahlte, stellte das Finanzamt erneut Strafanzeige, und zwar gegen K.

K kam der Aufforderung zum Antritt der Freiheitsstrafe nicht nach, daraufhin erging Haftbefehl, der am 10. 3. 1959 ausgeführt wurde.

Ferner sind auszuscheiden zwei Schwarzhändler, einer der Schrotthändler (25 Ms 52/51) und der kaufmännische Geschäftsführer einer GmbH (15 Ms 13/52). In den restlichen 5 Fällen ist jedoch die Verfehlung und die deswegen verhängte Strafe die alleinige Ursache für Betriebseinstellung oder Konkurs. Die ausgewählten Beispiele sprechen eine deutliche Sprache; andererseits ermöglicht die hier angestellte Untersuchung wohl erstmals eine genaue Unterscheidung der wirklichen Gründe, die zur Betriebseinstellung oder dem Konkurs von Betrieben führen, deren Inhaber sich der Verletzung ihrer steuerlichen Pflichten schuldig gemacht haben.

3. Die Wirkung der Steuerstrafe bei Verfahren, die ohne Urteil abgeschlossen wurden

In den bisher angeführten Fällen schloß das gerichtliche Steuerstrafverfahren mit einem Urteil ab und zwar in der Regel mit der Verurteilung des Angeklagten. Darüber hinaus wurde in 26 Fällen das Verfahren eingestellt, nachdem bereits Anklage erhoben worden war, in einem Fall wurde keine Anklage erhoben (25 Js 275/51). Die Gründe hierfür sind verschiedener Art und reichen von der verspäteten Eingabe des Antrags auf gerichtliche Entscheidung nach §§ 450, 462 AO über die Rücknahme dieses Antrags nach § 465 AO bis zur Einstellung des Verfahrens wegen Verjährung nach § 419 AO oder wegen Geringfügigkeit nach § 153 Abs. III StPO. Weitere Gründe sind die Unterwerfung des Angeklagten unter eine vom Finanzamt in Verhandlungen festgesetzte Strafe, welche dem gerichtlichen Strafverfahren parallel liefen oder die Einstellung des gerichtlichen Verfahrens auf Grund des Straffreiheitsgesetzes vom 17. Juli 1954.

Soweit das Verfahren wegen Geringfügigkeit eingestellt wurde — in fünf dieser Fälle hätte der Verfasser, wäre er Richter gewesen, den Angeklagten freigesprochen[24] — erübrigt es sich, die Wirkung der Steuer-

---

[24] Diese Fälle sind in der Gesamtübersicht, Spalte Bemerkungen, mit „F" gekennzeichnet.

strafe festzustellen. Das gleiche gilt für die Einstellung des Verfahrens auf Grund des Straffreiheitsgesetzes oder wegen Verjährung.

In anderen Fällen wiederum ist eine Feststellung der Wirkung nicht möglich. Hier sind diejenigen Fälle zu nennen, in denen sich der Angeklagte während des gerichtlichen Strafverfahrens der vom Finanzamt festgesetzten Strafe unterwarf — diese Möglichkeit ist problematisch (vgl. 25 Ms 226/50, 25 KMs 1/52) — oder den Antrag auf gerichtliche Entscheidung zurückzog mit der Folge, daß der Strafbescheid des Finanzamts rechtskräftig wird. Diese Folge tritt auch bei verspäteter Einreichung des Antrages ein. In allen diesen zuletzt genannten Fällen kann die Wirkung der jetzt im Steuerstrafverfahren der Verwaltung verhängten Strafe nicht ermittelt werden, weil sich in den Gerichtsakten keine Unterlagen finden.

D. Probleme der Zweigleisigkeit des Steuerstrafverfahrens

Wenn sich auch die vorliegende Arbeit mit dem gerichtlichen Steuerstrafverfahren befaßt, so ist es doch unumgänglich, auf das Strafverfahren der Verwaltung einzugehen: Stellt der Beschuldigte den Antrag auf gerichtliche Entscheidung, so liegt stets ein Strafbescheid des Finanzamtes vor; kommt das gerichtliche Steuerstrafverfahren durch Abgabe eines bei der Gemeinsamen Strafsachenstelle anhängigen Verfahrens in Gang, so legt das Finanzamt in dem den Akten beigefügten Übersendungsschreiben seinen Standpunkt auf Grund der bisher durchgeführten Ermittlungen dar. Es besteht daher stets eine Vergleichsmöglichkeit zwischen der Auffassung des Finanzamts und der Ansicht des Gerichts, wie sie in den Urteilsgründen niedergelegt ist.

Oft leitet die Staatsanwaltschaft weitere Ermittlungen ein, die über diejenigen der Finanzverwaltung hinausgehen, weil die Justizbehörden davon ausgehen, daß nur die schweren Fälle zur gerichtlichen Entscheidung gelangen, sowie solche, bei denen der Versuch, die Steuerstrafsache außergerichtlich beizulegen, gescheitert ist[1].

Wie nun aus der Gegenüberstellung der Zahlen derjenigen Steuerstrafverfahren, die von der Finanzverwaltung in eigener Zuständigkeit durchgeführt werden, mit der Anzahl der gerichtlichen Verfahren hervorgeht, gelangt nur ein Teil der Steuervergehen vor den Strafrichter (vgl. Anhang Nr. 4 und Nr. 7). Dies und die Tatsache, daß das Steuerstrafverfahren der Verwaltung in allen Zügen dem mittelalterlichen Inquisitionsprozeß gleicht[2], hat dazu geführt, daß in der Vergangenheit die Frage nach der Verfassungsmäßigkeit des Verwaltungsverfahrens in Steuerstrafsachen lebhaft erörtert wurde. Diese Diskussion ist jedoch nach dem Urteil des Bundesgerichtshofs vom 21. April 1959[3], in-

---

[1] Vgl. Urteil des Großen Senats des Bundesfinanzhofs vom 10. 2. 1958 in NJW 1958, S. 846 f.; Hartung, Verwaltungs- und gerichtliches Steuerstrafverfahren, in: NJW 1956, S. 42; Mattern, Verwaltungs- und gerichtliches Steuerstrafverfahren, a. a. O., S. 385 Fußnote 93 und S. 432.

[2] Hartung, Verwaltungs- und gerichtliches Steuerstrafverfahren, NJW 1956, S. 41.

[3] Abgedruckt in JZ 1960, S. 164 f. In diesem Urteil, auf das hier ausdrücklich verwiesen wird, erklärt der BGH den Antrag auf gerichtliche Entscheidung auch gegen Beschwerdebescheide der Oberfinanzdirektionen nach § 452 AO für zulässig. Der BGH folgt damit dem Urteil des großen Senats des BFH vom 10. Februar 1958, abgedruckt in NJW 1958, S. 846, besprochen von Hartung: Der gerichtliche Weg im Verwaltungssteuerstrafverfahren, in: NJW 1958, S. 809 f. — Der BGH macht sich in seinem Urteil die Ansicht der Anhänger des Verwaltungsstrafverfahrens zu eigen, daß das Steuerstrafverfahren

dem sich dieser zugunsten des Verwaltungssteuerstrafverfahrens ausgesprochen hat, zu einem vorläufigen Abschluß gelangt.

Mit dieser Entscheidung hat der Bundesgerichtshof die Verfassungsmäßigkeit des Steuerstrafverfahrens der Verwaltung eindeutig bejaht[4], obwohl die Gegner des Verwaltungsstrafverfahrens in der obersten Rechtsprechung eine Tendenz glaubten feststellen zu können, die auf ein „Nein" zur Strafbefugnis der Finanzverwaltung hinauslaufe[5].

Bei der Begründung des Urteils, welches den Weg zu den ordentlichen Gerichten auch gegen einen Beschwerdebescheid der Oberfinanzdirektionen nach § 452 AO eröffnet, kam es allein darauf an, dem Beschuldigten eines Steuerstrafverfahrens der Verwaltung den ordentlichen Rechtsweg zu ermöglichen; es stand also das Interesse nach Rechtsschutz des einzelnen im Vordergrund.

Eine nicht geringere Bedeutung muß aber dem Schutz des öffentlichen Interesses zuerkannt werden. Darunter ist hier nicht das fiskalische Interesse der Finanzverwaltung am vollständigen und pünktlichen Eingang der Steuern zu verstehen, sondern viel stärker noch das Interesse an einer öffentlichen Kontrolle gleicher Rechtsanwendung durch das jeweils der Sache nach in einem Straffall rechtsprechende staatliche Organ. Eben dieses öffentliche Interesse an der Kontrolle der Rechtsanwendung durch die Finanzämter verneint jedoch Haver[6] mit der Begründung, die Kontrolle wegen zu strenger Handhabung könne dem Betroffenen überlassen bleiben; bei zu milder Handhabung der Strafgewalt durch die Finanzämter habe dagegen die Öffentlichkeit kaum ein Interesse an Kontrolle. Dieser Ansicht kann nicht zugestimmt werden; „die Grundsätze der Öffentlichkeit und Mündlichkeit im Strafverfahren bestehen nicht deswegen, damit der Angeklagte die Möglichkeit hat, durch Unterwerfungsverhandlung im Vergleichsweg sich der öffentlichen Hauptverhandlung zu entziehen, sondern Mündlichkeit und Öffentlichkeit sind deswegen Grundsätze der Strafrechtspflege, damit eine öffentliche Kontrolle des Strafverfahrens erfolgen kann"[7]. Dieses Kontrollinteresse wird jedoch gering sein in Fällen von kleinem Unrechtsgehalt.

---

der Verwaltung lediglich ein Vorverfahren sei zu einem etwaigen späteren Gerichtsverfahren. (Friesenhahn, Ernst, Über Begriff und Arten der Rechtsprechung, in: Festschrift für Richard Thoma, Tübingen 1950, S. 45; Mattern, Gerhard, Verwaltungs- und gerichtliches Steuerstrafverfahren, in: Zeitschrift für die gesamte Strafrechtswissenschaft, Bd. 67, Berlin 1955, S. 404, vgl. auch ebda. Fußnote 172.)

[4] Diesen Standpunkt hatte das Bundesjustizministerium stets vertreten, vgl. Antwort auf die Anfrage des Bundestagsabgeordneten Dr. Arndt, in: Stenogr. Berichte über die Verhandlungen des Deutschen Bundestages, 3. Wahlperiode 1957, Bd. 42, S. 3259/60.

[5] Arndt, Strafgewalt der Finanzämter? in: NJW 1959, S. 608.

[6] Haver, a. a. O., S. 90.

[7] Lotze, a. a. O., S. 1541; vgl. Niese, a. a. O., S. 350/51.

Unabhängig vom Unrechtsgehalt hat der Gesetzgeber in § 425 AO bestimmt, daß die Finanzverwaltung jederzeit einen bei ihr anhängigen
Straffall an die Staatsanwaltschaft abgeben kann. Es besteht daher
sowohl für den Beschuldigten als auch für die Verwaltung die rechtliche Möglichkeit, die öffentliche Kontrolle des Steuerstrafverfahrens herbeizuführen. Vom Standpunkt des Steuerpflichtigen aus hat
der Bundesgerichtshof überzeugend dargelegt, daß dieser sich durch
einen Strafbescheid der Verwaltung nicht in seinen Rechten beschwert
fühlen könne, wenn er den Antrag auf gerichtliche Entscheidung nicht
stelle; das Rechtsschutzinteresse des einzelnen ist also in vollem Umfang gewahrt.

Wie verhält es sich aber mit dem Interesse der Öffentlichkeit an der
Kontrolle gleicher Rechtsanwendung sowohl im Steuerstrafverfahren
der Verwaltung als auch der Gerichte? Da die rechtliche Möglichkeit
hierzu besteht, kann die Frage nur nach dem tatsächlichen Umfang
dieser Kontrolle gestellt werden. Die Antwort hierauf wollen wir einem späteren Abschnitt vorbehalten.

I. Wettbewerb, Steuerhinterziehung und Steuergeheimnis

In der älteren Literatur war die Ansicht vertreten worden[8], nicht der
Staat werde durch die Hinterziehung von Steuern geschädigt, sondern die übrigen Steuerzahler, denn diese müßten in verstärktem Maße
zur Deckung des feststehenden Staatsbedarfs herangezogen werden.
Die Richtigkeit dieser Ansicht wurde von uns oben bestritten[9]. In ver-
wandelter Form hat der Gedanke Eingang gefunden auch in die neuere
Literatur; allerdings wird der Eintritt eines Schadens heute nicht
mehr in einer verstärkten Inanspruchnahme des ehrlichen Steuerzah-
lers durch den Staat gesehen, sondern die Steuerhinterziehung wird
als unlautere Handlung im Sinne des § 1 des Gesetzes gegen den unlauteren Wettbewerb vom 7. Juni 1909[10] betrachtet, wenn sie zur Preisunterbietung der Konkurrenten benutzt wird.

Für die Fragestellung dieses Abschnitts sind zwei prinzipiell verschiedene Möglichkeiten zu unterscheiden:

1. Eine Veränderung der Wettbewerbssituation durch die Steuerhinterziehung und

2. eine Veränderung der Wettbewerbssituation durch die in einem
   öffentlichen Verfahren verhängte Steuerstrafe.

---

[8] Blonski, Justin, Einige Bemerkungen über die Prinzipien und das System
des Gefällstrafrechts, a. a. O.

[9] Vgl. oben S. 18.

[10] RGBl. 499.

Es fragt sich nun zunächst, ob eine Steuerhinterziehung eine unlautere Handlung darstellen kann und, wenn diese Frage bejaht wird, warum eine auf diese Weise herbeigeführte Verfälschung des Wettbewerbs in der Rechtsprechung bisher so geringe Beachtung gefunden hat.

Hefermehl teilt die Wettbewerbsverstöße ein — nach der Art der Kampfmittel und der Richtung ihres Einsatzes — in: Kundenfang, Behinderung, Ausbeutung und Vorsprung durch Rechtsbruch[11]. Allein ein Wettbewerbsverstoß der zuletzt genannten Art ist hier von Bedeutung. Dabei geht die Ansicht, ein Vorsprung durch Rechtsbruch könne einen Wettbewerbsverstoß bilden, auf ein Beispiel von Lobe zurück[12]. Die Erlangung eines Vorsprungs, d. h. jede Verbesserung der eigenen Wettbewerbslage im Vergleich zur bisherigen, das Mehr an eigener Erwerbstätigkeit, macht freilich das Wesen des Wettbewerbs aus[13]. Eine unlautere Handlung, d. h. einen Wettbewerbsverstoß bildet ein Vorsprung erst, wenn er durch Rechtsbruch erlangt ist. Dabei gilt:

1. Die verletzte Norm muß sich auf den wirtschaftlichen Wettbewerb auswirken und alle Mitbewerber binden, so daß zwischen ihnen insoweit die „par conditio concurrentium", d. h. gleiche Voraussetzungen für alle Wettbewerber bestehen.

2. Die Gesetzestreue der Mitbewerber wird ausgenutzt, wenn der einem Gesetz zuwiderhandelnde Wettbewerber durch den Verstoß in die Lage versetzt wird, eine Leistung anzubieten, die nach Preis, Güte oder Vertrieb günstiger ist als die Leistung der gesetzestreuen Mitbewerber[14].

Die weiter erforderliche Sittenwidrigkeit ist in dem zielbewußten und systematischen Ausnutzen des gesetzestreuen Verhaltens der Mitbewerber durch den Täter zu erblicken. Von der subjektiven Seite her muß ferner die Gesetzesverletzung begangen worden sein, um dadurch die eigene Leistungsfähigkeit im Wettbewerb zu steigern.

In der Rechtsprechung haben Wettbewerbsverstöße in der Form des Vorsprungs durch Rechtsbruch noch keine besondere Bedeutung gewonnen. Trotzdem hat sich dieser Gedanke von Lobe bewährt und zwar vor allem in Fällen, in denen nicht eine gesetzliche, sondern eine ver-

---

[11] Baumbach, Adolf und Hefermehl, Wolfgang, Wettbewerbs- und Warenzeichenrecht, Beckscher Kurzkommentar, 8. Aufl. 1960, München und Berlin, .S. 112/113.
[12] Lobe, Adolf, Die Bekämpfung des unlauteren Wettbewerbs, Leipzig 1907, S. 64/65: Wer eingeschmuggelte zollpflichtige Ware oder durch Hehlerei erworbene Ware vertreibt, schädigt damit ebenso den anderen redlichen Wettbewerber als wenn er den Absatz durch Irreführung der Abnehmer herbeiführte. Die Anwendung solcher gesetzwidriger Tätigkeit wird von jedem Mitbewerber durchaus als Schädigung seines eigenen Gewerbebetriebes, als unlauterer Wettbewerb empfunden.
[13] Baumbach-Hefermehl, a. a. O., S. 2, 111, 324.
[14] Baumbach-Hefermehl, a. a. O., S. 323/324.

tragliche Bindung aller Mitbewerber vorliegt[15]. Das Reichsgericht hat einen solchen Fall entschieden[16]. Wenn auch die Bedeutung eines Wettbewerbsverstoßes in der Form eines Vorsprungs durch Rechtsbruch vorwiegend dort liegen mag, wo die Wettbewerber durch Vertrag gebunden sind[17], so hindert doch nichts die Übertragung dieses Gedankens auf Fälle der Preisunterbietung bei gesetzlicher Bindung, insbesondere der Bindung durch Steuergesetze[18].

Es überrascht zunächst, daß in der steuerstrafrechtlichen Literatur die wettbewerbsschädliche Wirkung der Preisunterbietung durch Steuerhinterziehung hervorgehoben wird[19, 20], ohne daß auf die wettbe-

---

[15] Ulmer, Eugen, Sinnzusammenhänge im modernen Wettbewerbsrecht, Berlin 1932, S. 24.

[16] RGZ 117/16 f.: Ein Kriminalbeamter hatte nach seiner Versetzung in den Ruhestand ein Unternehmen für privaten Kriminal- und Sicherheitsdienst eröffnet (Wach- und Schließgesellschaft). Nach Abschluß eines Tarifvertrages, dessen Verbindlichkeit für sein Unternehmen er zu Unrecht bestritt, zahlte er weiter die alten, jetzt zu niedrigen Löhne. Durch diesen Rechtsbruch gewann er gegenüber den tariftreuen Wettbewerbern neue Kunden, er sicherte sich also einen Vorsprung im gewerblichen Wettkampf unter Ausnutzung der rechtlichen Bindung der tariftreuen Wettbewerber. — In diesem Verhalten sah das Reichsgericht einen Verstoß gegen die guten Sitten nach § 1 UWG und erkannte dem klagenden Wettbewerber einen Unterlassungs- und Schadenersatzanspruch zu (hierzu vgl. auch Hueck in Jur. Wochenschrift 1927, S. 2366 bis 67).

[17] Ulmer, a. a. O., S. 24.

[18] Hefermehl, Wolfgang, Der Anwendungsbereich des Wettbewerbsrechts, in: Festschrift für Hans Carl Nipperdey, München und Berlin 1955, S. 283 f., hier S. 300.

[19] Mattern, Verwaltungs- und gerichtliches Steuerstrafverfahren, a. a. O., S. 367; Mattern bringt dort in Fußnote 18 folgendes Beispiel unter Bezugnahme auf die „Illustrierte Woche" vom 10. 7. 1954 Nr. 28: Eine Firma gewann durch Hinterziehung von DM 150 000 einen solchen Vorsprung, daß sie die Preise erheblich unterbot, andere Einzelhändler dadurch zum Konkurs zwang und deren Unternehmen weit unter ihrem wirklichen Wert aufkaufte. Es entstand ein volkswirtschaftlicher Schaden von mehr als 7 Millionen DM.

[20] Terstegen, Besonderheiten der Steuerstraftaten und des Steuerstrafrechts, a. a. O., S. 217, 224/25 erwähnt folgende Fälle:
1. Einige Unternehmer hatten aktivierungspflichtige Maschinen zu Lasten eines Jahres ausgebucht. Mit der völligen Abschreibung dieser Maschinen gingen diese Unternehmer in zwei Krisenjahre, in denen einige steuerehrliche Betriebe auf der Strecke blieben, die dann von den steuerunehrlichen übernommen wurden.
2. Ein Lebensmittelhändler setzte die hinterzogenen Beträge im Wettbewerb ein und zwang einige Mitbewerber, ihre Selbständigkeit aufzugeben und ihre Läden für ihn als Zweigstellen zu führen.
3. Ein Baustoffgroßhändler hinterzog DM 150 000 Beförderungssteuer und erhöhte damit den in diesem Geschäftszweig üblichen Rabatt. Dadurch zwang er die Mitbewerber zu einer Rabatterhöhung gleichen Umfangs und schädigte diese nachgewiesenermaßen um DM 7,5 Millionen. — Der Verfasser ist leider nicht in der Lage, aus den von ihm untersuchten Strafsachen einen Fall zu dieser Diskussion beizutragen, weil die Auswirkung einer Steuerhinterziehung auf die Wettbewerbslage aus den Akten nicht hervorgeht. Der einzige Fall (25 Ms 5/52), in dem eine Veränderung der Wettbewerbssituation durch die Steuerhinterziehung vielleicht angenommen werden kann, ist oben S. 81 wiedergegeben worden.

werbsrechtlichen Folgen dieses Verhaltens für denjenigen eingegangen wird, der sich durch die Hinterziehung von Steuern einen Vorsprung durch Rechtsbruch im Wettbewerb verschafft hat.

Es ist jedoch verständlich, daß aus steuerstrafrechtlicher Sicht der Schaden in den Vordergrund gerückt wird, welcher dem Staat entsteht. Darüber sollte aber keineswegs der Schutz übersehen werden, welchen das Gesetz gegen den unlauteren Wettbewerb dem durch Preisunterbietung infolge Steuerhinterziehung geschädigten Wettbewerber gewährt. Leider geht aus den in der Literatur angeführten Beispielen nicht hervor, ob diese schweren Fälle in einem Steuerstrafverfahren der Verwaltung oder der Gerichte geahndet wurden; bei der Tendenz, Steuerstrafsachen vorwiegend im Verwaltungsverfahren zu verfolgen, ist eine öffentliche Gerichtsverhandlung, in deren Verlauf der Wettbewerbsverstoß den Geschädigten hätte bekannt werden können, nicht anzunehmen.

Damit ist zugleich die Problematik des Steuergeheimnisses nach § 22 AO als dem Gegenstück zu den weitgehenden Offenbarungspflichten des einzelnen berührt[21]. Nach diesen Bestimmungen hat der Steuerpflichtige alle geschäftlichen, aber auch persönlichen Verhältnisse darzulegen, die für die Besteuerung von Bedeutung sind. Die Offenbarungspflicht geht also weit über die steuerliche Sphäre hinaus und greift tief in die persönlichen Verhältnisse des Steuerpflichtigen ein[22]. Wenn daher die Angaben des Steuerpflichtigen nach § 22 AO geheimzuhalten sind, so sprechen hierfür sowohl Zweckmäßigkeits- als auch Rechtsgründe[23]: Zu den ersteren zählt die Überlegung, daß wahrheitsgemäße Angaben von den Steuerpflichtigen nicht zu erhalten sind, wenn die anzugebenden Dinge nicht unbedingt geheimgehalten werden; dann insbesondere bestände die Gefahr einer Benachteiligung im Wettbewerb. Vielmehr würden die Steuerpflichtigen selbst die Geheimhaltung durchzuführen versuchen mit Hilfe unvollständiger Angaben, deren Richtigstellung großen Verwaltungsaufwand erfordert. Das Bestreben, dies zu verhindern, spielte jedoch früher eine größere Rolle als heute, weil damals die Mittel des Staates zur Wahrheitserforschung noch nicht so ausgebaut waren, wie sie es heute sind[24].

Zu den Rechtsgründen zählt[23], daß die Steuerbehörden nach § 204 AO das Recht zur Ermittlung von Amts wegen haben; den Steuerpflichtigen treffen hierbei Hilfspflichten, auch deswegen müsse er gegen unzulässige Weitergabe des von der Behörde ermittelten Materials ge-

---

[21] Riewald, Alfred, Reichsabgabenordnung und Steueranpassungsgesetz, unveränderter Nachdruck 1956 der Aufl. von 1941, S. 254; Koch, Carl und Wolter, Björn, Das Steuergeheimnis, Köln 1958, S. 8.

[22] Mattern, Das Steuergeheimnis, Tübingen 1952, S. 23.

[23] Mattern, Das Steuergeheimnis, Tübingen 1952, S. 13.

[24] Riewald, a. a. O., S. 254.

schützt werden. Diese Pflicht zur Geheimhaltung betrifft gerade auch strafbare Handlungen nicht steuerlicher Art, welche den Steuerbehörden im Verlauf ihrer Ermittlungen bekanntwerden. Solche strafbaren Handlungen dürfen nicht der Staatsanwaltschaft mitgeteilt werden[25], insoweit erfolgt also keine lückenlose Strafverfolgung. Vielmehr bildet § 22 AO „das Gesetz gewordene Resultat der vom Gesetzgeber vorgenommenen Abwägung des öffentlichen Wohls an Geheimhaltung von Vorgängen, die bei der Steuerermittlung den Finanzbehörden bekanntwerden, gegen das öffentliche Interesse an lückenloser Verfolgung begangener Straftaten"[26].

Die Pflicht zur Wahrung des Steuergeheimnisses geht daher weit über die Pflicht zur Amtsverschwiegenheit hinaus[27].

Zu den steuerlichen Dingen, die diesem strengen Schutz durch das Steuergeheimnis unterliegen, gehört auch das gesamte Steuerstrafverfahren der Finanzverwaltung, § 22 AO, selbst für wissenschaftliche Zwecke kann Akteneinsicht nur mit Zustimmung des Steuerpflichtigen gewährt werden[28]. In diesem Steuerstrafverfahren werden sicherlich auch etwaige Wettbewerbsverstöße des Beschuldigten zur Sprache kommen.

Die Befürchtung, ehrliche Steuerpflichtige könnten bei Bekanntwerden ihrer steuerlichen Verhältnisse wettbewerbsmäßig benachteiligt werden, ist unbedingt anzuerkennen; diese Möglichkeit kann jedoch hier außer Betracht bleiben, denn es besteht kein Anlaß, gegen einen ehrlichen Steuerpflichtigen ein Steuerstrafverfahren einzuleiten. Auch die Befürchtung, daß durch die in einem öffentlichen Gerichtsverfahren verhängte Steuerstrafe eine Veränderung der Wettbewerbslage zuungunsten des Täters eintreten kann, ist begründet. So hat nach zuverlässiger Mitteilung der Mitbewerber des in einem gerichtlichen Steuerstrafverfahren Verurteilten V unter Hinweis auf die Tatsache der Verurteilung, die in der Lokalpresse der betreffenden Kleinstadt mit Namensnennung veröffentlicht worden war, und die in der Verhandlung bekanntgewordenen Einzelheiten die Kunden des V abgeworben. Erst nach langem Bemühen erreichte V, daß einige seiner früheren Kunden wieder zu ihm zurückkehrten.

So unerwünscht diese weitere Folge der Steuerstrafe auch sein mag, sie kann bei einer öffentlichen Gerichtsverhandlung nicht verhindert werden, auch hat der Täter diese Folge durch seine Tat, wenn die

---

[25] Mattern, Das Steuergeheimnis, Tübingen 1952, S. 46; es soll nicht versäumt werden hervorzuheben, daß ein Wettbewerbsverstoß kein Vergehen im Sinne des Strafgesetzbuches darstellt.

[26] Felmy, Dr. jur., Staatsanwalt, Soll das Steuergeheimnis dem öffentlichen Interesse an einer lückenlosen Strafverfolgung geopfert werden? in: Finanz-Rundschau 1960, S. 338; Koch-Wolter, a. a. O., S. 130.

[27] Mattern, Das Steuergeheimnis, Tübingen 1952, S. 15.

[28] Koch-Wolter, a. a. O., S. 148/49.

Steuerverkürzung vorsätzlich begangen wurde, letzten Endes selbst verschuldet. Daraus darf aber nicht umgekehrt der Schluß gezogen werden, so gut wie gar keine Strafsachen in Veranlagungsteuern mehr an die Justiz abzugeben (vgl. Anhang Nr. 4 und Nr. 7). Auch ist durch die Konzentration der Steuerstrafsachen beim Amtsgericht am Sitz des Landgerichts nach § 476 AO die Möglichkeit solcher mißbräuchlichen Verwertung zumindest erschwert, besonders im Hinblick auf die Tatsache, daß die Gerichte nur sehr selten die Veröffentlichung mit Namensnennung anordnen. Erscheint aber in der Kölner Lokalpresse ein Bericht ohne Namensnennung, so hat dieser keine wettbewerbsmäßigen Auswirkungen, am wenigsten für einen außerhalb Kölns wohnhaften Täter.

Wie verhält es sich aber nun in den aus der Literatur angeführten Fällen einer Veränderung der Wettbewerbslage durch Steuerhinterziehung? Diese Täter haben sich durch Gesetzesbruch einen Vorsprung im Wettbewerb verschafft und wegen dieses Wettbewerbsverstoßes keinerlei Maßnahmen ihrer Mitbewerber nach § 1 UWG zu befürchten, wenn sie in einem Strafverfahren der Verwaltung verurteilt worden sind. Nach dem Wortlaut des Gesetzes in § 22 AO wird sogar dieser Steuersünder geschützt, die geschädigten, vielleicht ruinierten Wettbewerber können von den ihnen nach § 1 UWG zustehenden Rechten auf Unterlassung und insbesondere auf Schadenersatz keinen Gebrauch machen, weil der Wettbewerbsverstoß — die Preisunterbietung durch Steuerhinterziehung — nicht bekannt wird. Gerade die in der Literatur angeführten Beispiele lassen erkennen, wie unbefriedigend dieses Ergebnis ist.

Daher soll hier die prinzipielle Frage aufgeworfen werden, ob der weitgehende Schutz durch das Steuergeheimnis nicht dahingehend einzuengen ist, daß absoluter Schutz durch das Steuergeheimnis nur dem Steuerehrlichen gewährt wird, während demgegenüber derjenige, der sich steuerunehrlich verhält, in größerem Umfang damit sollte rechnen müssen, daß in einem öffentlichen Verfahren nicht nur die Steuerstraftat, sondern auch sonstige steuerliche Verhältnisse, z. B. die Konkurrenzsituation und etwa vom Angeklagten begangene Wettbewerbsverstöße aufgerollt werden. Nur so kann der durch Preisunterbietung infolge Steuerhinterziehung geschädigte Wettbewerber Kenntnis erlangen von einem derartigen Wettbewerbsverstoß. Diese Kenntnis zu erhalten, stellt bei Wettbewerbsverstößen durch Vertragsbruch kein Problem dar; vielmehr sind hierüber die vertragstreuen Partner als die unmittelbar Betroffenen sehr bald informiert.

Wenn daher auch dem Wettbewerbsverstoß durch Verletzung der Steuergesetze in Zukunft die gleiche Bedeutung zukommen soll wie dem Vorsprung durch Vertragsbruch, so ist als einzige Voraussetzung hierfür die Abgabe in verstärktem Umfang von bei den Finanzämtern anhängigen Steuerstrafverfahren, besonders der schweren Fälle, an das Gericht zu fordern. Die Erfüllung dieser Forderung hängt nun davon ab, ob in diesen Fällen ein zwingendes öffentliches Interesse bejaht wird. Dieses liegt nach heute herrschender Ansicht vor, wenn im Fall des Unterbleibens der Mitteilung die Gefahr bestünde, daß schwere Nachteile für das allgemeine Wohl eintreten[29].

Dieses zwingende öffentliche Interesse wird bei Wirtschaftsvergehen verneint; soweit aus der Literatur ersichtlich ist, daß es sich um Vergehen gegen Bewirtschaftungsvorschriften aus der Zeit der gelenkten Wirtschaft handelt, ist dem zuzustimmen[30].

In der Literatur wird aber zugleich darauf hingewiesen, daß das zwingende öffentliche Interesse bei Wirtschaftsvergehen dann bejaht werden müsse[31], wenn durch derartige Straftaten die Wirtschaftsordnung schweren Schaden leiden könne[32].

In unserer heutigen, auf die Prinzipien der Marktwirtschaft gegründeten Wirtschaftsordnung kommt der Aufrechterhaltung des Wettbewerbs die entscheidende Bedeutung zu. Wenn daher Steuerpflichtige hinterzogene Steuern dazu benutzen, um ihre eigene, im Preis sich spiegelnde Leistung zu verfälschen, so ist die in der Steuerhinterziehung liegende Straftat und ihre Ausnutzung im Wettbewerb geeignet, der gesamten Wirtschaftsordnung schweren Schaden zuzufügen. Niemand wird aber bestreiten, daß ein solches Verhalten genau die Voraussetzungen erfüllt, die an das zwingende öffentliche Interesse gestellt werden müssen, um die Mitteilung einer solchen Steuerstraftat von seiten des Finanzamts an die Staatsanwaltschaft zu begründen.

---

[29] Mattern, Das Steuergeheimnis, Tübingen 1952, S. 44; Koch-Wolter, a. a. O., S. 58.

[30] Mattern, Für und Wider das Steuergeheimnis, in: Deutsche Gemeindesteuer-Zeitung 1954, S. 120, Ders., Das Steuergeheimnis, in: Der Betriebsberater 1955, S. 650; Spitaler, Hübschmann-Hepp-Spitaler, Anm. 9 zu § 22 AO: Darin nimmt Spitaler Bezug auf die Erklärung des Bayr. Finanzministers im Bay. Landtag vom 26. 1. 1949; in dieser hatte der Minister die Mitteilung von Wirtschaftsvergehen durch das Finanzamt an die Staatsanwaltschaft dann befürwortet, wenn es sich um große Mengen bewirtschafteter Waren handele, die auf dem Schwarzmarkt abgesetzt worden waren. Handelte es sich dagegen um kleine Mengen für den Privatverbrauch des Unternehmers, so sollte keine Mitteilung an die Staatsanwaltschaft erfolgen. — Hiergegen wendet Spitaler ein, daß es aus rechtsstaatlichen Erwägungen nicht angehe, die Entscheidung darüber, ob das Steuergeheimnis durch Strafanzeige verletzt werden solle oder nicht, von der Ermessensentscheidung eines Beamten abhängig zu machen, weil diese Entscheidung je nach der persönlichen Einstellung völlig verschieden ausfallen könne.

[31] Mattern, Für und Wider das Steuergeheimnis, a. a. O., S. 120, Anm. 41; Ders., Das Steuergeheimnis, in: Der Betriebsberater 1955, S. 650, Anm. 84; Koch-Wolter, a. a. O., S. 132, Anm. 597.

[32] In der in Fußnote 31 angeführten Literatur wird von „schwersten Schäden für das gesamte Preisgefüge", gesprochen.

Der Verfasser kommt zu diesem Ergebnis von einer bestimmten Grund-
auffassung über das Verhältnis von Wirtschaft und Wirtschaftsordnung zur Steuergesetzgebung und auch Steuerverwaltung. Danach sind
Steuergesetzgebung und in gewissem Umfang auch die Steuerverwaltung nur in enger Beziehung zu der Wirtschaft und Wirtschaftsordnung
denkbar, aus der auf Grund der Gesetze Steuergelder in erheblichem
Umfang entnommen werden sollen. Das bedeutet aber, daß sich dieses
Verhältnis nicht allein auf eine mehr oder weniger genaue Schätzung
der zu erwartenden Steuereinnahmen beschränken darf, sondern die
Überlegung einschließen muß, welche Rückwirkungen das geltende
Steuersystem auf Wirtschaft und Wirtschaftsordnung haben kann oder
haben wird.

Betrachtet man dagegen das Steuersystem losgelöst von Wirtschaft
und Wirtschaftsordnung, etwa mit der Begründung, das Steuersystem
dürfe nicht den jeweils herrschenden Ansichten der Wirtschaftspolitik
folgen, sondern müsse in seinen Grundzügen konstant und wirtschaftspolitisch neutral bleiben, orientiert man also das Steuersystem nicht an
dem lebendigen Organismus „Wirtschaft", auf den einzuwirken es bestimmt ist, sondern an außerwirtschaftlichen Vorbildern, so gelangt
man zu einem von der hier vertretenen Ansicht abweichenden, ja ihr
entgegengesetzten Ergebnis. Dann haben Vorschriften wie z. B. über
das Steuergeheimnis, das doch den Zweck verfolgt, eine gleichmäßige
und gerechte Besteuerung zu sichern[33], nicht mehr die Aufgabe, dem
Ziel, dem sie untergeordnet sind und das in einer Steuererhebung besteht, die auf Grund von Gesetzen erfolgt, die ihrerseits wiederum der
zwischen Steuergesetzen und Wirtschaft gegebenen engen Wechsel-
beziehung Rechnung tragen, zu dienen, sondern sie werden zum Selbst-
zweck.

Diese unterschiedlichen Meinungen sollen an einem theoretischen
Beispiel erörtert werden:

Der Autodieb A eröffnet mit gestohlenen Kraftwagen eine Mietwa-
gen-GmbH und verdrängt infolge günstigerer Preise seine Konkurrenten vom Markt; von seinen Einkünften aus dieser gewerblichen Tätigkeit zahlt A keine Steuern. Seine konkurrenzlosen Preise sind darauf
zurückzuführen, daß A

1. bei der Kalkulation keine Abschreibungen zu berücksichtigen
   braucht, denn er ersetzt ausgediente Wagen durch gestohlene;

2. darüber hinaus noch die hinterzogenen Steuerbeträge zu einer
   weiteren Preissenkung unter die Preise seiner Konkurrenten ver-
   wendet.

---

[33] Koch-Wolter, a. a. O., S. 8/9.

Nach der herrschenden Ansicht, die auf einer wirtschaftspolitisch neutralen Auffassung der Steuergesetze beruht, darf dieser Fall nicht an die Justiz abgegeben werden, denn A wird durch das Steuergeheimnis geschützt, weil selbst ein von der Rechtsordnung mißbilligter Vorgang wie die Vermietung gestohlener Wagen, der sittlich neutralen Besteuerung unterliegt, selbst wenn er die Wirtschaftsordnung schädigt.

Nach der hier vertretenen Meinung, die im Steuergeheimnis den Lohn an den ehrlichen Steuerzahler erblickt, daß er seine Besteuerungsgrundlagen angibt, ohne daß die Steuerverwaltung diese auf Grund ihrer zuverlässigen Hilfsmittel, aber durch einigen Verwaltungsaufwand — wie bei einem Steuerunehrlichen — ermitteln muß, gebührt A nicht der Schutz durch das Steuergeheimnis. Dabei soll nach dem gewählten Ausgangspunkt hier die Versagung des Schutzes durch das Steuergeheimnis nicht auf die Vermietung gestohlener Kraftwagen als eines zwar von der Rechtsordnung, nicht aber von der Wirtschaftsordnung mißbilligten Vorgangs gestützt werden, sondern auf die Schädigung der Wirtschaftsordnung als solcher infolge eines Verhaltens im Wettbewerb, das auf Grund eines durch Rechtsbruch erlangten Vorteils — hier interessiert nur der durch die Steuerhinterziehung erlangte Preisvorteil — beruht.

Nach der herrschenden, offensichtlich noch an der gelenkten Wirtschaft als dem wirtschaftspolitischen Leitbild der Vergangenheit ausgerichteten Ansicht[34], braucht der Fall aber auch vom Standpunkt des Verstoßes gegen die Wirtschaftsordnung nicht an die Justiz abgegeben werden, denn A ist gar nicht in der Lage, das gesamte Preisgefüge auf dem Mietwagenmarkt in der Bundesrepublik als dem „Geltungsbereich der Marktwirtschaft" zu erschüttern; er kann dies nur für einen kleinen Teilbereich, Elementarmarkt genannt. Wir wollen diesen Elementarmarkt groß wählen und annehmen, er umfasse das gesamte Stadtgebiet von Köln. Ein durch das geschilderte Verhalten des A für Köln herbeigeführter Preissturz in Mietwagen ist also — nach der Argumentation der herrschenden, wirtschaftspolitisch neutralen Ansicht — sogar positiv zu beurteilen, denn die Preise geraten in Bewegung, sogar nach unten, ohne daß das „gesamte Preisgefüge" Schaden leidet, also ist die Richtigkeit der wirtschaftspolitisch neutralen Richtung bestätigt, die sich für den Schutz des Steuergeheimnisses in jedem Fall einsetzt!

Danach kann gegen A nur noch in einem öffentlichen Verfahren verhandelt werden, wenn, falls das Finanzamt die Mitteilung einer von A begangenen strafbaren Handlung an die Staatsanwaltschaft unterläßt, die Gefahr eines schweren Nachteils für das allgemeine Wohl be-

---

[34] Vgl. Fußnote 26 und 27 auf S. 100.

stünde[35]. Das ist aber nur noch dann möglich, wenn A außerdem noch einen Hochverrat begeht.

Allein durch die verstärkte Abgabe derartiger, den Bestand der Wirtschaftsordnung gefährdender Steuervergehen erscheint es möglich, den Forderungen der Wirtschaftspolitik an die Auslegung juristischer Tatbestände zu entsprechen[36]. Diese Forderung bedeutet in diesem Zusammenhang nichts anderes als die Unterstützung unserer auf Wettbewerb gegründeten Marktordnung durch Steuersystem und Steuerverwaltung selbst dann, wenn diese Unterstützung auf Kosten der Herbeiführung oder Aufrechterhaltung eines guten „Betriebsklimas" zwischen Finanzamt und Steuerpflichtigen erfolgen muß.

II. Das Steuerstrafverfahren der Gerichte und der Verwaltung, eine zahlenmäßige Gegenüberstellung für den Bezirk Köln

In einem früheren Abschnitt hatten wir festgestellt, daß nicht nur der Beschuldigte eines Strafverfahrens der Finanzverwaltung die öffentliche Kontrolle herbeiführen kann, indem er nach §§ 450, 462 AO den Antrag auf gerichtliche Entscheidung stellt; vielmehr besteht ebenso für das Finanzamt die Möglichkeit, jederzeit ein Strafverfahren an die Staatsanwaltschaft abzugeben. Dabei war auf die Ansicht hingewiesen worden, daß es dem Betroffenen selbst anheim gestellt bleiben könne, bei zu strenger Anwendung der Steuerstrafgesetze durch das Finanzamt das ordentliche Gericht anzurufen und so die öffentliche Kontrolle herbeizuführen, während bei zu milder Anwendung der Gesetze durch das Finanzamt nur ein geringes Interesse der Öffentlichkeit an einer Kontrolle bestehe[37].

Dem hatten wir schon am Schluß des Abschnitts über die Verfassungsmäßigkeit des Steuerstrafverfahrens den Gedanken entgegengestellt, in einem Rechtsstaat könne es sich immer nur um die Kontrolle hinsichtlich Gleichheit der Rechtsanwendung aller nach dem Gesetz für die Entscheidung von Strafsachen zuständigen Staatsorgane handeln. An einer allgemein milden Anwendung der Steuerstrafgesetze wird ebensowenig etwas auszusetzen sein wie an einer allgemein strengen Praxis, jedoch stets unter der Voraussetzung, daß die Gleichheit der Rechtsanwendung durch Finanzamt und Gericht gewährleistet ist.

Es soll daher die Frage aufgeworfen werden, ob dies bei der bestehenden Zweigleisigkeit des Steuerstrafverfahrens der Fall ist.

---

[35] Mattern, Das Steuergeheimnis, Tübingen 1952, S. 44.
[36] Schmölders, Die Weiterbildung des Wirtschaftsrechts, in: Zeitschrift für die gesamte Staatswissenschaft, Bd. 101, Tübingen 1940/41, S. 78.
[37] Haver, Ist die Strafgewalt des Finanzamts mit dem Grundgesetz und der Menschenrechtskonvention vereinbar? in: NJW 1957, S. 90.

Bei dem Versuch, diese Frage zu beantworten, wollen wir so vorgehen, daß das im Anhang Nr. 7 über das Strafverfahren der Gerichte
und der Verwaltung enthaltene Zahlenmaterial ausgewertet wird, und
zwar in der Weise, daß

1. der zahlenmäßige Umfang der Steuerstrafverfahren der Gerichte
   und der Verwaltung,

2. die Zahl der Einstellungen,

3. die Zahl und Bedeutung der Fälle, in welchen die vom Finanzamt
   verhängte Geldstrafe in Ersatzfreiheitsstrafe umgewandelt wurde,

besprochen wird. In Verbindung mit den in der Literatur vertretenen
Meinungen kann dann anschließend versucht werden, eine Antwort auf
die Frage nach der Gleichheit der Rechtsanwendung zu finden. Falls
diese Antwort negativ ausfällt, werden wir uns weiter damit beschäftigen müssen, ob eine etwa vorhandene Ungleichheit in der Rechtsanwendung durch öffentliche Kontrolle verhindert werden kann und wie
dabei verfahren werden könnte.

1. Der zahlenmäßige Umfang
der Steuerstrafverfahren der Gerichte
und der Verwaltung

In der modernen Literatur finden sich keine Angaben über den zahlenmäßigen Umfang der sowohl von der Finanzverwaltung als auch von
den Gerichten durchgeführten Steuerstrafverfahren[38]. Der Grund hierfür ist darin zu erblicken, daß eine zentrale Statistik über Steuervergehen vom Bundesfinanzministerium nicht geführt wird[39] und die Fi-
nanzverwaltungen der Länder das bei ihnen vorhandene Material nicht
veröffentlichen, weil sie Bedenken haben, es könnte zum Ausgangspunkt von unsachlichen Angriffen auf die Finanzverwaltung benutzt
werden. Daher beschränkt sich die Gegenüberstellung auf das vom Verfasser erarbeitete oder ihm von Herrn Oberregierungsrat Irmer, Leiter
der Steuerfahndungsabteilung bei der Oberfinanzdirektion Köln, zu-
gänglich gemachte Zahlenmaterial.

Obwohl Gegenstand dieser Arbeit eine Untersuchung von Steuerstrafsachen der ordentlichen Gerichte bildet, so vermittelt das Aktenstudium
doch einen Einblick in den Arbeitsumfang einer großen Gemeinsamen
Strafsachenstelle eines Finanzamts. 95 der von den Kölner Gerichten

---

[38] Für die Zeit von 1892 bis 1913, vgl. Anhang Nr. 1; nach Hartung, Kommentar, S. 11 war in den 20er Jahren jede achte bis zehnte Strafsache, die
zum Reichsgericht kam, eine Steuerstrafsache.
[39] Abg. Lotze unter Berufung auf eine Mitteilung des Bundesfinanzministeriums, in: Stenographische Berichte über die Verhandlungen des Deutschen Bundestages, 2. Wahlperiode 1953, Bd. 28, S. 7040.

entschiedenen Strafsachen gingen, bevor sie der Staatsanwaltschaft zugeleitet wurden, durch die Hände von Beamten der Finanzverwaltung, nur in einem Fall wurde während eines anhängigen Zivilprozesses vom Amtsgericht Strafanzeige erstattet (15 Ms 223/57).

Zunächst ist auf eine sehr bedeutsame organisatorische Maßnahme hinzuweisen, die zu Beginn des Untersuchungszeitraums erfolgte: Am 6. Januar 1953 verfügte das Finanzministerium des Landes Nordrhein-Westfalen die Bildung von Gemeinsamen Strafsachenstellen[40]. Auf Grund dessen entstand durch Verfügung der Oberfinanzdirektion Köln vom 26. März 1953 die Gemeinsame Strafsachenstelle Köln, die für Strafsachen der sechs Kölner Finanzämter zuständig ist sowie für solche der Finanzämter Bergheim und Bergisch-Gladbach. Ziel dieser Maßnahme war, die früher bei jedem einzelnen Finanzamt vorhandenen Strafsachenstellen bei einem Finanzamt zusammenzufassen; vor allem sollte Einheitlichkeit der Rechtsprechung innerhalb eines über den Bereich eines einzelnen Finanzamts hinausgehenden Bezirks angestrebt werden. Heute ist die Gemeinsame Strafsachenstelle Köln außer mit dem Leiter mit zwei Assessoren und fünf Steuerinspektoren besetzt. Der Errichtung der gemeinsamen Strafsachenstellen der Finanzverwaltung entsprach die Regelung in der Justizverwaltung, für Steuerstrafsachen die ausschließliche Zuständigkeit desjenigen Amtsgerichts zu begründen, das seinen Sitz am Sitz eines Landgerichts hat, § 476 a AO[41].

Vorweg kann gesagt werden: Das mit der Errichtung der gemeinsamen Strafsachenstellen verfolgte Ziel einer einheitlichen Rechtsprechung wurde erreicht, die vorher zwischen benachbarten Finanzämtern bestehenden Unterschiede in der Handhabung der steuerstrafrechtlichen Bestimmungen der Abgabenordnung sind beseitigt worden (vgl. 25 Ms 101/52). Freilich benötigten, wie jede neue Einrichtung, auch die gemeinsamen Strafsachenstellen eine gewisse Anlaufzeit, die nicht zu kurz bemessen werden darf.

In der Literatur wird die Meinung vertreten, bei den im Unterwerfungsverfahren beigelegten Straffällen handele es sich durchweg um leichte Fälle, während die schweren Fälle an die Staatsanwaltschaft weitergeleitet würden, um die Entscheidung des Gerichts herbeizuführen[42], sowie um solche, bei denen der Versuch, die Steuerstrafsache außergerichtlich beizulegen, gescheitert ist[43]. Bei diesen letzteren handelt es sich um diejenigen Fälle, in denen der Beschuldigte Antrag auf gerichtliche Entscheidung stellt.

---

[40] AZ: 0 1760 - 14024 - II B 1.
[41] Vgl. Stenogr. Berichte über die Verhandlungen des Deutschen Bundestages, 2. Wahlperiode 1953, Bd. 28 S. 7038 f. sowie das Gesetz vom 11. 5. 1956, BGBl. I S. 418.
[42] Niese, a. a. O., S. 347; Mattern, Verwaltungs- und gerichtliches Steuerstrafverfahren, a. a. O., S. 422.
[43] Großer Senat des BFH vom 10. 2. 1958, in NJW 1958, S. 846 f.

Der Begriff des schweren Falles kann verschieden interpretiert werden: Man muß als schweren Fall einen solchen bezeichnen, bei dem der Täter eine besondere verbrecherische Energie entwickelt hat[44], um den erstrebten Vorteil zu erlangen. Das ist z. B. der Fall bei jeder Lohnsteuerhinterziehung durch Fälschung der Lohnsteuerkarte. Dabei kann der Tatsache keine Bedeutung zuerkannt werden, daß bei diesen Fällen der Lohnsteuerhinterziehung der hinterzogene Betrag seiner Höhe nach klein ist. Der Gesetzgeber hat in den Fällen besonderer verbrecherischer Energie durch die zwingend vorgeschriebene Abgabe des Falles an die Staatsanwaltschaft zu erkennen gegeben, daß hier nur das Gericht entscheiden soll.

Für die Hinterziehung der Kraftfahrzeugsteuer gilt, freilich längst nicht in diesem Umfang, ähnliches wie für die Lohnsteuerhinterziehung durch Urkundenfälschung: Den kriminellen Unrechtsgehalt sieht das Gericht bei der Bedeutung des Straßenverkehrs im Leben eines jeden Verkehrsteilnehmers in der Benutzung eines nicht haftpflichtversicherten Kraftfahrzeugs, so daß bei einem Unfall der Geschädigte keine Aussicht hat, jemals Ersatz für den erlittenen Schaden zu erhalten[45].

Aus diesen zwei Hauptgruppen der vom Finanzamt wegen Verletzung eines „höherwertigen Rechtsgutes" zur gerichtlichen Entscheidung abgegebenen Sachen geht jedoch hervor, daß dabei die Ahndung der Steuerstraftat an Bedeutung zurücktritt. Diese streng am Wortlaut des Gesetzes orientierte Auslegung gibt dem Begriff des schweren Falles einen Inhalt, bei dem die Belange des Steuerstrafrechts unberücksichtigt bleiben: Diese Auslegung kann den falschen Eindruck vermitteln, daß es außerhalb dieser beiden Gruppen einen spezifisch steuerstrafrechtlich schweren Fall nicht gäbe. Dieser Eindruck wird noch verstärkt durch den Begriff des „höherwertigen Rechtsgutes", ist dieser doch — entgegen sämtlichen Bemühungen der Wissenschaft — geeignet, den nach jahrzehntelangem Schwanken endlich als kriminell anerkannten Charakter der Steuerhinterziehung in den Augen der Allgemeinheit als strafrechtlich nicht vollwertig zu deklassieren. Das läßt erkennen, daß die Finanzverwaltung bestrebt ist, sämtliche Strafsachen, die ausschließlich Vergehen gegen die Steuergesetze darstellen, in eigener Zuständigkeit zu entscheiden, ohne Unterschied, ob der Unrechtsgehalt der Tat groß oder klein ist.

Was den zahlenmäßigen Umfang angeht, so überrascht zunächst die Diskrepanz zwischen der Zahl der von der Gemeinsamen Strafsachenstelle Köln und den vom Amts- und Landgericht Köln erledigten Verfahren. Im gerichtlichen Steuerstrafverfahren wurden von 1950 bis

---

[44] Terstegen, Das Steuerstrafrecht in soziologischer Sicht, a. a. O., S. 21.
[45] Anhang Nr. 4 läßt erkennen, wie ab 1955/56 zugleich mit der allgemeinen Motorisierung auch die Hinterziehung von Kraftfahrzeugsteuern stark angestiegen ist, und, mit Ausnahme von 1958, noch laufend steigt.

1959 insgesamt 96 Verfahren durchgeführt (vgl. Anhang Nr. 5). Von der Gemeinsamen Strafsachenstelle Köln wurden von ihrer Errichtung bis zum Ende des Untersuchungszeitraums (1953—1959) insgesamt 7312 Verfahren eingeleitet und hiervon 6299 erledigt (vgl. Anhang Nr. 7 und 8)[46].

Es ist nun von Interesse, die Zahlen der wegen vorsätzlicher Steuerhinterziehung nach § 396 AO verurteilten Personen zu vergleichen mit der Zahl derjenigen Personen, die im Untersuchungszeitraum im Landgerichtsbezirk Köln wegen Betruges nach § 263 StGB verurteilt worden sind, um so das Verhältnis der offenen Kriminalität zwischen Steuerhinterziehung und Betrug zu ermitteln (vgl. hierzu Anhang Nr. 11).

Es läßt sich einwenden, daß der Landgerichtsbezirk Köln größer ist als der Bereich der Gemeinsamen Strafsachenstelle Köln (vgl. oben S. 107). Dieser räumliche Unterschied besteht auf Grund der Tatsache, daß die Gemeinsame Strafsachenstelle Bonn einen Teil des Landgerichtsbezirks Köln umfaßt. Für das gerichtliche Steuerstrafverfahren ergeben sich hieraus keine Unterschiede, denn nach § 476 a AO ist für Steuervergehen örtlich zuständig das Amtsgericht am Sitz des Landgerichts. Die Folge dieser Vorschrift ist, daß auch solche Verfahren an das Amts- und Landgericht Köln gelangen, die nicht von der Gemeinsamen Strafsachenstelle Köln, sondern von der Strafsachenstelle Bonn bearbeitet worden sind. Daraus ergibt sich eine Fehlerquelle für die Vergleichbarkeit der Zahlen des gerichtlichen Steuerstrafverfahrens mit denen der Finanzverwaltung. Diese Fehlerquelle soll jedoch in Kauf genommen werden, weil trotz der unterschiedlichen räumlichen Abgrenzung der Zuständigkeitsbereiche von Justiz- und Finanzverwaltung in Steuerstrafsachen der Bezirk des Landgerichts Köln und der Bereich der Gemeinsamen Strafsachenstelle Köln noch am ehesten miteinander vergleichbar sind.

In der Kriminalstatistik des Landes Nordrhein-Westfalen werden die Verurteilungen wegen Untreue nach § 266 StGB, die im Rahmen dieser Arbeit nicht interessieren, mit den Zahlen der Verurteilungen wegen Betruges nach § 263 StGB zusammengefaßt. Dadurch wird die Vergleichbarkeit beeinträchtigt, und diese Fehlerquelle ist daher zu eliminieren. Dabei soll so vorgegangen werden, daß die Gesamtzahl aller nach den §§ 263 (Betrug), 264 (Betrug im zweiten Rückfall) und 266 (Untreue) in einem Jahr in der Bundesrepublik verurteilten Personen gleich 100 % gesetzt wird und hiervon der prozentuale Anteil der nach § 266 StGB verurteilten Personen ermittelt wird (vgl. Anhang Nr. 11). Im Jahre 1953 betrug die Gesamtzahl der wegen der genannten Vergehen ver-

---

[46] Für die Zeit von 1950 bis zur Errichtung der Gemeinsamen Strafsachenstelle Köln waren die Zahlen bei den einzelnen Finanzämtern, die heute den Bereich der Gemeinsamen Strafsachenstelle Köln bilden, nicht zu erhalten.

urteilten Personen 46 484; in dieser Gesamtzahl sind 3644 Personen oder 7,839 % enthalten, die wegen Untreue nach § 266 StGB verurteilt worden sind. Für 1955 beträgt die Gesamtzahl 39 661 Personen, der Anteil der nach § 266 StGB Verurteilten hieran beträgt 3266 oder 8,234 %.

Wendet man eine dieser Prozentzahlen auf das Verhältnis von Betrug und Untreue im Landgerichtsbezirk Köln an, so ist die durch die Einbeziehung der Untreue in die Kriminalstatistik für unsere Zwecke entstandene Ungenauigkeit eliminiert.

Das Verhältnis der offenen Kriminalität zwischen Betrug und Steuerhinterziehung soll nun wie folgt berechnet werden: Von der Gesamtzahl der im Jahre 1953 im Landgerichtsbezirk Köln wegen Betrug und Untreue verurteilten 1648 Personen werden die Heranwachsenden (9) und die Frauen (319) abgezogen; die erste Gruppe wird deswegen hier abgesetzt, weil als Täter von Steuerhinterziehungen im gerichtlichen Steuerstrafverfahren Heranwachsende überhaupt nicht festgestellt wurden. Die zweite Gruppe der Frauen stellte zwei Täter, die aber wohl unberücksichtigt bleiben können. Demnach verbleibt eine Ziffer von 1320 Verurteilten. Hiervon wird der Anteil der Verurteilungen wegen Untreue in Höhe des eben für 1953 errechneten Bundesdurchschnitts von 7,84 % = 103 (103,49) abgezogen und es verbleibt die Zahl von 1217 Betrugsfällen als Vergleichsbasis.

Dieser Zahl stehen 1953 insgesamt 258 Verurteilungen nach § 396 AO gegenüber; 6 im gerichtlichen Steuerstrafverfahren (vgl. Anhang Nr. 5) und 252 im Steuerstrafverfahren der Verwaltung (vgl. Anhang Nr. 8). Die offene Steuerkriminalität nach § 396 AO macht für 1953 im Vergleichsbezirk 21,199 % aus, gemessen an der Betrugskriminalität. Die gleiche Berechnung soll für 1955 durchgeführt werden, und zwar mit dem Eliminierungsfaktor 8,23 % für die wegen Untreue verurteilten Personen: Danach macht die offene Steuerkriminalität, gemessen an der Betrugskriminalität, 17,074 % aus.

2. Die Zahl der von der Verwaltung eingestellten Verfahren

In der Literatur wird gefordert[48], der Staatsanwaltschaft nach dem Vorbild des Ordnungswidrigkeiten-Gesetzes vom 25. März 1952[49] das Recht zuzuerkennen, die Einstellung von Verfahren zu prüfen, die von

---

[47] Der Landgerichtsbezirk Köln umfaßt: Den Stadt- und Landkreis Köln, den Rheinisch-Bergischen Kreis, den Landkreis Bergheim und den Oberbergischen Kreis (außer Waldbröl), zitiert nach: Statistisches Jahrbuch der Stadt Köln 45. Jg. 1959, S. 131.

[48] Niese, Das Steuerstrafverfahren, in: Zeitschrift für die gesamte Strafrechtswissenschaft, Bd. 70, Berlin 1958, S. 351.

[49] BGBl. I S. 177.

der Finanzverwaltung zunächst eingeleitet, aber nicht von ihr durch „Urteil" abgeschlossen wurden (vgl. Anhang Nr. 8). Dabei ist das Bedenken nicht zu verkennen, die Finanzverwaltung könne u. U. einen Täter, dessen Steuerhinterziehung nach Unrechts- und Schuldgehalt bestraft werden muß, durch Einstellung des Verfahrens der Bestrafung entziehen. Dieser Ansicht kann nicht zugestimmt werden.

Zunächst soll auf das Argument eingegangen werden, es handele sich bei den Sachbearbeitern der Strafsachenstellen nicht um unabhängige, nur dem Gesetz unterworfene Richter, sondern um weisungsgebundene Beamte; es sei daher zu befürchten, daß gesetzesfremde Einflüsse im Steuerstrafverfahren der Verwaltung geltend gemacht werden könnten. In der Praxis liegt jedoch die Entscheidung darüber, ob ein eingeleitetes Verwaltungsteuerstrafverfahren eingestellt werden soll oder nicht, dann bei der Oberfinanzdirektion, wenn zwischen der Gemeinsamen Strafsachenstelle und dem Leiter des für den betreffenden Steuersünder zuständigen Finanzamts in der Frage der Einstellung des Verfahrens Meinungsverschiedenheiten auftreten. Tatsächlich — wenn auch nicht rechtlich — haben daher die Beamten der Strafsachenstellen richterliche Unabhängigkeit.

Werfen wir nun einen Blick auf Anhang Nr. 8 und darin auf die Spalte „Zahl der eingestellten Verfahren". Dabei überrascht zunächst die Zahl der Einstellungen, die auf den ersten Blick hoch erscheint. Bei der Auswertung dieser Zahlen, besonders für das Jahr 1954, ist jedoch zu berücksichtigen, daß am 17. Juli 1954 das Straffreiheitsgesetz erging[50]. Danach konnten anhängige Verfahren eingestellt werden, wenn „keine schwerere Strafe als Freiheitsstrafe bis zu drei Monaten und Geldstrafe, bei der die Ersatzfreiheitsstrafe drei Monate nicht übersteigt, nicht zu erwarten ist". Für Steuervergehen galten nach § 4 dieses Gesetzes einige Besonderheiten: Straffreiheit wurde nur gewährt, wenn die Steuerforderung, auf die sich die Tat bezog, bis zum 31. Dezember 1952 entstanden war und entweder die Tat vor dem 1. Dezember 1953 begangen wurde, oder die unrichtige Steuererklärung vor dem 1. Dezember 1953 abgegeben worden ist. Dieses Gesetz sollte der Entlastung aller mit der Rechtsprechung betrauten staatlichen Organe dienen. Auf Grund dieses Gesetzes wurden 1954 und auch 1955 zahlreiche Verfahren eingestellt, aber auch in späteren Jahren ist die Zahl der eingestellten Verfahren hoch.

Diese Tatsache scheint zunächst die Ansicht von Niese[51] zu rechtfertigen, der, wie erwähnt, gerade die Einstellungen von der Staatsanwaltschaft überprüft wissen will. Der Verfasser folgt jedoch insoweit nicht der Meinung Nieses, und zwar aus folgenden Gründen: In

---

[50] BGBl. I 1954, S. 203.
[51] Niese, a. a. O., S. 351.

den Besprechungen mit Beamten der Finanzverwaltung (des Landes-
finanzministeriums in Düsseldorf, der Oberfinanzdirektion in Köln und
der Gemeinsamen Strafsachenstelle Köln im Finanzamt Köln — Kör-
perschaften) sind stets zwei — freilich einander widerstreitende —
Gründe für das Verhalten der Finanzverwaltung in Steuerstrafsachen
angegeben worden:

Es ist bekannt, daß nicht bei allen Steuerpflichtigen in den vom Gesetz vorgeschriebenen zeitlichen Abständen eine Betriebsprüfung statt-
finden kann. Diese Tatsache nutzen viele Steuerpflichtige aus, indem
sie bewußt das Risiko eingehen, im Fall der Überprüfung ihres Betriebes Steuern nachzahlen zu müssen. Um diesem Übelstand entgegenzutreten, werden die von den Betriebsprüfern eingereichten Berichte vom
Sachbearbeiter auch dahingehend überprüft, ob dem Pflichtigen aus
seinem Verhalten ein steuerstrafrechtlicher Vorwurf zu machen ist;
in Ausnahmefällen fügt schon der Betriebsprüfer einen strafrechtlichen Vermerk seinem Bericht bei (vgl. 15 Ms 120/55). Dabei ist jedoch
zu beachten, daß der Betriebsprüfungsbericht zunächst nicht unter steu-
erstrafrechtlichem Aspekt gesehen wird; diese Betrachtungsweise setzt
erst ein, wenn sich während der Auswertung des Berichts der Verdacht eines Steuervergehens ergibt. Daraufhin erfolgt die Abgabe des
Falles von dem zuständigen Finanzamt an die Gemeinsame Strafsachenstelle zur weiteren Überprüfung und etwaigen Strafverfolgung. Es
handelt sich hier also gewissermaßen um den — vom Verfasser so genannten — harten Kurs der Finanzverwaltung gegenüber dem Steuerpflichtigen.

Ein Blick in den Anhang Nr. 8 zeigt nun, daß zwar in sehr vielen
Fällen ein Steuerstrafverfahren eingeleitet wird, daß aber die Beamten
der Strafsachenstelle nach sorgfältiger Prüfung den vom Sachbearbeiter geäußerten Verdacht eines Steuervergehens nicht bestätigen. Daraufhin erfolgt dann regelmäßig die Einstellung des Verfahrens. Was die
Zahlen selbst angeht, so ist hierzu folgendes zu bemerken: Die Gemeinsame Strafsachenstelle wurde am 26. März 1953 errichtet; in der
hohen Zahl der 1953 eingeleiteten Strafverfahren (Anhang Nr. 7) sind
vorwiegend solche enthalten, die bei anderen Finanzämtern im Bereich
der neu errichteten Strafsachenstelle schon anhängig waren. Hieraus
folgt weiter die große Zahl der 1954 erledigten Verfahren, während
die überraschend hohe Zahl der 1954 eingestellten Verfahren auf das
Straffreiheitsgesetz zurückzuführen ist.

Diesem sogenannten „harten Kurs" ist jedoch ein anderes, nicht minder beachtliches Argument gegenüber zu stellen, nämlich dasjenige des
„Betriebsklimas" zwischen Finanzamt und Steuerpflichtigem[52]. Es wird

---

[52] Hartung, Verwaltungs- und gerichtliches Steuerstrafverfahren, in: NJW
1956, S. 42.

von seiten der Finanzverwaltung immer wieder mit Recht der Unterschied hervorgehoben, der zwischen der Rechtsprechung der Gerichte und der Tätigkeit der Finanzverwaltung besteht: Der Richter sieht einen Angeklagten gewöhnlich nur einmal; erscheint er wegen des gleichen Vergehens ein zweites Mal vor Gericht, wird er also rückfällig, so macht ihm das Gesetz hieraus einen besonderen Vorwurf.

Umgekehrt liegen die Dinge bei der Finanzverwaltung: Zwischen Finanzamt und dem einzelnen Steuerpflichtigen besteht eine laufende Beziehung, der Pflichtige erscheint nicht einmal, sondern bei jedem Steuerzahlungstermin erneut. Verletzt nun der Pflichtige eine ihm im Interesse der Besteuerung auferlegte Pflicht, deren Vorwerfbarkeit ihm in einem Verfahren vor Augen geführt wird, das nicht nach den strengen Regeln der Strafprozeßordnung abläuft, so liegt der Nachdruck dieses Verfahrens weniger auf dem Strafzweck als vielmehr darauf, den Pflichtigen in Zukunft zu einer korrekten Erfüllung seiner steuerlichen Pflichten anzuhalten. Diese erzieherische Wirkung steht beim Steuerstrafverfahren der Verwaltung im Vordergrund, ihr dient vor allem das Unterwerfungsverfahren, und aus diesem Grund ist heute das Finanzamt wieder für die Ahndung von Rückfällen zuständig, solange ein leichter Fall angenommen werden kann, § 404 AO Abs. I Satz 2[53]. Diesem Bestreben der Finanzverwaltung nach Pflege des Betriebsklimas liegt die Erkenntnis zugrunde, daß seine Verschlechterung für die Finanzverwaltung einen nicht unerheblichen Mehraufwand an Arbeit bedeuten würde.

Trotz dieses zuletzt genannten Bestrebens besteht auch deswegen kein Bedenken gegen die hohe Zahl der Einstellungen, weil bei Verdacht eines Steuervergehens dieser Verdacht nicht allein nach § 396 AO zu prüfen ist, sondern ebenso nach den „Auffangtatbeständen" der §§ 402 (fahrlässige Steuerverkürzung) und 413 (Steuerordnungswidrigkeit) der Abgabenordnung. Ergibt die Prüfung der Verdachtsmomente, daß sie für eine Verurteilung nach keiner der angeführten Bestimmungen ausreichen, so erfolgt die Einstellung.

Zur Stützung der hier vertretenen Ansicht, daß auch eine hohe Zahl eingestellter Verfahren keinen Anlaß zur Beanstandung bietet, sei ferner darauf hingewiesen, daß jede Staatsanwaltschaft in einer großen Zahl von Fällen Ermittlungen einleitet, die Verdachtsmomente aber nur bei einem Teil durch das Ermittlungsergebnis bestätigt werden, auf Grund dessen dann Anklage erhoben wird. Abschließend darf noch auf die Aufstellung über die ohne Urteil abgeschlossenen Verfahren im gerichtlichen Steuerstrafverfahren hingewiesen werden (Anhang Nr. 6). Danach wurden im Untersuchungszeitraum neun Verfahren beim Gericht anhängig, bei denen zwar das Finanzamt den Tat-

---

[53] I. d. F. des Gesetzes v. 11. 5. 1956, BGBl. I, S. 418.

bestand eines Steuervergehens in einer für die Verurteilung des Angeklagten ausreichenden Hinsicht als erfüllt angesehen hatte, die aber
vom Gericht wegen Geringfügigkeit eingestellt wurden, § 153 Abs. III
StPO.

3. Die Umwandlung von Geldstrafen der Finanzverwaltung in Ersatzfreiheitsstrafen nach § 470 AO

Wir haben uns bisher, der zahlenmäßigen Bedeutung der Angaben
in Anhang Nr. 7 und 8 folgend, mit dem Verhältnis des Strafverfahrens der Gerichte und der Verwaltung befaßt, wobei die Diskrepanz der
von beiden Institutionen erledigten Verfahren auffiel (vgl. auch Anhang Nr. 4). Im Anschluß daran wurden die vom Finanzamt eingestellten Verfahren besprochen und die Meinung vertreten, daß diese einer
wie auch immer gearteten öffentlichen Kontrolle nicht bedürfen. Als
letzte Gruppe ist nun die Zahl der vom Finanzamt an die Staatsanwaltschaft abgegebenen Fälle zu behandeln, in denen das Gericht nicht
in einer öffentlichen Verhandlung in der Sache selbst entscheidet, sondern in denen die von der Strafsachenstelle in einem inzwischen rechtskräftigen Steuerstrafverfahren verhängte Geldstrafe nach § 470 AO
durch Beschluß in eine Ersatzfreiheitsstrafe umzuwandeln ist[54]. Der
Umwandlungsbeschluß ändert nicht das Wesen der im Verwaltungsverfahren verhängten Strafe, sondern nur die Art der Vollstreckung.
Der Beschluß selbst ist erforderlich, weil das Finanzamt nach § 421
Abs. II AO zur Festsetzung einer Ersatzfreiheitsstrafe nicht befugt
ist, während im gerichtlichen Steuerstrafverfahren die Ersatzfreiheitsstrafe stets im Urteil ausgesprochen wird.

Die Voraussetzungen der Umwandlung nach § 470 AO sind: Die
Rechtskraft des Verwaltungsstrafverfahrens, das mit einem Strafbescheid abschließt, oder der Unterwerfungsverhandlung, die mit der
Genehmigung durch den Vorsteher des Finanzamts rechtskräftig wird,
§ 445 AO in Verbindung mit § 2 Abs. II der Verordnung über die Unterwerfung im Strafverfahren gemäß § 445 der Reichsabgabenordnung
vom 1. November 1921[55]. Ferner: Die Nichtbeitreibbarkeit der von der
Strafsachenstelle festgesetzten Geldstrafe. Als nicht beitreibbar gilt
eine Geldstrafe, wenn der Vollstreckungsbeamte des Finanzamts die
Pfändung von Gegenständen aus dem beweglichen Vermögen des Betroffenen fruchtlos versucht hat, §§ 459, 391 AO in Verbindung mit

---

[54] Vgl. Hartung, in: Hübschmann-Hepp-Spitaler, Kommentar zur Reichsabgabenordnung und den Nebengesetzen, 1. bis 4. Aufl., Köln, zu § 470; Terstegen, Steuerstrafrecht, S. 261.
[55] RGBl. I S. 1328; vgl. auch den gleichlautenden Erlaß der Länder vom
Juni 1956 in BStBl. II S. 70 f.

§ 28 a Abs. II StGB. Der Bericht über die fruchtlos verlaufene Pfändung wird zugleich mit einer Ausfertigung der Niederschrift über die Unterwerfungsverhandlung oder des Strafbescheides der Staatsanwaltschaft zugeleitet. Diese nimmt zu der vom Finanzamt beantragten Umwandlung Stellung und leitet anschließend die Akten dem Gericht zu. Der Verurteilte ist in diesem Beschlußverfahren ebenfalls zu hören, oft hält er es jedoch nicht für erforderlich, auf die entsprechende Aufforderung durch das Gericht zu antworten.

Liegen diese Voraussetzungen — Rechtskraft der Verurteilung durch das Finanzamt und Nichtbeitreibbarkeit der Geldstrafe aus dem beweglichen Vermögen des Verurteilten — vor, so muß das Gericht auf den Antrag des Finanzamts hin die Geldstrafe in Ersatzfreiheitsstrafe umwandeln. Was das Erfordernis der Nichtbeitreibbarkeit angeht, so ist damit die Frage noch gänzlich offen, warum der Verurteilte die Geldstrafe nicht zahlt: Ob er sie nicht zahlen kann oder ob er sie nicht zahlen will. Auch im letzteren Fall kann er die Zwangsvollstreckung dadurch verhindern, daß er dem Vollstreckungsbeamten des Finanzamts erklärt, gerade die von diesen zur Pfändung vorgesehenen Gegenstände gehörten nicht ihm, sondern dritten Personen, z. B. der Ehefrau.

Bei einem solchen zahlungsunwilligen Verurteilten bewirkt der Gerichtsbeschluß, daß die vom Finanzamt gegen ihn verhängte Geldstrafe in eine Ersatzfreiheitsstrafe umgewandelt worden ist, eine sofortige Sinnesänderung: Da von der Vollstreckung der Ersatzfreiheitsstrafe bei Zahlung der Geldstrafe abgesehen wird, erfolgt nunmehr die Zahlung der Geldstrafe oft unmittelbar nach Empfang des Umwandlungsbeschlusses.

Ist der Verurteilte dagegen ohne sein Verschulden zahlungsunfähig, so wird er mit Bestimmtheit nicht versäumen, das Gericht hiervon zu benachrichtigen. Auch in diesem Fall der unverschuldeten Zahlungsunfähigkeit muß das Gericht die vom Finanzamt beantragte Ersatzfreiheitsstrafe verhängen; nach § 29 Abs. VI StGB besteht jedoch die Möglichkeit, die Vollstreckung der Ersatzfreiheitsstrafe auszusetzen[56].

Was den Begriff „verschuldete oder unverschuldete Zahlungsunfähigkeit" angeht, so ist dieser so aufzufassen, daß etwa die auf eine allgemeine wirtschaftliche Krise zurückzuführende Unfähigkeit, die Geldstrafe zu zahlen, als unverschuldet angesehen wird. Verliert jedoch der Verurteilte infolge der Straftat und der ihr folgenden Verurteilung in einem Verfahren vor den ordentlichen Gerichten seine bisherige Existenz und unterläßt er immer wieder die Zahlung der Geldstrafe unter Hinweis hierauf, so stehen die Gerichte auf dem Standpunkt, daß es

---

[56] § 29 Abs. VI StGB lautet: Kann die Geldstrafe ohne Verschulden des Verurteilten nicht eingebracht werden, so kann das Gericht anordnen, daß die Vollstreckung der Ersatzstrafe unterbleibt. § 462 der Strafprozeßordnung findet Anwendung.

dem Verurteilten wohl zuzumuten ist, eine andere Tätigkeit auszuüben und von dem hieraus erzielten Einkommen die verhängte Geldstrafe abzuzahlen.

Umstritten ist nun, ob die Anwendung des § 29 Abs. VI StGB vom
Finanzamt oder vom Gericht zu erfolgen hat, denn diese Bestimmung
ist nach § 391 AO im Steuerstrafverfahren der Verwaltung anwendbar.
Danach kann das Gericht anordnen, daß die Vollstreckung der Ersatzfreiheitsstrafe unterbleibt, wenn die Geldstrafe ohne Verschulden des
Verurteilten nicht beigetrieben werden kann. Dabei handelt es sich um
eine Maßnahme der Strafvollstreckung und nicht um einen Gnadenerweis. Nach Hartung[57] muß die Befugnis zu prüfen, ob die Voraussetzung des § 29 Abs. VI StGB vorliegt, dem Finanzamt zustehen, bevor
es den Antrag auf Umwandlung nach § 470 AO stellt[58]. Für den Fall
jedoch, daß der Umwandlungsantrag nach § 470 AO gestellt worden
ist, fordert Hartung auch für das Gericht die Möglichkeit, die Anwendung des § 29 Abs. VI StGB zu prüfen[59].

Die Ansicht der vorrangigen Prüfung des § 29 Abs. VI StGB durch
das Finanzamt geht davon aus, daß der Umwandlungsbeschluß des
Amtsgerichts lediglich eine Hilfstätigkeit darstellt, weil das Finanzamt eine Ersatzfreiheitsstrafe nicht verhängen darf. Voraussetzung für
die uneingeschränkte Gültigkeit dieser Ansicht ist, daß nur in Fällen
von Zahlungsunwilligkeit als — hier — der Hauptart der verschulde-
ten Zahlungsunfähigkeit vom Finanzamt der Antrag auf Umwandlung
gestellt wird. Folge dieser Ansicht ist, daß sie das Gericht, nach dem es
den Umwandlungsbeschluß gemäß zwingender Gesetzesvorschrift gefaßt hat, von der Prüfung, ob die Voraussetzung des § 29 Abs. VI StGB
vorliegt oder nicht, ausschließt.

Was die Voraussetzung angeht, so mag es zunächst fraglich erscheinen, ob diese in einem abgekürzten Verfahren, wie es das Strafverfahren der Finanzverwaltung ist, und vor allem bei der im Untersuchungszeitraum festzustellenden Tendenz, allein die Zahlungsunfähigkeit
des Täters als Hauptgrund für die Abgabe eines beim Finanzamt anhängigen Strafverfahrens an die Staatsanwaltschaft zu betrachten, tatsächlich so eingehend untersucht wird, wie es erforderlich ist. Der
Verfasser ist jedoch zu dem Schluß gekommen, daß bei der Prüfung der
Frage, ob verschuldete oder unverschuldete Zahlungsunfähigkeit vorliegt, die verschuldete Zahlungsunfähigkeit, die oft genug gleichzuset-
zen ist mit Zahlungsunwilligkeit, vom Finanzamt richtig erkannt und
beurteilt wird. Das beweist nicht zuletzt die prompte Zahlung der vom
Finanzamt verhängten Geldstrafe, sobald diese bei hartnäckigen Pflich-

---

[57] Hartung, in: Hübschmann-Hepp-Spitaler zu § 470, S. 3.
[58] Terstegen, Steuerstrafrecht, S. 261.
[59] Hartung, in: Hübschmann-Hepp-Spitaler zu § 470, S. 6; anderer Meinung: Terstegen, Steuerstrafrecht, S. 261 Ziffer 4 c, aa.

tigen nach § 470 AO in Ersatzfreiheitsstrafe umgewandelt ist. Damit ist freilich noch nichts gesagt über die Fälle der unverschuldeten Zahlungsunfähigkeit. Speziell auf diese Frage werden wir daher im nächsten Unterabschnitt noch einmal zurückkommen[60].

Hinsichtlich der Folge, daß das Gericht von der Prüfung des § 29 Abs. VI StGB ausgeschlossen ist, herrscht Streit; im Abstand von nur wenigen Tagen haben die Strafkammern zweier Landgerichte zwei entgegengesetzte Beschlüsse in dieser Frage gefaßt.

Das Landgericht Marburg hob auf die Beschwerde des Finanzamts hin am 30. 11. 1953[61] den Beschluß eines Amtsgerichts auf, in welchem dieses die Aussetzung der Ersatzfreiheitsstrafe nach § 29 Abs. VI StGB verfügt hatte. Das Landgericht begründete seinen Beschluß damit, daß das Gericht zur Anwendung dieser Bestimmung nicht befugt sei, die Frage einer etwaigen Aussetzung der Ersatzfreiheitsstrafe sei vielmehr vom Finanzamt vor Stellung des Antrags auf Umwandlung nach § 470 AO zu prüfen. Nach Ansicht der Strafkammer des Landgerichts Marburg könne das Amtsgericht nur die Erklärung vom Finanzamt verlangen, ob die Prüfung des § 29 Abs. VI StGB erfolgt sei, bevor der Antrag auf Umwandlung der Geldstrafe in Ersatzfreiheitsstrafe gestellt wurde. Leise begrüßt diesen Beschluß in einer Anmerkung hierzu[62].

Den entgegengesetzten Standpunkt vertrat in einem gleichgelagerten Fall die Strafkammer des Landgerichts Kassel in einem Beschluß vom 19. 11. 1953 über die Beschwerde eines Finanzamts[63]. In diesem Beschluß wurde die Beschwerde des Finanzamts gegen die vom Amtsgericht verfügte Aussetzung der Ersatzfreiheitsstrafe nach § 29 Abs. VI StGB verworfen, und zwar mit der Begründung, es handele sich hierbei um eine Maßnahme der Strafvollstreckung; die Vollstreckung der Ersatzfreiheitsstrafe obliege aber nach § 2 Ziffer 2 b der Strafvollstreckungsordnung dem Amtsrichter, weil dieser die Ersatzfreiheitsstrafe verhängt habe.

Gegen diesen Beschluß wendet nun Leise in einer ausführlich begründeten Anmerkung ein[64], das Finanzamt sei nach § 421 AO zur Ahndung von Steuervergehen zuständig und es bleibe daher Herr des Verfahrens von der Einleitung über das Straferkenntnis bis zur Strafvollstreckung. Die auf Umwandlung und Vollzug beschränkte Hilfstätigkeit des Amtsrichters verleihe diesem nicht das Recht, die Vollstreckung der Ersatzfreiheitsstrafe nach § 29 Abs. VI StGB auszusetzen; hierbei handele es sich um eine Maßnahme, die einem Gnadenerweis sehr nahe komme. Die Feststellung, daß der Verurteilte ohne Verschulden

---

[60] Vgl. unten S. 125.
[61] In NJW 1954, S. 523.
[62] In NJW 1954, S. 523.
[63] In NJW 1954, S. 325.
[64] Leise in NJW 1954, S. 325.

nicht zahlen könne, könne ebensogut vom Finanzamt getroffen werden, die Entscheidung sei nach § 453 AO anfechtbar.

Dieser Ansicht kann aus mehreren Gründen nicht zugestimmt werden. Zunächst erscheint es angebracht, sich der Begriffsbildung zu erinnern, welche der Große Senat des Bundesfinanzhofs dem Steuerstrafverfahren der Verwaltung gegeben hat[65], nämlich, daß es sich bei diesem Verfahren und nur für die leichten Delikte um einen Versuch handele, den Straffall außergerichtlich zu bereinigen, wobei sowohl die Verwaltungsbehörde wie der Beschuldigte die Möglichkeit habe, das ordentliche Gericht anzurufen.

Dieser Versuch der außergerichtlichen Beilegung ist jedoch nicht nur dann als gescheitert anzusehen, wenn der Beschuldigte den Antrag auf gerichtliche Entscheidung stellt, sondern vielmehr auch dann, wenn er sich zwar zunächst unterwirft, die Zahlung der ihm auferlegten Geldstrafe aber verweigert. Stellt in diesem Fall das Finanzamt den Antrag auf Umwandlung, so kommt darin zugleich zum Ausdruck, daß die ihm zur Verfügung stehenden Zwangsmittel nicht ausreichen, um die Zahlung der gegen den Verurteilten festgesetzten Geldstrafe zu erzwingen. Es handelt sich also bei der Festsetzung der Ersatzfreiheitsstrafe um eine für die Erfüllung des staatlichen Strafanspruchs, wie er auch dem Verwaltungsverfahren innewohnt, wesentliche Maßnahme, die als Hilfstätigkeit nur deshalb bezeichnet werden kann, weil der Amtsrichter in der Strafsache selbst nicht entscheidet, sondern lediglich die Art der Strafe umwandelt.

Ferner muß darauf hingewiesen werden, daß die Freiheitsstrafe das größte Übel ist, welches unsere Rechtsordnung gegen einen Rechtsbrecher vorsieht. Die Erörterungen über die Verfassungsmäßigkeit des Steuerstrafverfahrens der Verwaltung haben ergeben, daß gerade deswegen Freiheitsstrafen nur von einem Richter verhängt werden dürfen. Um so mehr muß ihm in einer Strafsache, in der nicht das Gericht, sondern eine Verwaltungsbehörde rechtskräftig entschieden hat, umgekehrt auch das Recht zustehen, die Möglichkeiten einer Aussetzung der Ersatzfreiheitsstrafe zu prüfen.

Die Ansicht, die vom Finanzamt getroffene Feststellung, der Verurteilte sei ohne Verschulden zahlungsunfähig, sei nach § 453 AO anfechtbar, ist zwar richtig; doch dürfte der Verurteilte als derjenige, zu dessen Gunsten eine solche Entscheidung schließlich ergeht, kaum daran denken, diesen ihm günstigen Beschluß des Finanzamts anzufechten.

Was schließlich die Meinung angeht, das Finanzamt sei Herr des Verfahrens von der Einleitung über das Straferkenntnis bis zum Strafvollzug, so kann dies nur für das Strafverfahren der Verwaltung gelten;

---

[65] BFH vom 10. 2. 1958 in NJW 1958, S. 846 f.

für das gerichtliche Steuerstrafverfahren begrenzen die §§ 426 Abs. I,
446 Abs. I Satz 2 AO die Zuständigkeit des Finanzamts bis zum Zeitpunkt der Abgabe an die Staatsanwaltschaft. Die Festsetzung der Ersatzfreiheitsstrafe und damit auch ihre Vollstreckung unterliegt daher
nicht der Zuständigkeit des Finanzamts.

Aus diesen Gründen ergibt sich, daß die Meinung des Landgerichts
Kassel[66] den Vorzug verdient. Danach ist die Anwendung des § 29 Abs.
VI StGB Sache des Richters, sobald der Umwandlungsantrag nach
§ 470 AO gestellt ist, dem das Gericht in jedem Fall entsprechen muß.
Der Ansicht des Landgerichts Kassel hat sich auch Hartung angeschlos-
sen in der von ihm für den Fall vertretenen Meinung, daß durch den
Antrag auf Umwandlung die Gerichte mit einer Verwaltungsstrafe be-
schäftigt werden[67].

Die Zahlen in Anhang Nr. 8 zur Umwandlung nach § 470 AO zeigen
nun, daß das Finanzamt die Hilfe des Richters gegenüber Verurteilten,
die zur Zahlung der im Verwaltungsstrafverfahren rechtskräftig verhängten Geldstrafe nicht bereit oder nicht in der Lage sind, in beacht-
lichem Umfang in Anspruch nehmen muß. Es ist richtig, daß diese Zahlen noch nichts darüber aussagen, ob die Nichtzahlung der Geldstrafe
auf Unwilligkeit oder Unfähigkeit zurückzuführen ist; diese Frage
wird sich erst dann genau entscheiden lassen, wenn sämtliche Fälle der
Umwandlung daraufhin überprüft worden sind. Der Verfasser vertritt
jedoch die Meinung, daß es sich hierbei vorwiegend um Fälle der Zahlungsunwilligkeit handelt, denn seit 1953, dem ersten Jahr, für welches die Zahlen vorliegen, bis zum Ende des Untersuchungszeitrau-
mes war die wirtschaftliche Entwicklung durch einen ununterbroche-
nen Aufschwung gekennzeichnet, in dem keine, auf die gesamte Wirt-
schaftslage sich nachhaltig auswirkenden Rückschläge auftraten. Freilich kann nicht ausgeschlossen werden, daß unter den zur Umwandlung abgegebenen Fälle auch solche der Zahlungsunfähigkeit waren.

Im Anschluß hieran muß auf die Frage eingegangen werden, ob bei
Steuervergehen überhaupt Freiheitsstrafen verhängt werden sollen
oder nicht, eine Problematik, die umstritten ist, seit vor 1914 zum er-
stenmal die Verschärfung der Strafdrohungen gegen Steuervergehen
durch Einführung der Gefängnisstrafe erwogen wurde[68]. Mrozek[69] for-
derte sechs Monate Gefängnis in schweren Fällen neben der Geldstrafe.
Während damals die Gegner der Freiheitsstrafe bei Steuervergehen
darauf hinweisen konnten, man solle zunächst versuchen, die Erfüllung

---

[66] In NJW 1954, S. 325.
[67] Hartung, in: Hübschmann-Hepp-Spitaler zu § 470 S. 6/7.
[68] Heinitz, Ernst, Freiheitsstrafe gegen Steuerhinterziehungen? in: Deutsche Juristen Zeitung, 17. Jg. Berlin 1912, S. 56.
[69] Mrozek, Die Mängel der Veranlagung zur Einkommensteuer und Vorschläge zu ihrer Beseitigung, a. a. O., S. 259 f., hier zitiert nach Heinitz.

der Steuerpflicht durch gründlichere Erfassung des Einkommens und Vermögens[70], also durch Maßnahmen der Steuertechnik zu erreichen, wird heute, nachdem die Steuertechnik fast im Übermaß vervollständigt ist, eingewandt, nur die Geldstrafe sei für Steuersünder wirklich eine Strafe[71]. Diese Ansicht findet sich bereits in der Begründung der Reichsabgabenordnung[72], indem es dort heißt, man müsse den Täter dort strafen, wo er gesündigt habe, nämlich am Gelde.

Demgegenüber ist jedoch darauf hinzuweisen, daß in diesem Fall die Steuerstrafe zu einem reinen Rechenexempel wird: Ein potentieller Steuersünder wird sich zunächst die Gefahr der Entdeckung einer Steuerhinterziehung vergegenwärtigen; diese Entdeckungsgefahr war im Untersuchungszeitraum in den Fällen der gerichtlichen Steuerstrafverfahren durch die turnusgemäße Betriebsprüfung doppelt so groß wie durch den Steuerfahndungsdienst (vgl. Gesamtübersicht Spalte 3). Im Anschluß daran wird er sich bemühen, unter Berücksichtigung der zu erwartenden Geldstrafe den Gewinn zu ermitteln, der ihm danach noch verbleibt.

Diese Überlegung zeigt, daß die Androhung von Geldstrafe allein nicht ausreicht; auch kann in diesem Zusammenhang auf die Zahl der in Ersatzfreiheitsstrafen umgewandelten Geldstrafen hingewiesen werden. Daraus geht eindeutig hervor, daß zumindest auf die Androhung der Freiheitsstrafe als ultima ratio nicht verzichtet werden kann. Dem Einwand, eine zur Bewährung ausgesetzte Freiheitsstrafe wirke nicht bei einem Täter, dem auch die Eintragung der Verurteilung wegen Steuerhinterziehung in das Strafregister gemäß § 2 Abs. I der Register-Verordnung vom 12. Juni 1920[73] gleichgültig sei[74], weil die turnusgemäße nächste Betriebsprüfung erst nach Ablauf der Bewährungsfrist erfolge, kann durch längere Bemessung der Bewährungsfrist begegnet werden.

4. Einige Bemerkungen zur Praxis des Steuerstrafverfahrens der Verwaltung

Das für die Bearbeitung dieser Dissertation erforderliche Aktenstudium gewährte nicht nur einen Einblick in den Umfang der Arbeit einer großen gemeinsamen Strafsachenstelle, wie er aus Anhang Nr. 7

---

[70] Vgl. Delbrück, Politische Korrespondenz, in: Preußische Jahrbücher Bd. 136 S. 167 f., Bd. 138 S. 167 f., S. 372 f., S. 559 f.; Mrozek, Die Mängel der Veranlagung zur Einkommensteuer, a. a. O., S. 279/80.

[71] Kopacek, Die Freiheitsstrafe bei schweren Steuervergehen in der Praxis, a. a. O., S. 610.

[72] Anlage Nr. 759, S. 599.

[73] I. d. F. des Gesetzes v. 11. 6. 1957 BGBl. I S. 600; vgl. auch oben 15 Ms 84/55, S. 90 f.

[74] Kopacek, a. a. O., S. 611.

und Nr. 8 deutlich ersichtlich ist. Die jeder Strafakte beigefügte Stellungnahme der Strafsachenstelle (Übersendungsschreiben, Strafbescheid, Betriebsprüfungs- und Steuerfahndungsbericht als Zusammenfassung des Ergebnisses der Ermittlungen, die vom Finanzamt angestellt wurden) vermittelten vielmehr auch einen Einblick in die Arbeitsweise der Gemeinsamen Strafsachenstelle Köln.

Während der Verfasser in der Lage ist, auf Grund der Akteneinsicht in sämtliche während des Untersuchungszeitraums vom Amts- und Landgericht Köln entschiedene Steuerstrafsachen einen genauen Überblick über das gerichtliche Steuerstrafverfahren zu geben, kann dies für das Steuerstrafverfahren der Finanzverwaltung nicht geschehen: 96 bei den Gerichten entschiedenen Strafsachen stehen allein seit 1953 6299 vom Finanzamt erledigte Steuerstrafsachen gegenüber (Anhang Nr. 7). Es kann sich daher bei den Bemerkungen zur Praxis des Finanzamts in Steuerstrafsachen lediglich um den persönlichen Eindruck des Verfassers handeln, den dieser auf Grund des Studiums der in den Gerichtsakten enthaltenen Äußerungen des Finanzamts gewonnen hat.

Es wurde bereits darauf hingewiesen, daß das mit der Errichtung von gemeinsamen Strafsachenstellen angestrebte Ziel, eine einheitliche Rechtsprechung in Steuerstrafsachen innerhalb größerer Bereiche der Finanzverwaltung zu gewährleisten, erreicht worden ist. Ferner bestätigt diese Arbeit die in Gesprächen mit Beamten der Finanzverwaltung von diesen stets geäußerte Meinung, daß bei dem Steuerstrafverfahren der Verwaltung nur sehr selten Rückfälle zu verzeichnen sind (vgl. Anhang Nr. 5). Diese Feststellung kann hier auf Grund der Tatsache getroffen werden, daß während der Geltungsdauer des Gesetzes vom 20. April 1949 die Abgabe von Verwaltungsstrafverfahren rückfälliger Täter an die Staatsanwaltschaft zwingend vorgeschrieben war.

Bei der Beurteilung sollen nun drei Phasen in der Arbeit der Finanzverwaltung unterschieden werden:

1. Der Zeitraum vor Errichtung der Gemeinsamen Strafsachenstelle Köln von 1950 bis 1953;

2. die Anlaufzeit nach Errichtung dieser gemeinsamen Strafsachenstelle am 23. März 1953; als Anlaufzeit sieht der Verfasser den Zeitraum von der Errichtung bis Ende 1956 an, nicht zuletzt deswegen, weil 1956 das Gesetz zur Änderung von Vorschriften des Dritten Teils der Reichsabgabenordnung vom 11. Mai 1956 in Kraft trat;

3. die Zeit von 1957 bis zum Ende des Untersuchungszeitraums. Über diese dritte Phase kann nichts ausgesagt werden, denn es sind seit 1957 nur 12 Verfahren in Veranlagungssteuerstrafsachen an die

Staatsanwaltschaft abgegeben worden. Im gleichen Zeitraum hat
die Gemeinsame Strafsachenstelle Köln 3933 neue Strafverfahren
eingeleitet und 2488 erledigt (vgl. Anhang Nr. 7).

Was die beiden ersten Zeiträume angeht, so ist folgendes aufgefallen: Die Betriebsprüfungsberichte sind bis etwa 1955 ausführlicher gehalten als später. Die Folge ist, daß nach 1955 in der Begründung der
Gerichtsurteile kaum noch auf Einzelheiten eingegangen wird, die in
der früher beobachteten Ausführlichkeit dem Betriebsprüfungsbericht
entstammen. Dieser Feststellung des Verfassers entgegnete Herr Oberregierungsrat Spindler vom Finanzministerium des Landes Nordrhein-
Westfalen überzeugend, daß der Betriebsprüfungsbericht seiner Bestimmung nach zunächst lediglich dazu dient, die Buchführung als
Grundlage der Steuererklärungen auf ihre Ordnungsmäßigkeit zu überprüfen. Wenn daher im späteren Verlauf der Auswertung dieses Berichts der Verdacht eines Steuervergehens auftauche, so dürfe man
nicht an den Betriebsprüfungsbericht mit den Maßstäben des Steuerstrafrechts als eines Auswertungskriteriums herangehen, das bei der
Abfassung des Berichts noch gar nicht erkennbar war. Das hat gerade
für die Fälle sehr geschickter Hinterziehung Bedeutung (vgl. 25 Ms
5/52 oben Seite 81), in denen das Steuervergehen erst durch die
Steuerfahndung aufgedeckt werden konnte auf Grund der Überprüfung
eines anderen Betriebes.

Dies gilt nach den Feststellungen des Verfassers nicht für die Berichte der Steuerfahndung: Hier hat die Finanzverwaltung bereits den
begründeten Verdacht einer Steuerstraftat und es gilt festzustellen,
ob dieser Verdacht sich bestätigt. Im Gegensatz zum Betriebsprüfungsbericht wird daher der Steuerfahndungsbericht schon unter dem Gesichtspunkt späterer strafrechtlicher Auswertung abgefaßt. Deswegen kommt ihm im gerichtlichen Steuerstrafverfahren eine größere Beweiskraft zu als den Betriebsprüfungsberichten. Dies ergibt sich nicht
zuletzt aus dem Umfang, in dem sich in den Urteilsgründen ein vorliegender Bericht des Steuerfahndungsdienstes widerspiegelt.

Als bedenklich erscheint dem Verfasser die in den beiden ersten Phasen hervorgetretene Tendenz, die Tatbestandsmäßigkeit des Vergehens sowie das Verschulden des Täters oft nur knapp zu begründen[75, 76]
(statt vieler vgl. 25 Ms 5/53, oben Seite 67). Dadurch könnte der Eindruck einer Verschiebung der Beweislast dergestalt erweckt werden,
daß nicht — nach dem allgemeinen Prinzip, das auch für das Steuerstrafrecht gilt — dem Täter neben dem Vergehen vor allem seine Schuld

---

[75] Diese Feststellung gilt nicht für Strafbescheide.
[76] Die ausführliche Schilderung des Sachverhalts bei den in dieser Arbeit
angeführten Beispielen beruht auf der *Gesamt*akteneinsicht des einzelnen Falles.

nachgewiesen werden muß, sondern das vielmehr dieser umgekehrt seine Unschuld darzulegen hat. Da er hierzu oft gar nicht in der Lage ist infolge unzureichender betriebswirtschaftlicher Ausbildung (vgl. Anhang Nr. 2, die Berufe der Täter) und ihm nur in 30 der 96 Fälle ein Helfer in Steuersachen oder ein Steuerberater zur Seite stand — in 34 Fällen trat ein Anwalt auf —, vermitteln die Äußerungen der Beschuldigten so, wie sie in den schriftlichen Äußerungen des Finanzamts enthalten sind, oft den Eindruck der Hilflosigkeit. Bedenklich erscheint ferner, daß, wenn ein sachlich begründetes Argument vorgebracht ist, dieses ohne nähere Begründung abgetan wird mit dem Vermerk: Damit kann der Beschuldigte nicht gehört werden (vgl. z. B. 25 Ms 5/53)[77]. Auch fiel folgendes auf: Wenn in einem Betriebsprüfungsbericht Mängel der Buchführung — gleich welcher Art — festgestellt worden waren und es wurden deswegen die Besteuerungsgrundlagen geschätzt, der Steuerpflichtige unterließ es aber, den Betriebsprüfungsbericht als die Grundlage dieser Schätzung anzufechten, so wurde eben auf diese Unterlassung als „Beweis" seiner „Schuld" in dem Schriftverkehr des Finanzamts mit Staatsanwalt und Richter hingewiesen.

In diesem Zusammenhang verdient die Tatsache Beachtung, daß in sieben Fällen, in denen das Urteil nach § 402 AO erging, das Finanzamt und die Staatsanwaltschaft zunächst vorsätzliche Steuerhinterziehung angenommen hatten; nach eingehender Prüfung der Schuldfrage verneinte jedoch das Gericht den Vorsatz nach § 396 AO und verurteilte den Angeklagten wegen fahrlässiger Steuerverkürzung nach § 402 AO.

Was die Schätzung der Besteuerungsgrundlagen angeht (vgl. Gesamtübersicht Spalte Nr. 6), so hält sich diese im Rahmen der von der Rechtsprechung als Sicherheitszuschläge zugelassenen Überschätzung von 10 %[78]; freilich wurden auch in zwei Fällen Überschätzungen in Höhe von 20 % festgestellt (15 Ms 273/57; 15 Ms 144/58). Ein Beispiel für die Schwierigkeiten der Schätzung bei einem Jahre hindurch hartnäckigen Steuersünder bietet der oben Seite 90 f. geschilderte Fall 15 Ms 84/55.

Wegen der zahlenmäßigen Diskrepanz zwischen den von den Gerichten und der Gemeinsamen Strafsachenstelle Köln entschiedenen Steuerstrafverfahren sieht der Verfasser davon ab, sich wegen der Mängel des Steuerstrafverfahrens der Verwaltung mit der einschlägigen Literatur auseinander zu setzen[79].

---

[77] 25 Ms 5/53: Ein Schmied betrieb außer seiner Schmiede noch ein Einzelhandelsgeschäft für landwirtschaftliche Geräte; er hatte sich dafür entschieden, generell niedrigere Preise zu fordern als seine Konkurrenten. Trotzdem wurden auf ihn bei der Schätzung der Besteuerungsgrundlagen die amtlichen Richtlinien ohne Berücksichtigung dieser Tatsache angewandt.

[78] Vgl. z. B. RG in Reichs-Steuerblatt 1933, S. 85/86.

[79] Vgl. Kapp, Reinhard, Steuerstrafrechtliche Mißstände, in: Finanz-Rundschau 1960, S. 583 f.

Schon bei einem flüchtigen Studium der in der Gesamtübersicht zu-sammengefaßten 96 Fälle der gerichtlichen Steuerstrafverfahren fällt die hohe Zahl derjenigen auf, bei denen die Wirkung der Steuerstrafe, gemeinsam mit der Verpflichtung zur Rückzahlung der hinterzogenen Steuern, stark und sehr stark war, oder die sogar in die Wirkungsstu-fen „Verlust-Anlaß" und „Verlust-Ursache" einzuordnen waren. In dem Abschnitt über die Wirkung der Steuerstrafe war für die Einstu-fung vieler Täter in diese starken Wirkungsgrade die mangelnde Li-quidität als Grund hierfür angeführt worden.

Die erstaunlich, ja erschreckend hohe Zahl gerade dieser Wirkungs-grade ist nur dadurch zu erklären, daß trotz der oft schon bei Einlei-tung des Verwaltungsstrafverfahrens erkennbaren Zahlungsunfähig-keit des Täters das Verfahren an die Staatsanwaltschaft abgegeben wird, und zwar mit der gelegentlich sogar ausgesprochenen Begrün-dung, der Beschuldigte werde die im Verwaltungsstrafverfahren ge-gen ihn zu verhängende Geldstrafe nicht zahlen können und diese müsse daher später umgewandelt werden. Bei dieser Sachlage könne das Verfahren auch sofort abgegeben werden[80]. Der Meinung, daß die voraussichtliche Nichtbeitreibbarkeit der Geldstrafe wegen Vermö-genslosigkeit des Täters den Hauptgrund für die Abgabe des Ver-waltungsstrafverfahrens an die Staatsanwaltschaft bilden kann, muß entschieden entgegengetreten werden[81]. Das gerichtliche Steuerstraf-verfahren ist für die schweren Fälle der Steuerhinterziehung vorge-sehen[82]. Sicher kann die früher begangene Steuerhinterziehung eines jetzt illiquiden Täters dieses Erfordernis erfüllen, wie das etwa bei Schwarzhändlern der Fall war. Keinesfalls kann aber die Illiquidität als alleiniges Indiz für die Schwere der Tat und damit — bei Versagung mildernder Umstände — als Grund für die Abgabe des Verfahrens an die Staatsanwaltschaft angesehen werden. Anderenfalls wird der An-schein hervorgerufen, daß die Annahme mildernder Umstände, die steuerliche Schonungspflicht[83] sowie die Bestrebung, das „Betriebskli-ma"[84] zwischen Steuerverwaltung und Pflichtigem zu pflegen, nur für den zahlungskräftigen Steuersünder gelten.

Von dieser Feststellung aus können wir auf die Frage zurückgrei-fen, ob die Anwendung des § 29 Abs. VI StGB Sache des Finanzamts

---

[80] So ausdrücklich in 25 Ms 27/50, vgl. oben S. 89.

[81] So auch Kopacek, Die Freiheitsstrafe bei schweren Steuervergehen in der Praxis, a. a. O., S. 612.

[82] Vgl. Großer Senat des BFH vom 10. 2. 1958 in NJW 1958, S. 846 f.; Har-tung, Verwaltungs- und gerichtliches Steuerstrafverfahren, in: NJW 1956, S. 42; Mattern, Verwaltungs- und gerichtliches Steuerstrafverfahren, a. a. O., S. 385 Fußnote 93 und S. 422.

[83] Mattern, Verwaltungs- und gerichtliches Steuerstrafverfahren, a. a. O., S. 382.

[84] Hartung, Verwaltungs- und gerichtliches Steuerstrafverfahren, a. a. O., S. 42.

sein soll[85]. Nach Ansicht des Verfassers ist die Prüfung, ob die Voraussetzung des § 29 Abs. VI StGB vorliegt, in vielen Fällen, die vom Finanzamt zur gerichtlichen Entscheidung abgegeben wurden, nicht eingehend genug erfolgt, denn die oft genug unverschuldete Zahlungsunfähigkeit stand bereits bei Beginn des Strafverfahrens der Finanzverwaltung fest. Das Finanzamt hätte also bei entsprechender Anwendung des § 29 Abs. VI StGB in vielen Fällen schon den Umwandlungsantrag nicht stellen dürfen, geschweige denn das Verfahren an die Staatswanwaltschaft abgeben dürfen. Ferner: Da der Richter davon ausgeht, es würden ihm nur schwere Fälle zur Entscheidung vorgelegt, wird er bei einer in einem Strafverfahren vor den ordentlichen Gerichten ausgesprochenen Ersatzfreiheitsstrafe an deren Aussetzung einen wesentlich strengeren Maßstab anlegen als bei der Aussetzung einer nach § 470 AO verhängten Ersatzfreiheitsstrafe, obwohl in beiden Fällen unverschuldete Zahlungsunfähigkeit vorliegen kann. Wie oben gesagt[86], werden die Fälle der Zahlungsunwilligkeit vom Finanzamt richtig erkannt und beurteilt (vgl. 15 Ms 84/55, oben Seite 90 f.; 25 Ms 100/52), nicht dagegen die Fälle unverschuldeter Zahlungsunfähigkeit. Von dieser Feststellung her wird wohl verständlich, warum der Verfasser der strengeren Meinung des Langerichts Kassel in der Frage der Umwandlung zuneigt[87].

Die eingehenden Untersuchungen der Staatsanwaltschaft, die häufigen Vertagungen einer anhängigen Steuerstrafsache scheinen auf den ersten Blick Bühler recht zu geben[88], wenn dieser sagt, es sei in der Justiz die Ansicht anzutreffen, wenn sie schon in einer Steuerstrafsache tätig werde, müsse es auch der Mühe wert sein. Diese Ansicht kann nicht bestätigt werden: Die Bemühungen von Staatsanwalt und Richter zur Klärung des Sachverhalts dienen oft genug keinem anderen Ziel, als den vermuteten, aber nicht vorhandenen Schwierigkeitsgrad des Falles herauszufinden, denn die Justiz geht davon aus, daß ihr nur schwere Fälle zur Entscheidung vorgelegt werden[89].

Was schließlich die Veröffentlichungsbefugnis angeht, so ist der Anschlag am schwarzen Brett des Finanzamts eines in einer Steuerstrafsache ergangenen Urteils ein Anachronismus. Hinsichtlich der Veröffentlichung des Urteils in der Presse mit Namensnennung des Täters sei auf den Fall 15 Ms 14/55 verwiesen. Hier hatte der Verurteilte die

---

[85] Vgl. oben S. 115.
[86] Vgl. oben S. 116.
[87] Vgl. oben S. 117.
[88] Bühler, Ottmar, Die eigene Strafgewalt der Verwaltungsbehörden, in: Festschrift für Heinrich Rosenfeld, Berlin 1949, S. 212.
[89] Umgekehrt bestätigt Anhang Nr. 10 die von Bühler ebda. geäußerte Meinung, daß gegen die Entscheidungen des Finanzamts in größerem Umfang die Beschwerde bei der Oberfinanzdirektion eingelegt wird als der Antrag auf gerichtliche Entscheidung gestellt wird (vgl. auch Anhang Nr. 5, Spalte 3).

Berufung auf die Veröffentlichungsbefugnis beschränkt. Damit hatte er Erfolg[90].

Der mit der Namensnennung des Täters in der Presse verfolgte Zweck der Spezialprävention wird bei Zahlungsunfähigen, die ihre selbständige Existenz einbüßen und aller Voraussicht nach nie in die Lage kommen, Steuern zu hinterziehen, verfehlt; bei Zahlungsfähigen wird die Spezialprävention meist durch die Verurteilung selbst erreicht — das beweist nicht zuletzt die geringe Zahl der Rückfälle —, so daß auf die Namensnennung verzichtet werden kann. In diesem Zusammenhang ist von Interesse, daß während des Untersuchungszeitraums in keinem der Fälle, in denen Presseberichterstatter bei der gerichtlichen Verhandlung einer Steuerstrafsache anwesend waren, der Name des Angeklagten in dem folgenden Zeitungsbericht genannt wurde.

Gegenüber der Spezialprävention, wie sie die Presseveröffentlichung mit Namensnennung bezweckt, erscheint es angebracht, den Gedanken der Generalprävention stärker als bisher in den Vordergrund zu rücken[91]. Als geeignete Maßnahme hierfür soll der Vorschlag zur Diskussion gestellt werden, daß die Pressestelle des Finanzamts in regelmäßigen Zeitabständen, am besten kurz vor Terminen, zu denen Steuererklärungen einzureichen sind, aus der Arbeit der Strafsachenstelle berichtet. Auf diese Weise wird der Abschreckungsgedanke, der bei der Vielzahl nichtöffentlicher Steuerstrafverfahren gänzlich fehlt, zur Geltung gebracht. Ferner ist zu empfehlen, daß von Seiten der Pressestelle darauf hingewiesen wird, daß eine Verurteilung in einer Steuerstrafsache durch das Finanzamt nach § 2 Abs. I der Registerverordnung in das Strafregister eingetragen wird und insoweit einem Gerichtsurteil gleichwertig ist. Diese Tatsache scheint in der Öffentlichkeit viel zu wenig bekannt zu sein.

5. Zusammenfassung

In diesem letzten Abschnitt haben wir die Zahlen des Steuerstrafverfahrens der Gerichte und der Verwaltung gegenübergestellt und aus ihnen, soweit das möglich war, einige Rückschlüsse auf die Praxis des Strafverfahrens der Verwaltung gezogen. Wenn nunmehr die in der Einleitung gestellte Frage beantwortet werden soll, ob eines der

---

[90] 15 Ms 14/55: Aus den Gründen des Berufungsurteils: „Zweck dieser Nebenstrafe ist, einen hartnäckigen, vor allem aber einen rückfälligen Steuersünder öffentlich anzuprangern ... Die Bekanntmachung würde weniger den Angeklagten treffen als seine Angehörigen, die in Arbeitsverhältnissen stehen. Sie würden bei der Veröffentlichung des Urteils Gefahr laufen, ihre Arbeitsplätze zu verlieren, auf die sie gerade dann angewiesen sind, wenn der Angeklagte die Gefängnisstrafe verbüßt."

[91] Goetzeler, Richard, Die rationalen Grundlagen des Steuerstrafrechts, Stuttgart 1934, S. 124 und 158.

beiden zur Ahndung von Steuervergehen berufenen Organe den Steuersünder milder oder härter anfaßt als das andere, so kann mit Bestimmtheit gesagt werden:

Die Rechtsprechung des Amts- und die des Landgerichts in Köln in erster Instanz ist im Untersuchungszeitraum im gleichen Umfang schärfer geworden, in welchem die Neigung der Gemeinsamen Strafsachenstelle Köln, Steuerstrafsachen an die Staatsanwaltschaft abzugeben, nachgelassen hat. Was die Rechtsprechung des Landgerichts in zweiter Instanz betrifft, so fielen die Berufungsurteile in der Regel etwas milder aus als die erstinstanzlichen Urteile des Amtsgerichts. Zum Beweis dieser Feststellung wird auf die Spalte Nr. 12 „Strafmaß" der Gesamtübersicht verwiesen.

Es ist nun der Einwand denkbar, daß die vom Finanzamt verhängten Geldstrafen, wie sie aus der Spalte Nr. 5 „Strafbescheid des Finanzamt in DM" der Gesamtübersicht hervorgehen, durchweg höher liegen als die vom Gericht ausgesprochenen Geldstrafen. Dieser Unterschied wird jedoch mehr als ausgeglichen durch die Unannehmlichkeiten eines förmlichen Gerichtsverfahrens im Vergleich zum Ablauf eines Strafverfahrens der Verwaltung: Die häufigen Vernehmungen durch Staatsanwalt und Richter, die langen Schwebezustände und nicht zuletzt die Öffentlichkeit des Verfahrens.

Wir hatten schon darauf hingewiesen, daß das Ziel, welches mit der Schaffung der gemeinsamen Strafsachenstellen angestrebt wurde, nämlich die Vereinheitlichung der Rechtsprechung, erreicht worden ist. Die nicht vorhergesehene Folge ist jedoch ein Auseinanderklaffen der Rechtsanwendung durch die Finanzverwaltung auf der einen und die Gerichte auf der anderen Seite. Diese Ungleichheit der Rechtsanwendung, wie sie im Untersuchungszeitraum für einen begrenzten Bezirk festgestellt wurde, besteht auch im größeren Rahmen der Bundesrepublik; dies geht aus den Veröffentlichungen namhafter Autoren hervor[92]. Danach ist die Ansicht, ein Steuersünder fahre bei Erledigung der Strafsache innerhalb der Verwaltung besser als bei einer gerichtlichen Entscheidung, allgemein verbreitet und sicher nicht grundlos[93].

Daraus ergibt sich die unerwartete Konsequenz einer Verfassungswidrigkeit des Steuerstrafverfahrens der Verwaltung wegen Verstoßes gegen den Gleichheitsgrundsatz nach Art. 3 Abs. I des Grundgesetzes, bedingt durch die in der Literatur erwähnte[94] und durch die vor-

---

[92] Bühler, Die eigene Strafgewalt der Verwaltungsbehörden, a. a. O., S. 212; Mattern, Verwaltungs- und gerichtliches Steuerstrafverfahren, a. a. O., S. 378, 385.
[93] Vgl. aber auch die gegenteilige Ansicht von Kopacek, Die Freiheitsstrafe bei schweren Steuervergehen in der Praxis, a. a. O., S. 611.
[94] Vgl. Literatur in Fußnote 92.

liegende Arbeit bestätigte Ungleichheit der Gesetzesanwendung in Steuerstrafsachen.

Dieses Teilergebnis der vorliegenden Arbeit soll jedoch nicht weiter ausgebaut werden, weil es erkennbar nicht auf der sowohl von der Gesetzgebung wie von der Rechtsprechung verfolgten Linie liegt, nur ein kleiner Bezirk in dieser Untersuchung erfaßt ist, deren Ergebnis insoweit bei abweichender Meinung[95] trotz sehr beachtlicher Stimmen in der Literatur bei noch fehlenden weiteren empirischen Untersuchungen zu dieser Frage nicht auf das gesamte Bundesgebiet ausgedehnt werden kann. Trotzdem ist die für den Untersuchungszeitraum und den Untersuchungsbezirk festgestellte Verfassungswidrigkeit des Steuerstrafverfahrens der Verwaltung wegen Verstoßes gegen Art. 3 Abs. I GG ein wesentliches Argument für die Forderung nach einer öffentlichen Kontrolle des Steuerstrafverfahrens gerade der Verwaltung.

III. Das Erfordernis einer öffentlichen Kontrolle des Steuerstrafverfahrens der Verwaltung

Haver vertritt die Ansicht[96], es bestehe kaum ein öffentliches Interesse an der Kontrolle des Steuerstrafverfahrens der Verwaltung; dieser Meinung wurde schon oben[97] widersprochen. Den entgegengesetzten Standpunkt von Haver nimmt Niese ein[98], der sich für eine stärkere Kontrolle des Steuerstrafverfahrens der Verwaltung einsetzt. Er begründet das Erfordernis einer solchen Kontrolle damit, daß bei der gegenwärtigen Regelung des Verwaltungsstrafverfahrens das Finanzamt einem zahlungsfähigen Steuersünder, der eine an sich „gefängnisbedürftige" Steuerhinterziehung begangen hat, im Verwaltungsstrafverfahren einen „Vergleichsvorschlag" über eine entsprechend hohe Geldstrafe machen könne, die der Täter gern annimmt, weil er sie tragen kann und er so der verdienten und vielleicht sogar gefürchteten Gefängnisstrafe entgeht, ohne daß dies verhindert werden könne.

Hier sollen kurz die Argumente zusammengefaßt werden, die im Laufe des Abschnitts D „Probleme der Zweigleisigkeit des Steuerstrafverfahrens" herausgearbeitet wurden und die nach Ansicht des Verfassers eine öffentliche Kontrolle des Steuerstrafverfahrens der Verwaltung erfordern.

1. In dem Abschnitt „Wettbewerb, Steuerhinterziehung und Steuergeheimnis" waren wir zu dem Ergebnis gekommen, daß bei Verände-

---

[95] Kopacek, a. a. O., S. 611.
[96] Haver, Ist die Strafgewalt des Finanzamts mit dem Grundgesetz und der Menschenrechtskonvention vereinbar? in: NJW 1957, S. 88 f.
[97] S. 95.
[98] Niese, Das Steuerstrafverfahren der Verwaltung, a. a. O., S. 350/51.

rungen der Wettbewerbslage durch Steuerhinterziehung bei der überwiegenden Verfolgung der Steuervergehen im Verwaltungswege keine
Möglichkeit besteht, den Schaden, den die Wirtschaftsordnung durch
eine auf diese Weise geschaffene neue Wettbewerbslage erleidet, rückgängig zu machen. Als Grund für dieses unbefriedigende, trotz Steuerstrafe in einer Verstärkung der Machtposition des Steuersünders be-
stehende Ergebnis war der Schutz des Steuergeheimnisses auch gegenüber einem unehrlichen Pflichtigen sogar noch im Steuerstrafverfahren bezeichnet worden. Demgegenüber wurde die Forderung erhoben,
das Steuergeheimnis insoweit einzuschränken, als ein steuerunehrli-
cher Pflichtiger in stärkerem Maße als bisher damit sollte rechnen müssen, daß sein Steuervergehen Gegenstand eines öffentlichen Verfahrens ist. Diese Einschränkung des Steuergeheimnisses ist vom Gesetzgeber selbst vorgezeichnet, indem er die Abgabe eines Verfahrens in
das Ermessen des Finanzamts stellt; Rechtsprechung und Literatur haben sich in dieser Frage dahingehend ausgesprochen, daß schwere Fälle
zur gerichtlichen Entscheidung gelangen müssen. Dem aus dem Staats-
recht bekannten Grundsatz der wehrhaften Demokratie soll daher an
dieser Stelle der Gedanke einer „wehrhaften Wirtschaftsordnung" an
die Seite gestellt werden.

2. In engem Zusammenhang hiermit steht die Prüfung der Frage,
wann ein in steuerstrafrechtlicher Hinsicht schwerer Fall vorliegt, der
an die Staatsanwaltschaft abzugeben ist. Dabei sollen keineswegs die
Schwierigkeiten verkannt werden zu entscheiden, wann ein schwerer
Fall anzunehmen ist; auch der Erlaß des Finanzministers des Landes
Nordrhein-Westfalen vom 16. Juli 1960[99] läßt diese Frage offen. Das
Verhältnis zwischen gezahlter und verkürzter Steuer, welches als
brauchbarer Maßstab für die Bestimmung der Schwere des Unrechtsge-
halts bezeichnet wird[100], erscheint deswegen nicht als besonders geeignet, weil es im Endergebnis zu der nicht nur hier bekämpften Ansicht
führt[101], der Unrechtsgehalt der Tat sei dann am größten, wenn der
Täter überhaupt keine Steuern mehr zahlt, wenn er also zahlungsunfähig ist.

Gegenüber diesem an rein äußeren Umständen orientierten Maßstab
erscheint es richtiger, stärker als bisher die subjektive Vorstellung des
Täters für die Beurteilung der Schwere der Tat heranzuziehen. Als
geeignetes Merkmal erscheint z. B. eine besonders raffinierte Begehungsart, durch welche der Täter glaubte, sich der Pflicht zur Zahlung
der Steuern ganz oder teilweise entziehen zu können. Das erfordert

---

[99] S. 1265 - 2 VD 3, in: BStBl. II Nr. 20 vom 17. August 1960, S. 161/162.
[100] Kopacek, Die Freiheitsstrafe bei schweren Steuervergehen in der Praxis, a. a. O., S. 611.
[101] Kopacek, a. a. O., S. 611.

freilich eine eingehende Prüfung der Schuldfrage. Der Schwierigkeitsgrad der Entdeckung als objektiver Maßstab kann hier nicht als Kriterium herangezogen werden, weil auch eine primitive Begehungsart,
die vom Betriebsprüfer sofort erkannt wird, trotzdem nach der Vorstellung des Täters raffiniert gedacht sein kann. Bei der Prüfung der
Schuldfrage sollte ferner der oft geringe betriebswirtschaftliche Bildungsgrad der Kleingewerbetreibenden berücksichtigt werden. Als
Maßstab für die Beurteilung der Schwere der Tat ist stets eine Veränderung der Wettbewerbslage durch Steuerhinterziehung anzusehen,
weil sich hier die kriminelle Energie des Täters[102] in doppelter Hinsicht zeigt.

3. Ferner wurde festgestellt, daß schon die offene Steuerkriminalität nur nach § 396 AO etwa 20 % der Betrugskriminalität ausmacht, so
daß Lotze nicht zugestimmt werden kann, wenn er die Ansicht vertritt, die Zahl der Steuerhinterziehungen sei gering[103]. Dabei ist zu
berücksichtigen, daß fahrlässige Steuerverkürzung in vielen Fällen nur
deshalb anzunehmen ist, weil dem Täter zwar nicht der für eine Verurteilung nach § 396 AO erforderliche Vorsatz, wohl aber Leichtfertigkeit (grobe Fahrlässigkeit) nach § 402 AO nachgewiesen werden kann.

4. Das öffentliche Interesse ist, was die Freiheitsstrafe als ultima ratio angeht, vor allem deswegen zu bejahen, damit diese Strafe nicht
lediglich den Zahlungsunfähigen trifft, sondern nur in wirklich schweren Fällen verhängt wird. Was die Umwandlung nach § 470 AO betrifft, so ergaben die Ausführungen, daß auf die Androhung der Ersatzfreiheitsstrafe nicht verzichtet werden kann, um festzustellen,
ob der Täter tatsächlich zahlungsunfähig oder nur zahlungsunwillig
ist. Ein öffentliches Interesse an der Kontrolle der eingestellten Verfahren wurde dagegen verneint.

5. Schließlich wurde die Verfassungsmäßigkeit des Steuerstrafverfahrens der Verwaltung wegen Verstoßes gegen Art. 3 Abs. I GG bestritten.

Aus diesen Punkten ergibt sich eindeutig ein erhebliches öffentliches
Interesse an der Kontrolle des Verwaltungsstrafverfahrens.

Im Anschluß hieran ist nun die Frage zu stellen, wer diese öffentliche
Kontrolle ausüben soll und wie sie im einzelnen durchgeführt werden
kann. Die vorangegangenen Ausführungen lassen erkennen, daß nur
ein staatliches Organ imstande ist, diese im öffentlichen Interesse liegende Kontrolle des Steuerstrafverfahrens der Verwaltung durchzu

---

102 Terstegen, Das Steuerstrafrecht in soziologischer Sicht, a. a. O., S. 21.
103 Lotze, in: Verhandlungen des Deutschen Bundestages 2. Wahlperiode
1953, Stenographische Berichte, Bd. 28, S. 7040.

führen, nämlich die Justiz[104]. Im Gegensatz zu Niese hält der Verfasser, wie erwähnt, nicht die Einstellungen für kontrollbedürftig, sondern das Unterwerfungsverfahren selbst, um zu vermeiden, daß der
von Niese gerügte Fall eintritt, daß nämlich eine an sich „gefängnisbedürftige" Steuerhinterziehung lediglich mit Geldstrafe geahndet
wird. Was die Kontrolle solcher Strafverfahren der Verwaltung angeht, die *nicht* — wie die überwiegende Mehrzahl der Fälle — mit der
Unterwerfung des Beschuldigten enden, sondern die durch Strafbescheid des Finanzamts abgeschlossen werden, so kann, nach dem Urteil
des Bundesgerichtshofs vom 21. April 1959[105], insoweit die Kontrolle
dem Betroffenen selbst überlassen bleiben: Stellt er den Antrag auf
gerichtliche Entscheidung, so ist auch in diesen Fällen die öffentliche
Kontrolle der Rechtsanwendung durch das Finanzamt gewährleistet.

Was nun die Durchführung der Kontrolle angeht, so soll vorgeschla-
gen werden, die Genehmigung der Unterwerfungsverhandlung bei
Steuervergehen nach §§ 396 und 402 AO, die bisher nach § 2 Abs. II der
Verordnung über die Unterwerfung im Strafverfahren gemäß § 445 der
Reichsabgabenordnung vom 1. November 1921[106] dem Vorsteher des
für den betreffenden Steuerpflichtigen zuständigen Finanzamts zusteht,
dem Amtsrichter zu übertragen. Bei der vorgeschlagenen Beschränkung der Genehmigung durch den Richter auf Steuervergehen nach
den §§ 396 und 402 AO erübrigt es sich, auf das Ordnungswidrigkeiten-
gesetz vom 25. März 1952[107] einzugehen, weil die Frage, ob eine Straftat oder eine Ordnungswidrigkeit vorliegt, bereits vom Finanzamt auf
Grund seiner Ermittlungen entschieden werden kann.

Hinsichtlich der praktischen Seite der Durchführung ist ebenso zu
verfahren wie in den Fällen der Kraftfahrzeugsteuerhinterziehung
— die, steuerlich gesehen, Bagatellsachen sind —, oder der Umwandlung: Die Strafsachenstelle übersendet die Akten der Staatsanwaltschaft, diese nimmt dazu Stellung und leitet die Akten mit ihrer eigenen Stellungnahme an den zuständigen Richter weiter.

Hier erscheint es angebracht, einem Vorwurf entgegenzutreten,
der immer wieder erhoben worden ist[108] und erhoben wird, nämlich
dem Vorwurf mangelnder Sachkunde der Richter und Staatsanwälte.
Die Aufstellung in Anhang Nr. 4 über Pflichten, die nach § 392 Abs. I
AO im Interesse der Besteuerung auferlegt sind und gegen die im
Untersuchungszeitraum am häufigsten verstoßen wurde, sowie die Bei-

---

[104] Niese, Das Steuerstrafverfahren, a. a. O., S. 350/51.
[105] Abgedruckt in JZ 1960, S. 164 f.
[106] RGBl. I S. 1328, vgl. auch die gleichlautenden Erlasse vom Juni 1956
in BStBl. II S. 70.
[107] BGBl. I S. 177.
[108] Bank, Der Richter, der Anwalt und die Gesellschaftsfähigkeit der Steuerhinterziehung, in: Finanz-Archiv 45. Jg. 1. Bd., Tübingen 1928, S. 56.

spiele der häufigsten materiellen Fehler der Buchhaltung[109] machen
deutlich, daß es sich nur um eine kleine Zahl von Vorschriften steuerrechtlicher Art handelt, die noch dazu überwiegend Formvorschriften
sind. Aus den angeführten Verstößen sowohl gegen formelle wie gegen materielle Vorschriften ergibt sich als das vielleicht überraschend-
ste Ergebnis dieser Arbeit, auf welche oft geradezu primitive Art und
Weise Steuern hinterzogen werden.

Jeder Richter und jeder Staatsanwalt ist aber nach kurzer Zeit in
der Lage, die angeführten Bestimmungen ebenso anzuwenden wie
solche, die ihm von Beginn seiner Ausbildung an vertraut sind. Der
Ansicht, welche den Richtern und Staatsanwälten ebenso wie den
Rechtsanwälten mangelnde Sachkunde vorwirft, ist ferner entgegen-
zuhalten, daß danach, was die Kenntnis steuerrechtlicher Vorschriften
angeht, an jeden Handwerker, der es sich nicht leisten kann, den Rat
eines Helfers in Steuersachen in Anspruch zu nehmen, ein strengerer
Maßstab angelegt wird als an die für die Bearbeitung von Steuerstrafsachen zuständigen Richter und Staatsanwälte. Damit sollen keineswegs die Schwierigkeiten des Steuerrechts in ihrer Bedeutung ge-
mindert werden, aber es soll dem genannten Vorwurf mangelnder Sachkunde entgegengetreten werden[110].

Wird in der vorgeschlagenen Weise verfahren, so verbleibt sowohl
die Ermittlungs- als auch die Entscheidungsbefugnis zunächst beim
Finanzamt[111]. Die Staatsanwaltschaft hat aber die Möglichkeit, bei
der Durchsicht der über die Unterwerfungsverhandlungen aufgenom-
menen Niederschriften zu erkennen, welche Fälle als schwer zu bezeichnen sind und dem Richter in entsprechender Stellungnahme vor-

---

[109] Vgl. oben S. 69.

[110] Sicherlich gibt es über die angeführten Verstöße hinaus besonders
schwierige Fälle, in denen Bilanzierungs- und Bewertungsfragen auftreten.
In dem einzigen Fall dieser Art (25 KMs 1/52) hatte die Staatsanwaltschaft
auf Anregung des Konkursverwalters einen Wirtschaftsprüfer und jetzigen
Professor der Wirtschafts- und Sozialwissenschaftlichen Fakultät zu Köln damit beauftragt, ein Gutachten zu erstatten. Nachdem das Gutachten vorlag,
fand eine Betriebsprüfung statt, die nicht, wie das Finanzamt in seinem
Übersendungsschreiben ausführt, unabhängig von diesem Gutachten zum
gleichen Ergebnis gelangte, sondern wobei der Betriebsprüfer die Ergebnisse
dieses Gutachtens übernahm; das zeigt deutlich der Vergleich von Betriebsprüfungsbericht und Übersendungsschreiben einerseits mit dem Gutachten
andererseits.
Dies zeigt, daß auch Betriebsprüfer schwierigen Aufgaben nicht unbedingt
gewachsen sind, vor allem dann, wenn ein Fall außerhalb gewohnter Fehler-
quellen liegt, zu deren Auffindung die Betriebsprüfer besonders geschult werden. — Zur Frage mangelnder Sachkunde der Richter und Staatsanwälte vgl.
auch Hartung, Verwaltungs- und gerichtliches Steuerstrafverfahren, NJW
1956, S. 41.

[111] Hartung, Verwaltungs- und gerichtliches Steuerstrafverfahren, a. a. O.,
S. 42.

zuschlagen, die Genehmigung der betreffenden Unterwerfungsverhandlung zu verweigern.

Nur so erscheint es möglich, die erforderliche Gleichmäßigkeit in der
Rechtsprechung von Justiz- und Finanzverwaltung zu erreichen; ferner wird gewährleistet, daß die wirklich schweren Fälle einer gerichtlichen Entscheidung zugeführt werden, Strafsachen von geringerem Unrechtsgehalt dagegen auch weiterhin der Rechtsprechung des Finanzamts verbleiben.

Anhang

Anhang Nr. 1: Zahlenmaterial zur Anwendung der Strafbestimmungen des preußischen Einkommensteuergesetzes aus der Zeit von 1892 bis 1913

1	2	3		4		5	6	7	8	9	10
Zeitraum	Zahl der abgegebenen Einkommensteuererkl.	Im Beanstandungsverfahren berichtigt: Zahl	%	Mehrsteuer in Millionen Mark Betrag	%	Strafverfahren insgesamt anhängig gemacht	Davon sofort ans Gericht	Freispruch Spalte 6	Vorläufige Straffestsetzung durch die Regierung	Von Spalte 8 später ans Gericht	Freispruch aus Spalte 9
1. April 1892–30. Sept. 1893	—	—	—	—	—	577	84	—	493	43	—
1. Okt. 1893–30. Sept. 1894a)	—	—	—	—	—	1148	134	—	1014	74	—
1. Okt. 1896–30. Sept. 1897	—	—	—	—	—	1319	—	—	—	—	—
1. Okt. 1897–30. Sept. 1898	—	—	—	—	—	1686 b)	134	9	1552	72	15
1. Okt. 1898–30. Sept. 1899c)	—	—	—	—	—	1622	226	48	1396	109	25
1900	506 229	127 034	25,1	7,9	33,9	1284	119	25	1165	51	5
1901	537 152	133 256	24,8	9,3	38,0	1327	100	15	1227	80	12
1902	555 343	138 328	24,9	8,9	32,5	1317	90	12	1227	71	9
1903	567 412	135 505	23,9	6,5	30,3	1476	126	18	1348	64	8
1904	593 836	142 778	24,0	6,9	31,8	1465	135	17	1326	66	6
1905	624 530	148 244	23,7	7,6	34,0	1569	248	50	1316	82	19
1906	647 932	151 967	23,5	8,0	34,1	1439	150	15	1284	37	6
1907	705 263	160 159	22,7	10,1	35,2	1471	246	36	1225	77	11
1908d)	738 363	175 255	23,7	10,9	34,9	1232	131	11	1096	84	8 e)
1913f)	1 026 164	282 165	25,7	—	—	2406	—	—	—	—	—

a) Nach Droste, Die Strafbestimmungen des preußischen Einkommensteuergesetzes vom 24. Juni 1891, a. a. O., S. 433, und Meisel, Moral und Technik, S. 50/51, übereinstimmend; die Mitteilungen aus der Verwaltung der direkten Steuern nennen 1530 Fälle. — b) Nach Droste, a. a. O., S. 433. — c) Nach Mitteilungen aus der Verwaltung der direkten Steuern im preußischen Staat, Nr. 40, Berlin 1900, S. 88. — d) Nach Meisel, Moral und Technik bei der Veranlagung der preußischen Einkommensteuer, Leipzig 1911, S. 8 und S. 50/51. — e) Die Zahlen in Spalte 2—4 beziehen sich auf das Kalenderjahr, die Zahlen in Spalte 5—10 auf den Zeitraum jeweils vom 1. Oktober — 30. September (vgl. Meisel, Moral und Technik, S. 8 und 50/51). — f) Nach Meisel, Das Strafrecht der Reichsabgabenordnung, Stuttgart 1920, S. 13/14.

Anhang Nr. 2

Aufstellung nach Berufen der Täter

(Die in jeder Berufsgruppe festgestellten Schwarzhändler (SH) sind
gesondert ausgewiesen)

1.	Handwerker	23	1 SH
2.	Einzelhändler	17	1 SH
3.	Arbeitnehmer	10	1 SH
4.	Großhändler	9	2 SH
5.	Bauunternehmer	6	1 SH
6.	Gastwirte	6	1 SH
7.	Fabrikanten	5	1 SH
8.	Schrotthändler	4	3 SH
9.	Handelsvertreter	3	
10.	Helfer in Steuersachen	3	
11.	Transportunternehmer	2	
12.	Architekt	1	
13.	Rechtsanwalt	1	
14.	Sonstige:		
	Antiquitätenhändler	1	1 SH
	Automaten-Aufsteller	1	
	Hausfrau	1	
	Hauskäufer	1	
	Hausmiteigentümer	1	
	Schausteller	1	
		96	12 SH

Anhang Nr. 3

**Aufstellung über Pflichten, die nach § 392 Abs. I AO
im Interesse der Besteuerung auferlegt sind und gegen die
im Untersuchungszeitraum am häufigsten verstoßen wurde**[a)]

1. Verordnung über die Führung eines Wareneingangsbuches vom 20. Juni 1935;

2. Anmeldung des Gewerbebetriebes nach § 191 AO;

3. Verstöße gegen die Aufzeichnungs- und Buchführungspflichten nach §§ 160 f. AO;

4. Abgabe von monatlichen Umsatzsteuervoranmeldungen nach § 13 Abs. I UStG in Verbindung mit § 65 UStDB;

5. Abgabe von jährlichen Umsatzsteuererklärungen nach § 13 Abs. III UStG in Verbindung mit § 66 UStDB;

6. Abgabe vierteljährlicher Einkommensteuererklärungen nach Art. XV des Kontrollratsgesetzes Nr. 12 vom 11. 12. 1946 (bis zum 5. 6. 1951);

7. Abgabe jährlicher Einkommensteuererklärungen nach § 25 Einkommensteuergesetz in Verbindung mit §§ 56—60 der EStDV;

8. Abgabe von Gewerbesteuererklärungen nach §§ 14, 27 des Gewerbesteuergesetzes in Verbindung mit § 25 der GewerbeStDV;

9. Abführung der einbehaltenen Lohnsteuer nach § 38 EStG in Verbindung mit §§ 30, 31, 41—46 der Lohnsteuer DV;

10. § 20 des Körperschaftssteuergesetzes in Verbindung mit § 19 KöStDV;

11. Abgabe von Vermögensteuererklärungen nach § 16 Vermögensteuergesetz;

12. Abgabe der Nachweisungen über durchgeführte Beförderungen nach §§ 13, 14 BefStG in Verbindung mit §§ 43—45 BefStDV;

13. Abgabe unrichtiger Erklärungen über die Grunderwerbsteuer nach §§ 10, 11 und 15 des Grunderwerbsteuergesetzes.

---

a) Diese Aufstellung wurde auf Grund der Anklageschriften zusammengestellt. Wegen der häufigsten materiellen Fehler der Buchhaltung vergleiche Text, Seite 69.

Anhang Nr. 4

Aufstellung über diejenigen Straffälle in Veranlagung- und Kraftfahrzeugsteuersachen, die im Untersuchungszeitraum vom Amts- und Landgericht Köln entschieden wurden

1	2	3	4
Jahr	Zahl der ab 1953 zur gerichtlichen Entscheidung abgegebenen Strafverfahren der Finanzverwaltung (vgl. Spalte 4 in Anhang Nr. 7)	Zahl der vom Gericht entschiedenen Strafsachen in Veranlagungsteuern [a]	Zahl der Kraftfahrzeugsteuerstrafsachen ab 1954 (Differenz aus Spalte 2 und 3)
1950	—	9	—
1951	—	8	—
1952	—	25	—
1953	11	11	—
1954	14	8	6
1955	54	15 [b]	39
1956	229	8	221
1957	432	6	426
1958	381	3	378
1959	544	3	541
	1665	96	1611
1960	618	(19) [c]	599

a) Die Zahl der vom Amts- und Landgericht Köln entschiedenen Strafsachen in Veranlagungsteuern wurde vom Verfasser an Hand der Verzeichnisse der Staatsanwaltschaft ermittelt. Dabei ging der Verfasser so vor, daß er jede Steuerstrafakte, die im Verzeichnis nicht ausdrücklich als Zoll- oder Kraftfahrzeugsteuersache gekennzeichnet war — diese beiden Arten der Hinterziehung sind im Rahmen dieser Arbeit ohne Interesse — zur Hand nahm, um festzustellen, ob sie eine Veranlagungsteuerstrafsache betraf oder nicht. Subtrahiert man die auf diese Weise für jedes Jahr ermittelte Zahl der Veranlagungsteuerstrafsachen von der Zahl der von der Gemeinsamen Strafsachenstelle Köln an das Gericht zur Entscheidung abgegebenen Fälle, so erhält man die Zahl der Kraftfahrzeugsteuerhinterziehungen. Die Strafsachen, welche die Hinterziehung von Zöllen und Verbrauchsteuern betreffen, sind in den von der Gemeinsamen Strafsachenstelle an das Gericht abgegebenen Fällen nicht enthalten, denn sie werden der Staatsanwaltschaft vom Hauptzollamt zugeleitet; daher kann diese Gruppe von Strafsachen bei der beschriebenen Ermittlung der Zahlen der Kraftfahrzeugsteuerhinterziehungen keine Fehlerquelle bilden.

b) In dieser Ziffer ist die einzige Kraftfahrzeugsteuerstrafsache enthalten, welche für die vorliegende Arbeit eingesehen wurde.

c) Da nach der freundlichen Erlaubnis des Herrn Oberstaatsanwalts zur Akteneinsicht nur rechtskräftig entschiedene Fälle benutzt werden durften, diese Voraussetzung bei den im Jahre 1960 eingeleiteten Strafverfahren aber nicht gegeben ist, so liegen diese Verfahren der Arbeit nicht zugrunde.

Anhang Nr. 5
Aufstellung über die mit oder ohne Urteil abgeschlossenen gerichtlichen Steuerstrafverfahren

1	2	3	4	5	6	7	8	9	10a)
		In Gang durch:			Verurteilung nach §				
Jahr	Ge-samt-zahl	Antrag	Abgabe	in Spalte 4 sind enthalten Rückfälle	396 AO	402 AO	413 AO	Frei-spruch	ohne Urteil
1950	9	4	5	—	5	2	—	1	1
1951	8	3	5	—	4	2	—	—	2
1952	25	7	18	1	13	4	1	—	7
1953	11	2	9	1	6	2	—	1	2
1954	8	4	4	1	4	—	—	—	4
1955	15	4	11	6	10	—	2	—	3
1956	8	1	7	5	3	1	—	—	4
1957 b)	6	—	5	—	5	—	—	—	1
1958	3	2	1	—	1	—	—	—	2
1959	3	3	—	—	2	—	—	—	1
	96	30	65	(14)	53	11	3	2	27

a) Wegen der im gerichtlichen Steuerstrafverfahren ohne Urteil abgeschlossenen Fälle vergleiche Anhang Nr. 6.

b) Im Jahre 1957 wurde ferner 1 Verfahren in Gang gesetzt durch die Anzeige des Amtsgerichts Köln auf Grund eines dort anhängigen Zivilprozesses.

Anhang Nr. 6
Aufschlüsselung der im gerichtlichen Steuerstrafverfahren ohne Urteil abgeschlossenen Fälle

1. Einstellung wegen Geringfügigkeit nach § 153 Abs. III der Strafprozeßordnung (StPO) 9
2. Der Beschuldigte zieht den Antrag auf gerichtliche Entscheidung zurück 6
3. Einstellung auf Grund des Straffreiheitsgesetzes vom 17. Juli 1954 4
4. Während des gerichtlichen Steuerstrafverfahrens unterwirft sich der Angeklagte einer von der Gemeinsamen Strafsachenstelle festgesetzten Strafe 3
5. Das Verfahren wird wegen Verjährung eingestellt 1
6. Der Beschuldigte stellt den Antrag auf gerichtliche Entscheidung zu spät 1
7. Die Ermittlungen der Staatsanwaltschaft werden eingestellt 1
8. Einstellung des gerichtlichen Steuerstrafverfahrens (eingeleitet wegen Verstoß gegen die §§ 413/107 a AO) nach Übereinkunft zwischen dem Finanzamt und dem Beschuldigten 1
9. Einstellung nach § 467 StPO (Kostenpflichten freigesprochener Angeschuldigter) 1

27

Anhang Nr. 7

Übersicht über die von der Gemeinsamen Strafsachenstelle Köln
(errichtet 1953) in den Jahren 1953 bis 1960 eingeleiteten, erledigten und an
die Justizverwaltung zur gerichtlichen Entscheidung oder zur Umwandlung
nach § 470 AO abgegebenen Strafverfahren sowie die Höhe der von der
Gemeinsamen Strafsachenstelle Köln insgesamt verhängten Geldstrafen
in Verwaltungsstrafverfahren a)

1	2	3 b)	4 c)	5	6
	Strafverfahren		Von Spalte 2 an die Justiz abgegebene Strafverfahren:		Gesamthöhe der von der Gemeins. Strafsachenstelle Köln verhängten Geldstrafen in DM
Jahr	eingeleitet	erledigt	zur gerichtl. Entscheid.	zur Umwandlung	
1953	1067	969	11	46	497 450, —
1954	622	1235	14	49	208 805, —
1955	885	762	54	55	350 905, —
1956	805	845	229	75	409 860, —
1957	1139	775	432	59	260 785, —
1958	1238	842	381	39	280 775, —
1959	1556	871	544	72	223 075, —
	7312	6299	1665	395	2 231 655, —
1960	632	813	618	76	243 845, —

a) Diese Aufstellung und die Aufschlüsselung sowohl der Zahl der erledigten Verwaltungsstrafverfahren (Spalte 3) als auch der insgeamt verhängten Geldstrafen (Spalte 6) verdankt der Verfasser der freundlichen Mitteilung von Herrn Oberregierungsrat Irmer, Leiter der Steuerfahndungsabteilung der Oberfinanzdirektion Köln, vom 21. Februar 1961.

b) Spalte 3 vgl. Anhang Nr. 8, Spalte 6 vgl. Anhang Nr. 9.

c) Spalte 4 dieses Anhangs ist bereits der besseren Übersicht wegen in Anhang Nr. 4 als Spalte 2 angeführt worden.

Anhang Nr. 8

Aufschlüsselung der Gesamtzahl der seit 1953 von der Gemeinsamen Strafsachenstelle Köln im Verwaltungswege erledigten Steuerstrafverfahren (vgl. Anhang Nr. 7, Spalte 3)

1	2	3		4		5		6	
Jahr	Gesamtzahl der erledigten Verfahren	396 AO		erledigt nach §				eingestellte Verfahren	
				402 AO		413 AO			
		Zahl	%	Zahl	%	Zahl	%	Zahl	%
1953	969	252	26,00	209	21,57	121	12,49	387	39,94
1954	1235	183	14,82	94	7,61	105	8,57	853	69,07
1955	762	164	21,52	123	16,14	148	19,42	327	42,91
1956	845	317	37,51	189	22,37	98	11,60	241	28,52
1957	775	155	20,00	93	12,00	63	8,13	464	59,87
1958	842	142	16,75	119	14,13	287	34,20	294	34,92
1959	871	109	12,51	97	11,14	352	40,41	313	35,94
	6299	1322		924		1174		2879	
1960	813	148	18,20	123	15,13	237	29,15	305	37,52

Die Prozentzahlen beziehen sich jeweils auf die Gesamtzahl der erledigten Verfahren (Spalte 2).

Laut freundlicher Mitteilung von Herrn Oberregierungsrat Irmer, Oberfinanzdirektion Köln.

Anhang Nr. 9

Aufschlüsselung der Gesamthöhe der von der Gemeinsamen Strafsachenstelle Köln seit 1953 verhängten Geldstrafen (vgl. Anhang Nr. 7, Spalte 6)

1	2	3	4	5
Jahr	§ 396 AO	§ 402 AO	§ 413 AO	Insgesamt DM
1953	315 500	155 800	26 150	497 450
1954	165 600	27 250	15 955	208 805
1955	251 450	73 780	25 675	350 905
1956	298 140	89 730	21 990	409 860
1957	198 215	57 375	5 195	260 785
1958	198 360	48 685	33 730	280 775
1959	116 725	67 630	38 720	223 075
	1 543 990	520 250	167 415	2 231 655
1960	140 140	64 450	39 255	243 845

Laut freundlicher Mitteilung von Herrn Oberregierungsrat Irmer, Oberfinanzdirektion Köln.

Anhang Nr. 10

Anzahl der bei der Oberfinanzdirektion Köln eingelegten Beschwerden gegen Strafbescheide der Gemeinsamen Strafsachenstellen Aachen, Bonn und Köln

Jahr	Zahl
1950	15
1951	25
1952	31
1953	36
1954	23
1955	18
1956	19
1957	23
1958	21
1959	22
1960	27

Laut freundlicher Mitteilung von Herrn Oberregierungsrat Irmer, Oberfinanzdirektion Köln, vom 19. April 1961.

Auf Beschwerden gegen Strafbescheide der Gemeinsamen Strafsachenstelle Köln entfällt etwa ein Drittel dieser Zahlen.

Von der durch das Urteil des Bundesgerichtshofs vom 21. April 1959 (vgl. Juristen-Zeitung 1960 S. 164 f.) geschaffenen Möglichkeit, nach der auch gegen Beschwerdebescheide der Oberfinanzdirektionen der Rechtsweg vor den ordentlichen Gerichten nach § 450 AO zulässig ist, wurde im Untersuchungszeitraum noch nicht Gebrauch gemacht.

Anhang Nr. 11
Zahl der wegen Betrug und Untreue im Landgerichtsbezirk Köln verurteilten Personen

1	2	3	4
Jahr	Gesamtzahl	Darin enthalten: Heranwachsende unter 18 Jahr. (männl. und weibl.)	Frauen
1950	627	9	102
1951	881	17	149
1952	1255	6	188
1953	1648	9	319
1954	1245	46	207
1955	1370	47	213
1956	1577	66	272
1957	1648	95	327
1958	1523	91	317

Diese Zahlen wurden vom Verfasser auf Grund der „Beiträge zur Statistik des Landes Nordrhein-Westfalen, Die Strafverfolgung in Nordrhein-Westfalen", herausgegeben vom Statistischen Landesamt, Düsseldorf, für den Untersuchungszeitraum zuammengestellt.

Nach Schönke, Adolf und Schröder, Horst, Strafgesetzbuch-Kommentar, 8. Auflage 1957 wurden 1953 in der Bundesrepublik Deutschland verurteilt:

insgesamt nach § 263 StGB (Betrug) .... 39 262 Personen S. 919

insgesamt nach § 264 StGB (Betrug im zweiten Rückfall) .... 3 578 Personen S. 943

insgesamt nach § 266 StGB (Untreue) .... 3 644 Personen S. 949

46 484 Personen.

Der Anteil der wegen Untreue verurteilten Personen an dieser Gesamtzahl beträgt demnach im Bundesdurchschnitt 7,8 Prozent.

Nach Schönke-Schröder Strafgesetzbuch-Kommentar 9. Auflage 1959 betragen diese Zahlen für 1955:

Insgesamt nach § 263 StGB .... 32 042 Personen S. 960

insgesamt nach § 264 StGB .... 4 353 Personen S. 985

insgesamt nach § 266 StGB .... 3 266 Personen S. 991

39 661 Personen.

Der Anteil der wegen Untreue nach § 266 StGB verurteilten Personen an dieser Gesamtzahl beträgt im Bundesdurchschnitt 8,2 Prozent.

Für die §§ 264 a (Notbetrug), 265 (Versicherungsbetrug) und 265 a (Automatenmißbrauch) sind weder für das Jahr 1953 noch für das Jahr 1955 Zahlen angegeben.

Anhang Nr. 12

Zusammenstellung nach Wirkungsgraden der Steuerstrafe
(vgl. Gesamtübersicht, Spalte 13)

	keine	schwache	starke	sehr starke	Verlust-	
					Anlaß	Ursache
1950	1	—	3	—	2	2
1951	1 a)	—	3	—	1	2 a)
1952	2	5	2	3	3	3
1953	3	1	1	1	3	—
1954	—	—	1	1 b)	1	—
1955	1	—	—	3 b)	6	2
1956	2	—	1	—	1	—
1957	3	1	1	—	—	—
1958	—	—	—	—	—	2
1959	1	1	—	—	—	—
	14	8	12	8	17	11

a) In dem Fall 15 Ms 41/51 sind bei zwei Tätern zwei verschiedene Wirkungsgrade der Steuerstrafe festzustellen.

b) Die Fälle 25 Ms 34/54 und 25 Ms 76/55 betreffen den gleichen Täter.

Literaturverzeichnis

Arndt, Adolf: Ist eine Strafgewalt des Finanzamts mit dem Grundgesetz vereinbar? In: Neue Juristische Wochenschrift (NJW), München und Berlin 1957, S. 249 f.
— Strafgewalt der Finanzämter? In: NJW 1959, S. 605 f.

Bank: Der Richter, der Anwalt und die Gesellschaftsfähigkeit der Steuertäuschung, in: Finanz-Archiv, 45. Jg., 1. Bd., Tübingen 1928, S. 53 f.

von Bauer, Joseph: Über Steuervergehen, in: Finanz-Archiv, 9. Jg. 1. Bd. Stuttgart und Berlin 1902, S. 1 f.

Baumbach, Adolf und Wolfgang *Hefermehl*: Wettbewerbs- und Warenzeichenrecht, Beckscher Kurzkommentar, 8. Aufl., München und Berlin 1960.

Becker, Enno: Die Reichsabgabenordnung, erläutert von Enno Becker, 4. Aufl., Berlin 1925.

Behrnauer, Friedrich: Der Streit über die Steuerhinterziehungen in Preußen, in: Beiträge zu konservativer Politik und Weltanschauung, Berlin 1910, Heft 7/8.

Blonski, Justin: Einige Bemerkungen über die Prinzipien und das System des Gefällstrafrechts, drei Aufsätze, in: Allgem. Österreichische Gerichtszeitung, Wien 1883 Nr. 75, 76, 77.

Bruns, Hans-Jürgen: Die Befreiung des Strafrechts vom zivilistischen Denken, Berlin 1938.

Bühler, Ottmar: Die eigene Strafgewalt der Verwaltungsbehörden, in: Festschrift für Ernst Heinrich Rosenfeld, Berlin 1949, S. 203 f.

Cohn, Gustav: System der Finanzwissenschaft, Stuttgart 1899.

Delbrück, Hans: Politische Korrespondenz, in: Preußische Jahrbücher, Bd. 136, S. 167 f.; Bd. 138, S. 167 f., S. 372 f. S. 559 f., Berlin 1909.

Droste: Die Strafbestimmungen des preußischen Einkommensteuergesetzes vom 24. Juni 1891 und des Ergänzungssteuergesetzes vom 14. Juli 1893, in: Verwaltungsarchiv Berlin 1900, S. 348—433.

Eheberg, Karl-Theodor: Finanzwissenschaft, 4. Aufl., Leipzig 1895.

Felmy: Soll das Steuergeheimnis dem öffentlichen Interesse an einer lückenlosen Strafverfolgung geopfert werden? In: Finanz-Rundschau 1960, S. 337.

Friedberg: Die Zuwiderhandlungen gegen die Einkommen- und die Ergänzungssteuerpflicht in Preußen, in: Preußisches Verwaltungsblatt, 19. Jg., Berlin 1897, S. 53 f.

Friesenhahn, Ernst: Über Begriff und Arten der Rechtsprechung unter besonderer Berücksichtigung der Staatsgerichtsbarkeit nach dem Grundgesetz und den westdeutschen Landesverfassungen, in: Festschrift Richard Thoma, Tübingen 1950, S. 21 f.

Fuisting, Bernhard: Das Preußische Einkommensteuergesetz vom 24. Juni und die Ausführungsanweisungen vom 5. August 1891, 3. Aufl., Berlin 1894.

Goetzeler, Richard: Die rationalen Grundlagen des Steuerstrafrechts, Stuttgart 1934.

Goldschmidt, James: Das Verwaltungsstrafrecht, Berlin 1902.

Hager: Das Steuergeheimnis, in: Deutsche Steuer Zeitung, Berlin 1941, S. 201 f.

Hartung, Fritz: Doppelgleisige Strafrechtspflege? In: NJW 1955, S. 1129.
— Das Steuerstrafrecht, Kommentar, 2. Aufl., Berlin und Frankfurt 1956.
— Verwaltungs- und gerichtliches Steuerstrafverfahren, in: NJW 1956, S. 41 f.
— Der gerichtliche Weg im Verwaltungssteuerstrafverfahren, in: NJW 1958, S. 809 f.
Haver: Ist die Strafgewalt des Finanzamts mit dem Grundgesetz und der Menschenrechtskonvention vereinbar? In: NJW 1957, S. 88 f.
Hefermehl, Wolfgang: Der Anwendungsbereich des Wettbewerbsrechts, in: Festschrift für Hans Carl Nipperdey, München und Berlin 1955, S. 283 f.
Heinitz, Ernst: Freiheitsstrafe gegen Steuerhinterziehungen? In: Deutsche Juristen Zeitung, Berlin 1912, S. 56 f.
Freiherr *von Hock*, Carl: Die öffentlichen Abgaben und Schulden, Stuttgart 1863.
Honemann, Wilhelm: Das Verhältnis zwischen der Defraudation der Zölle und Verbrauchsteuern und dem Betrug nach deutschem Reichsrecht, Diss. Halle 1894.
Hübschmann, Walter, *Hepp*, Ernst und Armin *Spitaler*: Kommentar zur Reichsabgabenordnung und den Nebengesetzen, 1.—4. Aufl., Köln.
Jastrow, Ignaz: Gut und Blut fürs Vaterland, Berlin 1917.
Johow, Reinhold (Herausgeber): Jahrbuch für Entscheidungen des Kammergerichts in Sachen der nichtstreitigen Gerichtsbarkeit und in Strafsachen, 17. Bd., Berlin 1897, S. 370 f., 18. Bd., Berlin 1899, S. 251 f.
Kapp, Reinhard: Steuerstrafrechtliche Mißstände, in: Finanz-Rundschau, 15. (42.) Jg. 1960, S. 583 f.
Kaulla, Rudolf: Die rechtliche Natur der Defraudation öffentlicher Abgaben, Diss. Tübingen, Stuttgart 1897.
Kern, Eduard: Das Ende der Friedensgerichte, in: Juristenzeitung (JZ) 1960, S. 244 f.
Kindervater: Über die Frage von der Strafbarkeit unrichtiger Eintragungen in das Brauregister zum Zwecke der Umgehung der vorbehaltenen Nachsteuer, in: Archiv für Gemeines Deutsches und für Preußisches Strafrecht (Goltdammers Archiv), Bd. 26, Berlin 1878, S. 309 f.
Koch, Carl und Björn *Wolter*: Das Steuergeheimnis, Systematik und Einzelfragen der Geheimhaltungspflichten der Finanzbehörden, Köln 1958.
Köstlin, C. Reinhold: Abhandlungen aus dem Strafrecht, hrsg. von Geßler, Tübingen 1858.
Kopacek, Werner: Die Freiheitsstrafe bei schweren Steuervergehen in der Praxis, in: Finanz-Rundschau 15. (42.) Jg. 1960, S. 610 f.
Lassar, Gerhard: Reichseigene Verwaltung unter der Weimarer Reichsverfassung, in: Jahrbuch des öffentlichen Rechts, Bd. 14, 1926.
Leise, Horst: Anmerkungen zu dem Beschluß des Landgerichts Kassel vom 19. 11. 1953 und dem Beschluß des Landgerichts Marburg vom 30. 11. 1953, betreffend § 470 AO, in: NJW 1954, S. 325 u. 523.
von Liszt, Franz: Lehrbuch des Deutschen Strafrechts, 2. Aufl. 1884, 5. Aufl. 1892, 10. Aufl. 1900, Berlin.
Lobe, Adolf: Die Bekämpfung des unlauteren Wettbewerbs, Leipzig 1907.
Lotz, Walther: Finanzwissenschaft, Tübingen 1917.
Lotze, Wilhelm: Sind Unterwerfungsverfahren und Strafbescheide der Finanzämter mit Art. 20 und 92 GG vereinbar? In: NJW 1956, S. 1540.
Mattern, Gerhard: Das Steuergeheimnis, Tübingen 1952.
— Für und Wider das Steuergeheimnis, in: Deutsche Gemeindesteuer Zeitung 1954, S. 116 f.

Mattern, Gerhard: Verwaltungs- und gerichtliches Steuerstrafverfahren, in: Zeitschrift für die gesamte Strafrechtswissenschaft, 67. Bd., Berlin 1955, S. 363 f.

— Das Steuergeheimnis, in: Der Betriebsberater 1955, S. 645.

Maurach, Reinhart: Deutsches Strafrecht, Allg. Teil, 1. Aufl. 1954, 3. Aufl. 1958, Bes. Teil, 3. Aufl. 1959, Karlsruhe.

May, R. E.: Volksvermögen und Steuerdeklaration, Eine Kritik, in: Preußische Jahrbücher, Bd. 138, Berlin 1909, S. 95 f.

Mayer, Otto: Deutsches Verwaltungsrecht, 1. Bd., Leipzig 1895.

Meisel, Franz: Steuerdefraudation und Betrug, in: Juristische Blätter, Wien 1881, S. 574.

— Unrecht und Zwang im Finanzwesen, in: Finanz-Archiv, 5. Bd., Stuttgart und Berlin 1888.

— Besprechung der Dissertation von Rudolf Kaulla, in: Finanz-Archiv, 15. Jg., 1. Bd., 1898, S. 483/84.

— Das Strafrecht der österreichischen Einkommensteuer, in: Finanz-Archiv, 19. Jg., 2. Bd., 1902.

— Moral und Technik bei der Veranlagung der preußischen Einkommensteuer, Leipzig 1911.

— Das Strafrecht der Reichsabgabenordnung, sein Prinzip und seine Technik, Stuttgart 1920.

— Wo steht die deutsche Finanzwissenschaft? In: Zeitschrift für die gesamte Staatswissenschaft, 75. Jg., Tübingen 1921, S. 54 f.

— Britische und Deutsche Einkommensteuer, ihre Moral und ihre Technik, Tübingen 1925.

Merkel, Adolf: Kriminalistische Abhandlungen, Bd. 1, Gießen 1867, Bd. 2, Leipzig 1867.

Mitteilungen: Mitteilungen aus der Verwaltung der direkten Steuern im preußischen Staat, Nr. 40, Berlin 1900.

Mrozek, Alfons: Die Mängel der Veranlagung zur Einkommensteuer und Vorschläge zu ihrer Beseitigung, in: Preußische Jahrbücher, 136. Bd., Berlin 1909, S. 259 f.

Niese, Werner: Das Steuerstrafverfahren, in: Zeitschrift für die gesamte Strafrechtswissenschaft, 70. Bd., Berlin 1958, S. 337.

Pollack, Fritz: Das Finanzdelikt als Verwaltungsdelikt, sein Wesen und seine Durchbildung (Diss.), in: Strafrechtliche Abhandlungen, Heft 150, Breslau 1911.

Popitz, Johannes: Der wirtschaftende Mensch als Steuerzahler, in: Vierteljahresschrift für Steuer- und Finanzrecht, Berlin 1930, S. 1 f.

Pünder, Hermann: Kommentar zur Reichsabgabenordnung. hrsg. von Alfons Mrozek, Hans Arlt, Wilhelm Boethke, Hermann Pünder, 3. Aufl., Köln 1924.

Riewald, Alfred: Reichsabgabenordnung und Steueranpassungsgesetz, 1956, unveränderter Nachdruck der Aufl. von 1941.

Roscher, Wilhelm: System der Finanzwissenschaft, 4. Aufl., Stuttgart 1894.

Schäffle, Albert und Friedrich *Eberhard: Die* Grundsätze der Steuerpolitik, Tübingen 1880.

— Die Steuern, Allg. Teil, Leipzig 1895.

Schmalz, Herbert: Die Steuerhinterziehung im Sinne des § 359 Abs. I—4 der Reichsabgabenordnung, Berlin 1926.

Schmölders, Günter: Steuermoral und Steuerbelastung, Berlin 1932.

— Die Weiterbildung des Wirtschaftsrechts, in: Zeitschrift für die gesamte Staatswissenschaft, Bd. 101, Tübingen, 1940/41, S. 64 f.

Schmölders, Günter: Die Wirtschaftsdelikte als Störungsfaktoren im Ordnungssystem der Marktwirtschaft, in: Wirtschaftsdelikte, Arbeitstagung im Bundeskriminalamt vom 8. April bis 13. April 1957, Wiesbaden 1957, S. 13 f.

— Das Irrationale in der öffentlichen Finanzwirtschaft, Probleme der Finanzpsychologie, Rowohlts deutsche Enzyklopädie, Bd. 100, Hamburg 1960.

Schöllgen, Werner: Grenzmoral, Düsseldorf 1946.

Schönke, Adolf und Horst *Schröder:* Strafgesetzbuch, Kommentar, 8. Aufl., 1957, 9. Aufl., 1959, München und Berlin.

Schwaiger, Hermann: Über die strafrechtliche Stellung der Steuerdefraudationen, Diss., in: Der Gerichtssaal, 49. Bd., Stuttgart 1894, S. 401 f.

Schwarz, O.: Zum Steuerstrafrecht, in: Wörterbuch des Deutschen Staats- und Verwaltungsrechts, 3. Bd., 2. Aufl., Tübingen 1914.

von Stein, Lorenz: Lehrbuch der Finanzwissenschaft, 5. Aufl., Leipzig 1885.

Terstegen, Walter: Das Steuerstrafrecht in soziologischer Sicht, in: Steuerberater-Jahrbuch Köln 1953/54, S. 19 f.

— Steuerstrafrecht einschließlich Verfahrensrecht, Köln 1956.

— Besonderheiten der Steuerstraftaten und des Steuerstrafrechts, insbesondere unter dem Gesichtspunkt einer Zusammenarbeit zwischen Finanzverwaltung und Kriminalpolizei, in: Wirtschaftsdelikte, Arbeitstagung im Bundeskriminalamt vom 8. April bis 13. April 1957, Wiesbaden 1957.

Troeger, Heinrich: Steuerstrafrecht, 2. Aufl., Stuttgart 1950.

Ulmer, Eugen: Sinnzusammenhänge im modernen Wettbewerbsrecht, Berlin 1932.

Vocke, Wilhelm: Die Abgaben, Auflagen und die Steuer vom Standpunkte der Geschichte und der Sittlichkeit, Stuttgart 1887.

— Die Grundzüge der Finanzwissenschaft, Leipzig 1894.

Wagner, Adolph: Die sogenannten direkten Steuern, in: Handbuch der politischen Ökonomie, Bd. 3: Finanzwissenschaft und Verwaltungslehre, 2. Aufl., Tübingen 1885, hrsg. von Gustav Schönberg, S. 175 f.

— Finanzwissenschaft, 2. Teil, 2. Aufl., Leipzig 1890.

— Die Reform der direkten Staatsbesteuerung in Preußen im Jahr 1891, in: Finanz-Archiv, 8. Jg., 2. Bd., 1891, S. 71 f.

Wallner, Julius: Die Hinterziehung öffentlicher Abgaben und das Strafrecht, in: Archiv für Kriminal-Anthropologie und Kriminalistik, 42. Bd., Leipzig 1911, S. 257 f.

Weber, Alfred: Darstellung der Defraude nach Reichsrecht, insbesondere in ihrem Verhältnis zum Betruge, in: Der Gerichtssaal, 58. Bd., Stuttgart 1901, S. 1 f. und S. 161 f.

Wehner, Alex: Die Steuerhinterziehung und Steuergefährdung nach dem Strafrecht der Reichsabgabenordnung, Diss. Bonn, Berlin 1923.

Welzel, Hans: Irrtumsfragen im Steuerstrafrecht, in: NJW 1953, S. 486.

Wolf, Erik: Die Stellung der Verwaltungsdelikte im Strafrechtssystem, in: Festgabe für Reinhard von Frank, Tübingen 1930, 2. Bd., S. 516 f.

Ferner: Anlagen und Stenographische Berichte zu den Verhandlungen des Preußischen Abgeordnetenhauses, der Deutschen Nationalversammlung und des Deutschen Bundestages, jeweils zitiert nach Band und Seite.

Gesamtübersicht

Erläuterungen

In der Gesamtübersicht ist für jeden der 96 Fälle das Ergebnis der Akteneinsicht zusammengefaßt. Die Übersicht enthält zunächst in Spalte 1 das jeweilige Aktenzeichen. Spalte 2—14 gliedern jeden Fall nach Gesichtspunkten auf, die dem Verfasser wichtig erschienen sind. In Spalte 3 (Entdeckung der Straftat) wurden die gängigen Abkürzungen verwandt, in Spalte 4 (Gerichtliches Strafverfahren in Gang durch) sind die Rückfälle, deren Abgabe auf Grund des Gesetzes vom 20. 4. 1949 zwingend vorgeschrieben war, gesondert ausgewiesen. Was die Höhe der hinterzogenen Steuern angeht (Spalte 8), so ist zu bemerken, daß die Beträge stets rechtskräftig waren bei Übersendung der Akten durch die Gemeinsame Strafsachenstelle an die Staatsanwaltschaft. Zur Bezeichnung der Art der hinterzogenen Steuern (Spalte 9) wurden jeweils die Anfangsbuchstaben der Steuern vom: Umsatz, Einkommen, Gewerbe, Grunderwerb, Lohn, Vermögen, Kirchen, Körperschaft, Beförderung, Kapitalertrag sowie Soforthilfe-Abgabe benutzt.

Der Leser wird eine Spalte „Begehungsart der Steuerhinterziehung" vermissen. Es hat sich als unzweckmäßig erwiesen, die Begehungsart in die Gesamtübersicht aufzunehmen. Vielmehr wurde diese zunächst geplante Spalte verselbständigt und als Anhang Nr. 3 der Gesamtübersicht vorangestellt (vgl. auch Text Seite 58).

Zu Spalte 10 (Analyse des Tatmotivs) vgl. Text Seite 73 f. Die in Spalte 11 (Gerichtsurteil nach § der Abgabenordnung oder des StGB) angeführten §§ des Strafgesetzbuches betreffen folgende Tatbestände: § 246 (Unterschlagung), § 263 (Betrug), § 266 (Untreue), § 267 (Urkundenfälschung) und § 137 (Pfandentstrickung).

1 Akten-zeichen	2 Beruf des Täters (SH = Schwarz-händler)	3 Ent-deckung der Straftat	4 Gerichtl. Steuerstraf-verfahren in Gang durch	5 Straf-bescheid des Finanz-amts in DM	6 Schät-zung	7 Tatzeit	8 Höhe der hinterzogenen Steuern	9 Art	10 Analyse des Tatmotivs	11 Gerichtsurteil nach § der Abgabenordnung oder des StGB	12 Strafmaß	13 Wirkung der Steuerstrafe	14 Bemerkungen
35 Ms 24/50	Ingenieur u. Fabrikant landw. Masch.	BP	Abgabe	—	—	1948—49	DM 1 165,—	L	Verlängerung	396	DM 200,— oder 25 Tage	Verlust-Anlaß	Es werden Raten in Höhe von DM 10,— bewilligt, gezahlt wird nach Haftbefehl
25 Ms 27/50	Einzelhändler (Drogist)	BP	Abgabe	—	ja	1945—II/48	RM 64 000,—	UEG	Ausbau	402	DM 150,— oder 30 Tage	Verlust-Ursache	—
25 Ms 94/50	Buchbinder	BP	Antrag	1150,—	—	1945—49	DM 3 270,—	UEGGr	Ausbau, Überbrückung	396	1. DM 1200,— od. 48 Tge. 2. DM 440,— od. 20 Tge.	stark	wird Hilfsarbeiter
25 Ms 183/50	Gehilfe eines Wirtschaftstreu-händers	Arbeit-geber	Abgabe	—	—	1948—50	DM 4 500,—	—	Geltungs-bedürfnis	246, 267 StGB, 396 AO	vier Monate Gefängnis, DM 100,— oder 10 Tage	Verlust-Ursache	—
25 Ms 186/50	Bauunternehmer	BP	Antrag	460,—	—	1947	RM 10 100,—	UEG	Ausbau, Verlängerung	402	1. Freispruch 2. DM 300,— od. 30 Tge.	Verlust-Anlaß	—
25 Ms 197/50	Großhändler (Mehl)	Steufa	Antrag	500,—	—	1947	—	—	—	—	Freispruch	—	—
25 Ms 206/50	Antiquitäten-händler: 1. Kraftfahrer SH 2. Gemüsehändl. SH	Steufa / Steufa	Abgabe / Abgabe	— / —	ja / —	1945—II/48 / 1945—II/48	DM 10 100,— / DM 4 500,—	UEG / UEG	pers. Bereicher. / pers. Bereicher.	396 / 396	DM 3000,— oder 75 Tage / DM 1000,— oder 25 Tage	stark / stark	Umsatz vom 1. 1. 1947 bis 20. 6. 1948 RM 860 000,—; 16 Aktenbündel
25 Ms 216/50	Einzelhändler SH (Lebensmittel)	Steufa	Antrag	1750,—	ja	1946—47	RM 36 100,—	UEGV	pers. Bereicher.	396	DM 500,— oder 20 Tage	stark	Verf. eingestellt nach § 206 a StPO, weil Unterwerfungsverh. über DM 5000,—
25 Ms 226/50	Gastwirt SH	Steufa	Abgabe	—	—	1940—49	RM 223 000,— / DM 30 200,—	UEGV	pers. Bereicher.	—	—	—	BGH verwirft Revision als unbegründet
15 Ms 1/51	Installateur	BP	Antrag	1400,—	ja	1945—1/48	RM 27 500,—	UEG	Ausbau	402	DM 500,— oder 20 Tage	stark	der Antrag auf gerichtl. Entscheidung wird auf das Strafmaß beschränkt; Monatsumsatz DM 3400,—
15 Ms 19/51	Einzelhändler (Glas- u. Porzellanwaren)	BP	Antrag	1000,—	ja	1946—49	RM 29 000,— / DM 10 400,—	UEG	Überbrückung	402	DM 600,— oder 30 Tage	stark	—
15 Ms 41/51	1. Versicherungs-angestellter 2. Stieftochter	Fin.-Amt / Fin.-Amt	Abgabe / Abgabe	— / —	— / —	1951 / 1951	DM 200,— / DM 200,—	L / L	pers. Bereicher. / pers. Bereicher.	267 StGB, 396, 397 AO Beihilfe hierzu 137 StGB, 396 AO	DM 400,— oder 10 Tage / DM 40,—	keine / Verlust-Ursache stark	verliert Stellung
15 Ms 52/51	Einzelhändlerin (Lebensmittel)	Vollstr.-beamter	Abgabe	—	—	1951	DM 175,—	E	Verlängerung		DM 100,—		—
15 Ms 53/51	Handelsvertreter (Selbständig)	Steufa	Abgabe	—	ja	II/48—50	DM 3 000,—	UE	pers. Bereicher.		zwei Monate Gefängnis, DM 300,—	Verlust-Anlaß	—
25 Ms 18/51	Bauunternehmer	BP	Antrag	500,—	—	1949	DM 1 360,—	UE	Verlängerung	396	—	—	Antrag zurückgezogen
25 Ms 52/51	Schrotthändler SH	Steufa	Abgabe	—	ja	1946—49	RM 41 600,— / DM 16 450,—	UEG	pers. Bereicher.	396	drei Monate Gefängnis, DM 1000,— oder 20 Tage	Verlust-Ursache	Urteil in Berufungs-instanz bestätigt; zahlt in 4 Jahren DM 38,— an Steuern
25 Js 275/51	Einzelhändler (Haushaltwaren)	BP	—	—	ja	II/48—49		—	Überbrückung	—	—	—	Ermittlungsverf., eingestellt auf Grund des Straffreiheitsges. vom 17. 7. 1954

1 Akten-zeichen	2 Beruf des Täters (SH = Schwarzhändler)	3 Entdeckung der Straftat	4 Gerichtl. Steuerstrafverfahren in Gang durch	5 Strafbescheid des Finanzamts in DM	6 Schätzung	7 Tatzeit	8 Höhe der hinterzogenen Steuern	9 Art	10 Analyse des Tatmotivs	11 Gerichtsurteil nach § der Abgabenordnung oder des StGB	12 Strafmaß	13 Wirkung der Steuerstrafe	14 Bemerkungen
15 Ms 11/52	Stukkateurmstr. SH	Steufa	Abgabe	—	ja	II/48–49	DM 2 650,—	UEG	pers. Bereichrg.	402	DM 500,— oder 50 Tage	sehr stark	noch zweimal wegen Betruges verurteilt, danach Selbstmord; BGH verwarf Revision als unbegründet
15 Ms 13/52	Kfm. Geschäftsführer einer GmbH SH	Steufa	Abgabe	—	ja	1947–49	DM 70 000,—	UEGKö	Aufbau, Ausbau, Bereicherung	396	DM 7200,— oder 72 Tage	Verlust-Ursache	
15 Ms 41/52	Spediteur	Fin.Amt	Rückfall	—	—	1951	DM 2 600,—	Beför.	Verlängerung	396, 404	DM 500,— oder 50 Tage	sehr stark	
15 Ms 72/52	Mitinhaber eines Malerbetriebes	BP	Antrag	300,—	—	1949–51	DM 2 270,—	L	Überbrückung	—	1. Freispruch 2. Einstellung	—	Verf. eingestellt nach § 153 Abs.III StPO; F
15 Ms 74/52	Bauunternehmer	Steufa	Abgabe	—	ja	1949–51	DM 9 800,—	UEG	Verlängerung	396	DM 1500,— oder 60 Tage	Verlust-Anlaß	
15 Ms 80/52	Inhaber einer Autoreparaturwerkstatt	BP	Antrag	800,—	—	1949–50	DM 1 300,—	L	Überbrückung	396	DM 600,— oder 60 Tage	schwach	
15 Ms 85/52	Einzelhändler (Öfen, Herde)	Fin.Amt	Abgabe	—	—	1950–51	DM 3 800,—	U	Verlängerung	396	DM 1500,— oder 30 Tage	Verlust-Anlaß	
15 Ms 108/52	Magazinverwalter	Fin.Amt	Abgabe	—	—	1951	DM 20,—	L	pers. Bereichrg.	267 StGB, 396, 397 AO	1. 21 Tage Gef., DM 500,— 2. DM 100,—	keine	
15 Ms 110/52	Arbeiter (Schrottsammler)	Ord.pol.	Abgabe	—	ja	1951	DM 420,—	U	pers. Bereichrg.	396	DM 50,— oder 5 Tage	schwach	die Ersatzfreiheitsstrafe wird verbüßt
15 Ms 112/52	Bäckermeister	Steufa	Abgabe	—	—	1948		Sof.H	Überbrückung	18 Abs. IV SHG	DM 500,— oder 50 Tage	keine	der Mehlbestand wurde zum 21. 6. 1948 zu niedrig angegeben
15 Ms 123/52	Schreinermeister	BP	Abgabe	—	ja	1946–49	RM 2 100,— DM 10 900,—	UEG	Ausbau	402	1. DM 2500,— od. 25 Tg. 2. DM 1500,— od. 15 Tg.	Verlust-Anlaß	Umsatz in II/48–49 betrug DM 100 000,—; Betrieb m. DM 40 000 Schulden an Sohn
15 Ms 138/52	Großhändler (Hefe)	BP	Abgabe	—	—	II/48–49	DM 950,—	UEG	Überbrückung	396	DM 1200,— oder 20 Tage	stark	
25 KMs 1/52	Bauunternehmer SH	Kripo	Antrag	12 900,—	ja	1946–II/48	DM 25 000,—	UKö-Kapertrag	pers. Bereichrg. Bereichrg. Dritter	267 StGB, 396 AO		—	Antrag zurückgezogen; Steuervergehen bei Konkurseröffnung entdeckt
25 Ms 5/52	Fabrikant	Steufa	Abgabe	—	—	1948–51	DM 77 300,—	UEG-Kö	Ausbau	396	DM 12 000,— od. 24 Tage	schwach	zahlt zuzügl. Betrag in Spalte 8 DM 68 700 Säumnis- u. Strafzuschläge; verbüßt 23 Tage d. Ersatzfreiheitsstrafe
25 Ms 12/52	Bauunternehmer	BP	Abgabe	—	ja	1948–49	DM 520,—	L	Verlängerung	—		—	Verf. eingestellt n. § 153 Abs. III StPO
25 Ms 47/52	Schildermaler	Fin.Amt	Antrag	500,—	ja	1948–51	DM 1 000,—	UEG	Aufbau	—		—	Antrag zurückgezogen
25 Ms 94/52	Schausteller	Fin.Amt	Abgabe	—	ja	1946–50	DM 2 000,—	UESh	Verlängerung	396	zwei Monate mit Bewährung, DM 150,— od. 15 T.	sehr stark	
25 Ms 97/52	ehem. Helfer in Steuersachen SH	BP	Antrag	500,—	—	II/48–50		—	—	—		stark	Antrag zurückgezogen
25 Ms 100/52	Waagenvertreter	BP	Abgabe	—	ja	II/48–50	DM 470,—	L	Überbrückung	396	DM150,— oder 15 Tage	schwach	

1 Aktenzeichen	2 Beruf des Täters (SH = Schwarzhändler)	3 Entdekkung der Straftat	4 Gerichtl. Steuerstrafverfahren in Gang durch	5 Strafbescheid d. Finanzamts in DM	6 Schätzung	7 Tatzeit	8 Höhe der hinterzogenen Steuern	9 Art	10 Analyse des Tatmotivs	11 Gerichtsurteil nach § der Abgabenordnung oder des StGB	12 Strafmaß	13 Wirkung der Steuerstrafe	14 Bemerkungen
25 Ms 101/52	Gastwirt und Metzgermeister	BP	Abgabe	—	ja	II/48–51	DM 12 500,—	UEG	Ausbau	396	1. DM 5000,— od. 100 Tge. 2. Berufung verworfen	Verlust-Ursache	zahlt zuzüglich Betrag in Spalte 8 DM 18 500,— Strafzuschläge; zahlt vier Jahre an der Strafe
25 Ms 124/52	Handelsvertreter	BP	Antrag	3000,—	ja	II/48–50	DM 19 200,—	UEG	Aufbau, Überbrückung	—	—	—	Finanzamt zieht Strafbescheid zurück; Unterwerfungsverhandlung
25 Ms 137/52	Reiseunternehmer	BP	Abgabe	—	—	II/48–51	DM 4 900,—	UEG	Aufbau	402	1. DM 400,— 2. DM 200,—	stark	Berufung auf Strafmaß beschränkt
25 Ms 147/52	ehem. Helfer in Steuersachen	Vollstr.-beamter	Abgabe	—	—	1950–51	—	—	pers. Bereicher.	266, 245 StGB, 396 AO	sechs Wochen Gefängnis mit Bewährung	Verlust-Ursache	
25 Ms 154/52	Gastwirt	Fin.-Amt	Abgabe	—	—	1949–50	DM 3 850,—	UEG	Aufbau, Ausbau	402	DM 200,— oder 10 Tage DM 400,— oder 20 Tage	schwach	
25 Ms 156/52	Bäckermeister	Steufa	Antrag	150,—	—	—	—	—	pers. Bereicher.	—	—	—	Verf. eingestellt n. § 153 Abs. III StPO; F
15 Ms 3/53	Kaufmann SH	BP	Abgabe	—	ja	II/48–51	DM 71 000,—	UEG	pers. Bereicher.	396	sechs Monate Gefängnis DM 6000,— oder 60 Tage	Verlust-Anlaß	Steuern in voller Höhe niedergeschl.; BGH verwirft Revision als unzulässig
15 Ms 5/53	Schneidermeister	Fin.-Amt	Abgabe	—	—	1950	DM 33,—	E	pers. Bereicher.	267 StGB, 396, 397 AO	DM 340,—	stark	Umsatz in 18 Monaten DM 26 500,— OLG verwirft die Revision des Regierungspräs. als unbegründet
15 Ms 14/53	Einzelhändler (nur Milch)	Fin.-Amt	Abgabe	—	—	1951	DM 750,—	U	Überbrückung	396	DM 300,— oder 30 Tage	sehr stark	
15 Ms 23/53	Fabrikant	Fin.-Amt	Abgabe	—	—	1952	DM 320,—	Gr	nicht ersichtlich	396	1. DM 400,— oder 20 Tge. 2. Freispruch	keine	
15 Ms 33/53	Einzelhändler (Textil)	Kripo	Abgabe	—	—	1949–I/50	DM 1 100,—	UEG	pers. Bereichrg., Verlängerung	396	DM 400,— oder 40 Tage	Verlust-Anlaß	Rückfall, erste Tat vor der Währungsreform; zahlt DM 5 800,— Schulden in Beträgen von DM 20,— wöchentlich ab
15 Ms 39/53	Großhändler (Eisen)	Steufa	Abgabe	—	—	1951–52	DM 880,—	U	Aufbau	—	—	—	in Unterwerfungsverh. zu DM 1200,— verurteilt
15 Ms 47/53	Handelsvertreter (Textil)	BP	Antrag	4000,—	—	1949–51	DM 12 500,—	UEG	Aufbau	396	DM 4000,— oder 40 Tage	keine	
25 Ms 4/53	Geschäftsführer (Fettgroßhandel)	BP	Antrag	?	—	II/48–50	DM 4 300,—	UEG	Ausbau	402	1. DM 2500,— od. 50 Tge. 2. DM 1500,— od. 30 Tge.	keine	Jahresums. DM 300 000,— bis 400 000,—
25 Ms 5/53	Schmiedemeister	Fin.-Amt	Abgabe	—	ja	II/48–50	DM 1 300,—	UEG	Ausbau	402	DM 300,— oder 30 Tage	schwach	
25 Ms 10/53	Einzelhändler (Fisch)	Fin.-Amt	Rücktritt	—	ja	1950–51	DM 3 100,—	U	Verlängerung	396, 404	DM 500,— oder 50 Tage	Verlust-Anlaß	
25 Ms 105/53	Büfettier SH	Steufa	Abgabe	—	ja	II/48–51	DM 10 000,—	UEG	pers. Bereicher.	—	—	—	Verf. eingest. auf Grund d. Straffreiheitsgesetzes
15 Ms 25/54	Stukkateur	BP	Antrag	1500,—	ja	1949–52	DM 5 300,—	UEG	nicht ersichtlich	—	—	—	Verf. eingest., Straffreiheitsgesetz
15 Ms 28/54	Gastwirt	BP	Antrag	200,—	ja	II/51–30. 9. 53 1951	DM 224,—	L	nicht ersichtlich	—	—	—	Antrag zurückgezogen
15 Ms 29/54	Hausfrau	Fin.-Amt	Abgabe	—	—	1951	DM ?	E	pers. Bereicher.	267 StGB, 396, 397 AO	1. DM 600,— oder 10 Tge. 2. eingestellt	—	Verf. eingestellt auf Grund des Straffreiheitsgesetzes
15 Ms 83/54	Pferdehändler	Steufa	Abgabe	—	ja	1944–52	RM 47 100,— DM 26 300,—	UEG	pers. Bereicher.	396	vier Monate m. Bewährg. DM 800,— oder 40 Tage	Verlust-Anlaß	die Steuern für II/48–51 werden niedergeschlagen

1	2	3	4	5	6	7	8	9	10	11	12	13	14
Akten-zeichen	Beruf des Täters (SH = Schwarz-händler)	Entdek-kung der Straftat	Gerichtl. Steuer-ver-fahren in Gang durch	Strafbe-scheid d. Finanz-amts in DM	Schät-zung	Tatzeit	Höhe der hinterzogenen Steuern	Art der hinterzogenen Steuern	Analyse des Tatmotivs	Gerichts-urteil nach § der Ab-gabenord-nung oder des StGB	Strafmaß	Wirkung der Steuer-strafe	Bemerkungen
25 Ms 34/54	Schreinermeister	BP	Rückfall	—	ja	1950—52	DM 3 100,—	UL	Aufbau, Ausbau	396, 404	drei Monate eine Woche Gef. m. Bewährung	sehr	in Verbindung mit 25 Ms 76/55
25 Ms 65/54	Einzelhändler (Kohlen)	BP	Antrag	2300,—	ja	1948—52	DM 3 800,—	UEG	nicht ersichtlich	—	—	stark	Verf. eingestellt auf Grund des Straffrei-heitsgesetzes
25 Ms 83/54	Heizungs-baumeister	BP	Antrag	3000,—	—	1950—52	DM 8 000,—	L	Aufbau, Über-brückung	—	—	—	der Antrag auf gerichtl. Entscheidung wurde zu spät eingereicht
25 Ms 92/55	Schrotthändler SH	BP	Abgabe	—	ja	II/48—51	DM 35 200,—	UEG	Geltungs-bedürfnis	396	sechs Monate Gefängnis DM 300,— oder 30 Tage	stark	der Umsatz für 1951 be-trug DM 600 000,—, keine Bewährung
15 Ms 14/55	Schrotthändler SH	Steufa	Abgabe	—	ja	II/48—52	DM 30 000,—	UEG	pers. Bereicher.	396	neun Monate Gefängnis, DM 1000,— oder 50 Tge.	sehr stark	Steuerrückstände nie-dergeschlagen; Beru-fung auf Veröffent-lichungsbefugnis be-schränkt; Freiheits-strafe voll verbüßt
15 Ms 56/55	Großhändler (Tabak, Süß-waren)	Fin.-Amt	Rückfall	—	ja	1953—55	DM 1 400,—	U	Verlängerung	396, 404	drei Monate m. Bewährg. DM 250,— oder 25 Tage	Verlust-Anlaß	
15 Ms 76/55	Metzgermeister	BP	Rückfall	—	ja	1950—53	DM 30 000,—	UEG	Ausbau	396, 404	fünf Monate m. Bewährg. DM 400,— oder 40 Tage	sehr stark	wegen Rückfalls in der Bewährungsfrist wer-den drei Monate ver-büßt; DM 14 600,— Säumnis- und Strafzu-schläge
15 Ms 80/55	Schreinermeister	BP	Rückfall	—	ja	1953—55	wegen Konkurs ungeklärt	—	Aufbau, Ausbau	396, 404	drei Monate eine Woche Gef. DM 400,—; m. Bew.	Verlust-Anlaß	
15 Ms 84/55	Kioskenhändler	Steufa	Abgabe	—	ja	1951—54	DM 24 000,—	UEGKi	Ausbau, pers. Bereicherung	396	fünf Monate Gef. m. Bew. DM 1000,—	Verlust-Ursache	Bewährung widerrufen; der Umsatz für 1951-52 betrug DM 618 027,—
15 Ms 87/55	Schrotthändler	Steufa	Abgabe	—	ja	1950—54	DM 44 700,—	UEG	pers. Bereicher.	396	1. zehn Monate, 3000,— 2. acht Monate, 3000,—	Verlust-Ursache	
15 Ms 109/55	Fabrikant	BP	Antrag	150,—	—	1953	DM 600,—	U	nicht ersichtlich	—	—	—	eingestellt nach §153 Abs. III StPO; F
15 Ms 117/55 15 Ms 120/55	Anwalt Hotelier	BP Fin.-Amt	Antrag Rückfall	200,—	ja ja	1952—53 1954—55	DM 800,— DM 3 500,—	L U	nicht ersichtlich Ausbau	396, 404, 397	drei Monate eine Woche m. Bew, DM 200,—	Verlust-Anlaß	Antrag zurückgezogen die Steuerrückstände be-trugen am Tag der Hauptverhandlung DM 23 400.—
25 Ms 6/55	Helfer in Steuer-sachen	Fin.-Amt	Antrag	150,—	—	1953	—	—	—	—	—	—	persönliche Gründe; nach Vereinbarung zwischen F.Amt u. Helfer i. S. eingest.
25 Ms 16/55	Elektromaschinen-meister	Fin.Amt	Antrag	200,—	—	1951—54	DM 2 700,—	L	Aufbau, Überbrückung	413 Abs. I, Ziff. 1	DM 150,— oder 15 Tage	keine	
25 Ms 58/55	Stukkateurmeister	BP	Rückfall	—	—	1953—54	DM 1 850,—	L	Verlängerung	396, 404	drei Monate m. Bewährg, DM 200,— oder 20 Tage	Verlust-Anlaß	
25 Ms 65/55	Bäcker (kein Meister)	Verk.pol.	Abgabe	—	—	1954	?	Kfz	Verlängerung	23 Abs. I, 25 Abs. I Str. Verk. Ges.	DM 50,— oder 5 Tage	Verlust-Anlaß	die Freiheitsstrafe wird z. T. verbüßt danach tritt eine Verbes-serung in den Lebens-verhältnissen ein

1 Akten-zeichen	2 Beruf des Täters (SH = Schwarz-händler)	3 Entdeckung der Straftat	4 Gerichtl. Steuerstrafverfahren in Gang durch	5 Strafbescheid des Finanzamts in DM	6 Schätzung	7 Tatzeit	8 Höhe der hinterzogenen Steuern	9 Art	10 Analyse des Tatmotivs	11 Gerichtsurteil nach § der Abgabenordnung oder des StGB	12 Strafmaß	13 Wirkung der Steuerstrafe	14 Bemerkungen
25 Ms 76/55	Schreinermeister	BP	Rückfall	—	ja	1954–55	DM 850,—	UL	Aufbau, Ausbau	396, 404, 413	vier Monate Gefängnis, DM 200,—	sehr stark	in Verb. m. 25 Ms 34/54; von der Gesamtgefängnisstrafe (7 Monate eine Woche) werden 3 Monate I Woche verbüßt
25 Ms 101/55	Einzelhändler (Möbel)	Finanzamt	Rückfall	—	ja	1953–55	DM 870,—	U	Verlängerung	396, 404	drei Monate m. Bewährung DM 200,— oder 20 Tage	Verlust-Anlaß	Steuerrückstände in Höhe von DM 17 000,— Antrag auf Wandergewerbeschein
15 Ms 16/56	Einzelhändler (Gemüse, Obst)	BP	Rückfall	—	—	1953–54	DM 3 200,—	U	Ausbau	402	DM 250,— oder 25 Tage	keine	
15 Ms 19/56	Inhaber eines Terrazzogeschäftes	BP	Rückfall	—	—	1952–54	DM 2 300,—	L	Verlängerung	396, 404	drei Monate m. Bewährg. DM 200,— oder 20 Tage	Verlust-Anlaß	
15 Ms 36/56	Handelsvertreter	Finanzamt	Abgabe	—	—	1954		L	Bequemlichkeit	—	—	—	Verf. eingestellt nach § 467 StPO; DM 500,— Buße; F
15 Ms 63/56	Großhändler (Gemüse)	Verk.Pol.	Abgabe	—	—	1953–54	DM 500,—	Beför.	Ausbau	396	DM 400,— oder 40 Tage	keine	
15 Ms 72/56	Hausmieteigentümer	BP	Antrag	?	—	1950–55	DM 860,—	L	nicht ersichtlich	—	—	—	eingestellt n. § 153 Abs. III StPO; F
25 Ms 29/56	Kaufmann SH	Steufa	Abgabe	—	—	1946–I/48	RM 3 443 000,—	UEGV	Aufbau, Ausbau, Bereicherung	—	—	—	Verf. eingestellt wegen Verjährung
25 Ms 44/56	Straßenhändler	?	Rückfall	—	ja	1954–55	DM 500,—	U	Krankheit	396, 404	DM 250,— oder 25 Tage	stark	der Umsatz betrug 1954 DM 10 000,—
25 Ms 78/56	Gastwirt	BP	Rückfall	—	—	1954	DM 500,—	L	Aufbau, Überbrückung	—	—	—	eingestellt n. § 153 Abs. III StPO
15 Ms 223/57	Hauskäufer	Amtsger.	—	—	—	1956	DM 350,—	Gr	Bereicherung	—	—	—	eingestellt n. § 153 Abs. III StPO
15 Ms 229/57	Bauunternehmer	Finanzamt	Abgabe	—	—	1954	DM 800,—	L	Verlängerung	396	DM 300,— oder 30 Tage	stark	
15 Ms 273/57	Einzelhändler (Kohlen)	BP	Abgabe	—	ja	II/48–52	DM 2 700,—	UEG	Ausbau	396	DM 400,— oder 40 Tage	keine	
25 Ms 88/57	Einzelhändler (Kohlen)	Steufa	Abgabe	—	ja	1949–53	DM 3 000,—	UEG	Überbrückung	396	DM 800,— oder 16 Tage	schwach	
25 Ms 138/57	Eisenbieger	Steufa	Abgabe	—	—	1956	DM 120,—	L	pers. Bereichg.	267 StGB, 396 AO	DM 100,— oder 10 Tage	keine	
25 Ms 177/57	Schildermaler	Arbeitskollege	Abgabe	—	—	1955–56	DM 1 450,—	L	pers. Bereicher. Bereich. Dritter	267 StGB, 396 AO	vier Monate m. Bewährg. DM 390,— oder 39 Tage	keine	
15 Ms 37/58	Automatenaufsteller	Fin.-Amt	Antrag	500,—	—	1954–57	DM 2 900,—	Vergnüg.	Ausbau, pers. Bereicherung	396	1. DM 500,— oder 50 Tge. 2. DM 500,— oder 25 Tge.	Verlust-Ursache	
15 Ms 144/58	Architekt	BP	Antrag	400,—	ja	1950–54	DM 1 000,—	UE	nicht ersichtlich	—	—	—	eingestellt n. § 153 Abs. III StPO
25 Ms 5/58	Angestellter	Fin.-Amt	Abgabe	—	—	1956	DM 48,—	L	nicht ersichtlich	—	—	Verlust-Ursache	eingestellt n. § 153 Abs. III StPO
15 Ms 26/59	Einzelhändler (Möbel)	Steufa	Antrag	2800,—	ja	1949–52	DM 8 500,—	UEG	Ausbau, pers. Bereicherung	396	DM 2000,— oder 100 Tage	schwach	
15 Ms 31/59	Versicherungsvertreter	BP	Antrag	?	—	1955–56	DM 800,—	EG	Aufbau	—	—	—	eingestellt n. § 153 Abs. III StPO
15 Ms 53/59	Pferdemetzger	BP	Antrag	4000,—	ja	1951–56	DM 4 100,—	UEGV	pers. Gründe	396	1. DM 4000,— od. 100 Tge. 2. DM 2500,— oder 25 Tge.	keine	der Umsatz steigt: 1956 DM 300 000,— 1959 DM 500 000,—

MIX
Papier aus verantwortungsvollen Quellen
Paper from responsible sources
FSC® C105338

Printed by Libri Plureos GmbH
in Hamburg, Germany